Dominique Chancé

Édouard Glissant, un « traité du déparler »

Essai sur l'œuvre romanesque d'Édouard Glissant

Éditions KARTHALA
22-24, boulevard Arago
75013 Paris

Introduction

Intituler un essai sur l'œuvre romanesque d'Édouard Glissant « traité du déparler », c'est mettre au centre de la lecture une interrogation sur le langage. C'est s'exposer à rencontrer un nœud de paradoxes. Comment décrire, en effet, l'articulation (ou relation, en termes glissantiens) entre la théorie – suggérée par le mot « traité » –, pratique scripturale, d'une part, et d'autre part, la parole (car dans « déparler », il y a « parler »), en ce qu'elle peut frôler le délire ? Qu'en est-il, dans l'œuvre romanesque d'Édouard Glissant, du lien entre théorie et parole, entre écriture et oralité, entre pratique raisonnée du langage et « délire verbal » ou « déparler », notions qui, nous le verrons, renvoient à des réalités très différentes dans l'œuvre d'Édouard Glissant ? Notre intention n'est pas de nous livrer à des allers-retours entre essais théoriques (les « traités » ?) et romans (le « déparler » ?), mais d'analyser les romans selon le prisme de cette question.

Les essais d'Édouard Glissant nous sont bien certainement indispensables pour éclairer la pensée et la vision de l'auteur, dans sa globalité, et nous ne nous ferons pas faute d'y puiser certaines notions, certaines élucidations. Toutefois, c'est à l'intérieur du langage romanesque lui-même que nous nous situerons, puisque, aussi bien, les romans sont le lieu d'une élaboration linguistique entre théorie et « déparler », entre écrit et oral. Notre titre même ne renvoie pas à tel ou tel essai de *Poétique*, mais au roman *La Case du commandeur* qui se trouve, par là même, projeté au centre de notre étude et de l'œuvre.

Il nous semble, en effet, que *La Case du commandeur*, roman publié en 1981, en même temps que *Le Discours antillais*, est le véritable centre architectural et signifiant de la somme romanesque d'Édouard Glissant. Dans une perspective plus logique que chronologique, on pourrait, en effet, esquisser un dessin de l'ensemble romanesque, qui ne prend véritablement sens, selon nous, que rétrospectivement, à partir de *La Case du commandeur* et du *Discours antillais*, c'est-à-dire, à partir des analyses du « délire verbal ». *La Lézarde* et *Le Quatrième siècle* décrivent, dans ce cadre logique, les périodes qui ont précédé l'apparition du « délire verbal coutumier » et en ont cependant développé le germe. Le troisième roman, *Malemort*, fait l'autopsie d'une société zombifiée et totalement sous l'emprise du « délire verbal ». *La Case du commandeur* constitue dès lors, dans un diptyque avec *Le Discours antillais*, l'achèvement d'une analyse de ce malaise qui ronge une « société morbide en proie à ses pulsions[1] ». Toutefois, on peut faire l'hypothèse qu'en 1981, l'analyse sociologique et psychologique de la société antillaise, telle que la formule Édouard Glissant est en même temps porteuse d'une réponse : il faut retrouver la « Trace du temps d'Avant ». *La Case du commandeur* est le lieu et le roman où se manifeste la « Trace du Temps d'Avant », où un acte de symbolisation, de nomination est possible. Une révélation éclaire alors la « case », par ailleurs si sombre. Nous avons donc retracé ce parcours logique qui, à partir du premier roman, *La Lézarde*, assume la perte de la voix singulière, unique, de l'ancêtre Papa Longoué, et l'obscurcissement de l'histoire et du sens.

Si Papa Longoué, en effet, parle dans *La Lézarde*, léguant au jeune Mathieu Béluse sa « vision prophétique du passé », il meurt en 1945, presque à la « sauvette », selon une formule ultérieure du narrateur. La nouvelle de sa disparition tragique va mettre très longtemps à parvenir aux oreilles de ses compatriotes, comme si les conséquences de cette mort ne pouvaient tout d'abord être perçues. *Le Quatrième siècle* redit cette mort, revenant sur le

---

1. Une société morbide et ses pulsions, *Le Monde diplomatique*, juin 1977, repris dans « Pour une sociologie culturelle », *Le Discours antillais*, pp. 166-183.

dialogue entre Mathieu et Papa Longoué pour apprécier le legs de l'ancêtre et donner à cette mort sa véritable dimension. Dans *Malemort*, la disparition de Papa Longoué, « le vieux signaleur » est enfin entendue. On pourrait croire que le pays en a enfin reçu la nouvelle. Mais le deuil est impossible. Avec Papa Longoué, la parole s'est éteinte, on ne connaît plus le passé, l'oubli a recouvert la voix. Dès lors, il faudra que Mathieu Béluse, Mycéa, le narrateur et bien d'autres, qui n'ont plus de contact direct avec la voix, avec le passé, se jettent dans la quête si difficile de la « trace », seul moyen d'échapper à la déréliction qui gangrène le pays.

C'est pourquoi, selon nous, l'œuvre culmine dans *La Case du commandeur*, en ce point où Mycéa et son compagnon d'errance, entre la folie et une véritable initiation, découvrent ou devinent une trace signifiante : « Le temps alors descendit et les porta. Ils explorèrent le grand silence, rejoignirent l'autre côté de leur esprit[2] ».

Marie Celat et Chérubin ont retrouvé, très mystérieusement, la « Trace du Temps d'Avant ». Et cette trace met les personnages sur la voie d'un nouveau langage :

> « Marie Celat devinait à cette heure. [...] Nous avons entendu ce Bruit de l'Ailleurs, feuilleté toi et moi l'Inventaire le Reliquaire. Nous avons couru ce Chemin des Engagés, dévalé le Registre des Tourments ho il reste à épeler le Traité du Déparler[3] ».

Marie Celat ne fait qu'énumérer ici les chapitres du livre qui vient de dérouler ses méandres et qui contient effectivement des chapitres intitulés « Chemin des Engagés », « Registre des Tourments », « Bruit de l'Ailleurs », pour s'achever sur « Roche de l'opacité ». Cependant, le roman ne contient pas le « Traité du déparler » qui demeure à « épeler », à inventer et qui est, pour lors, davantage objet d'interrogations et d'énigme que de véritable mise en œuvre.

Bien plus, ce « traité » que l'œuvre attendait, que le lecteur souhaitait découvrir et qui, peut-être, était urgent en 1981, comme

---

2. *La Case du commandeur*, p. 233.
3. *Ibid.*, p. 235.

la dernière chance d'une communauté en quête de son « discours » propre, s'est volatilisé. On n'en trouve nulle trace dans les fictions et dans les titres suivants. À l'inverse, il semble que *La Case du commandeur* s'achève sous le signe d'une désespérance, à l'instar du *Quatrième siècle* finissant sous l'égide de la Croix-Mission et de la « crève paisible ». Chaque roman semble entreprendre une « recherche du temps perdu » (ou « éperdu », selon Édouard Glissant) qui échoue juste au moment où l'on croyait avoir « retrouvé le temps[4] ». Ainsi, *La Case du commandeur* semble sur le point de relier les fragments d'un symbole, pour laisser, *in fine*, le geste se défaire et la société retourner à sa déliquescence.

À partir de ce moment, l'œuvre pivote véritablement. Elle ne retrouvera pas la solennité, la grandeur d'une révélation mystérieuse et poétique tout près de se dire dans les dernières pages de *La Case du commandeur*. En revanche, une véritable conversion a lieu dans *Mahagony* : le lieu s'ouvre au « tout-monde », esquissant une nouvelle stratégie du discours et un nouvel « imaginaire ». Le chercheur, Mathieu, comprend que le lieu n'est pas seulement « ici » mais à la fois en lui-même et dans l'ailleurs. Ce seront les premières formulations du « tout-monde », car si le « monde » était bien présent depuis les premiers romans, il n'avait pas encore revêtu cette forme ni pris la signification qui sont devenues les siennes dans les années quatre-vingt-dix. *Mahagony* propose, en effet, de : « Rêver le "tout-monde" [...]. Trouver en soi, non pas, prétentieux, le sens de cela qu'on fréquente, mais le lieu disponible où le toucher[5] ».

Le roman suivant s'intitulera donc, très logiquement, *Tout-monde*, à la suite de la dernière partie de *Mahagony* qui portait déjà ce titre. On aurait donc pu, selon la même logique, attendre, après *La Case du commandeur,* un « Traité du déparler ». C'est pourquoi nous faisons l'hypothèse que ce dernier s'est moins évanoui que transformé. Ne pourrions-nous, en effet, considérer que le « traité du déparler » annoncé est devenu le « traité du "tout-monde" » ? Ceci nous amènerait à considérer que le « tout-monde », terme qui a pris la place du mot « déparler », dans l'expression et le titre, en

---

4.   Édouard Glissant, *Le Discours antillais*, p. 254.
5.   *Mahagony*, p. 218.

est l'équivalent. Le « tout-monde » est un « déparler » ou le « déparler » est un « tout-monde ». C'est du moins la piste que nous allons explorer.

Le « tout-monde » ne serait pas tant une théorie, dont, dans ses discours, entretiens et romans, Édouard Glissant expose la définition et les implications, que le « déparler » attendu depuis *La Case du commandeur*. Le « tout-monde », en effet, n'est pas une réalité du monde, un mode du monde, mais une forme du « discours », d'abord « antillais », partagé par de larges communautés humaines, ensuite. Pour conforter notre hypothèse, nous remarquerons que le « traité du "tout-monde" » n'a pas été écrit seulement par Édouard Glissant, mais par son personnage, Mathieu. Cette co-écriture, revendiquée dans *Traité du « tout-monde »*, confère à cet essai une position très étrange, entre théorie et fiction.

De la sorte, le jeu entre discours théorique et romanesque, entre langage des personnages et langage de l'auteur s'avère infiniment complexe et il devient difficile de chercher, dans la théorie, un discours qui ne serait pas, en même temps, dans la fiction, mis en œuvre dans le langage des personnages et du narrateur. Si Édouard Glissant, en tant qu'homme public, philosophe et président du Parlement des écrivains, a donné à la notion de « tout-monde » une dimension théorique, philosophique, politique, dont le succès est tel qu'il n'y a plus guère de penseur qui ne se veuille habitant de ce « tout-monde », il nous semble toutefois que l'œuvre romanesque a également son propre usage de l'expression « tout-monde », sa propre définition, plus complexe sans doute, et somme toute aussi intéressante.

Car bien des auditeurs et des lecteurs d'Édouard Glissant ont été tentés de se saisir d'une expression tirée de son contexte, dans laquelle ils ont décelé un nouvel humanisme, un cosmopolitisme consensuel qui négligerait de s'inquiéter de la mondialisation. Tel critique en fera « un humanisme ouvert », un « pluralisme délivré de l'histoire[6] ». Le « tout-monde » rassemblerait, selon son propre

---

6. *Cf.* par exemple, l'article d'André Brincourt qui fait du « Tout-monde » un dépassement de l'histoire : « nous retrouvons, écrit ce critique, l'humanisme ouvert de Léopold Sédar Senghor et du Malraux de la

vœu, puisqu'il est « lieu-commun ». Pourtant, à lire les romans *Tout-monde* ou *Mahagony*, on s'aperçoit que le « tout-monde » n'est pas un « humanisme ». Édouard Glissant, dans les discussions théoriques de *Traité du Tout-monde*, n'a cessé, d'ailleurs, de le dissocier de la « mondialisation », inverse du « tout-monde » : « La mondialisation, conçue comme non-lieu, en effet, mènerait à une dilution standardisée », écrit-il, dans *Traité du Tout-monde*[7].

Il précise encore :

> « La difficulté est que les puissances d'oppression, qui sont multinationales et qui ont intérêt à réaliser leur totalité-terre, où elles pourront entrer partout pour mener à mal leurs profitations, les plus grandes villes, le plus petit îlot, se servent elles aussi d'une stratégie qui paraît mondialiste[8] ».

La mondialisation est un « non-lieu », où « l'imparable nécessité du marché » fait loi, écrasant toute diversité. À l'inverse, « La créolisation n'est pas une fusion, elle requiert que chaque composante persiste, même alors qu'elle change déjà[9] ».

Bien avant ces éclaircissements théoriques, le lecteur qui a suivi, dans les romans, l'émergence du mot « tout-monde », a su qu'aucune ambiguïté ne permettait de le confondre avec une « mondialisation » libérale dont il est la déconstruction.

Le « tout-monde » est tout autant en Martinique que dans le monde, il est essentiellement une relation, une vision, non un état du monde. Il est « discours antillais » avant d'être discours universalisable, il prolonge les interrogations d'Édouard Glissant sur le « discours », le « délire verbal » et le « déparler ». Si le monde est un parler, le « tout-monde » en est le « déparler », l'exploration à rebours, hantée par le « passage du milieu ». On ne

---

Métamorphose des dieux : pluralisme délivré de l'histoire et soumis aux métamorphoses du temps et de nos regards », « Le Feuilleton », in *Le Figaro*, décembre 1997, p. 4.
7.   *Traité du Tout-monde*, p. 192.
8.   *Ibid.*, p. 206, puis « Objections à ce dit *Traité* de Mathieu Béluse, et réponse », *Traité du Tout-monde*, pp. 209-219.
9.   *Ibid.*, p. 210.

peut confondre, en effet, un monde humaniste imaginé par les colonisateurs de la Renaissance et les esclavagistes des Lumières et le « tout-monde », lieu d'errance de ce qu'un Joël Des Rosiers, poète canadien-haïtien, appelle « théories caraïbes » :

> « groupes d'hommes en larmes, nègres marrons affolés d'amour qui, d'une rive à l'autre, jettent leur langue nationale dans l'eau salée, dans la bouche ouverte sans fond, de l'abysse.
>
> *"Voilà notre patrie"*, disent-ils, dans le patois des colonies.
>
> Parole d'eau salée, étrangère à la langue et comme incantatoire, qui ne cesse de la rendre plus profonde, à mi-chemin de l'origine et du monde. Et le poète ajouta : *"Le drapeau va au paysage immonde et notre patois étouffe le tambour"*[10] ».

Les « théories de l'errance » sont toujours également « traités du déparler ». Chez Joël Des Rosiers, comme chez Édouard Glissant, les « groupes d'hommes en larmes » qui errent, « entre l'origine et le monde », en ces limbes qu'ils tentent de nommer, ont recours à une « parole d'eau salée », à une parole tellement singulière qu'elle serait « étrangère à la langue » et donc radicalement inouïe.

Notre démarche consiste, par conséquent, à relire l'œuvre romanesque, sans ignorer l'œuvre théorique, mais sans chercher dans celle-ci des définitions préexistantes, préfixées, qui, à l'inverse, nous semblent devoir être éclairées, remaniées, eu égard à leur élaboration dans la fiction et dans le langage romanesque où s'invente le « discours antillais » et la poétique d'Édouard Glissant comme « traité du déparler ».

Se poser la question de la parole, dans l'œuvre romanesque d'Édouard Glissant, conduit corrélativement à s'interroger sur ceux qui parlent. Plusieurs personnages sont dès lors projetés au devant de la scène, Papa Longoué, celui qui raconte à Mathieu « le temps

---

10. Joël Des Rosiers, *Théories caraïbes, traité du déracinement*, éditions Triptyque, 1999, p. xvi. Joël Des Rosiers fait le même usage subversif, novateur et poétique des mots « théories » et « traité » qu'Édouard Glissant dont il s'inspire parfois. Les italiques sont dans le texte.

d'avant », dans *La Lézarde* et *Le Quatrième siècle*, mais également des femmes comme Liberté Longoué qui, pour Anatolie, dans *La Case du commandeur*, « récita les pans de mots (ni teneman kekodji konon) que Melchior lui avait enseignés[11] ».

On a sans doute trop souvent polarisé la lecture des romans de Glissant sur la relation entre Mathieu et Papa Longoué, entre le représentant des Béluse, qui ont accepté le sort des esclaves dans la plantation, et le dernier de la lignée Longoué, symbole de la résistance des marrons. Qu'une parole les lie et qu'une part de l'histoire, ou des histoires se dise, au fil de ce dialogue, c'est indéniable ; que la question de l'héritage et de la filiation, de la figure du père et de la position du fils s'y mettent en œuvre(s), c'est une évidence. Mathieu est bien le fils spirituel de Papa Longoué, héritier putatif d'une parole qu'il ne peut, cependant, continuer.

Toutefois, si nous-mêmes, prenant la suite des analyses de Jacques André, psychanalyste et fin connaisseur de l'œuvre de Glissant jusqu'en 1981, avons lu l'œuvre à travers ce prisme, il nous est apparu que la relation entre les deux hommes, animée par un questionnement sur la filiation symbolique, ne pouvait occulter d'autres relations et d'autres paroles tout aussi structurantes et significatives. Une analyse des relations fraternelles, par exemple, est tout aussi justifiée que l'analyse des relations filiales. Il n'est que de rappeler la figure originelle d'Odono, vendu par son frère jaloux et embarqué sur le négrier. Mathieu Béluse et Raphaël Targin forment un couple fraternel, explorant chacun à sa façon la dépossession de la terre et l'errance. Dans *Tout-monde*, enfin, Mathieu évoque son frère Paul, tué lors de manœuvres militaires. On peut y découvrir une référence autobiographique au frère de l'auteur, Paul Godard, dont la date de naissance se confond avec celle de Mathieu, et avec celle de l'auteur lui-même. Nous suivrons, lorsque l'analyse du discours l'exigera, les traces de ces passions fraternelles et quelquefois rivales.

Il nous a paru surtout légitime de porter la plus grande attention à la relation entre hommes et femmes, dont le discours à la fois s'oppose et se répond. Dès *La Lézarde*, en effet, les personnages de

---

11.   *La Case du commandeur*, p. 123.

Mathieu Béluse et de Marie Celat s'attirent, se séparent, se tiennent dans une tension qui deviendra distance et opacité, rivalité parfois, similarité de démarches :

> « Marie Celat et Mathieu Béluse, sans se le dire, allaient ensemble au fond de cet oubli. Mais à mesure qu'ils avançaient ils s'écartaient l'un de l'autre. D'où leur passion. [...] Plus Mycéa et Mathieu se trouvaient d'accord, plus ils s'estimaient insoutenables[12] ».

Hommes et femmes sont à la fois unis et séparés par « cet oubli » qu'ils tentent de parler. D'autres personnages se rencontrent ou s'écartent de la sorte, Anatolie Celat et Liberté Longoué, Cinna Chimène et Pythagore, parents de Marie, et dans *Mahagony*, le vieux houeur Hégésippe et Eudoxie, l'un occupé à gratter des écorces, à écrire en pensant déjà le « tout-monde », tandis que l'autre écoute et voit. Or, si la femme, le plus souvent parle, est initiée, l'homme écrit. Il est des hommes qui parlent, certes, à l'instar des Longoué, ancêtres auréolés de mythe, mais il n'est pas de femmes qui écrivent[13]. Le discours se répartit donc de manière très différente.

Dans le monde contemporain, Mathieu mène son enquête à partir d'archives et de traces écrites autant que de témoignages oraux. Sa « déclamation » est relayée par les œuvres du scripteur, « celui qui commente ». De son côté, Mycéa, qui rejette les mots de Mathieu, s'absorbe dans des visions et dans un parler d'herbes. Le langage de la femme et de l'homme semblent donc radicalement opposés. Toutefois, chaque personnage s'avère divisé, partagé entre des langages opposés, et finalement, la coupure sépare moins homme et femme qu'elle ne divise le sujet lui-même.

Pourtant, indéniablement, les personnages se succèdent dans la quête, et l'on pourrait faire l'hypothèse qu'un déplacement s'est opéré de la femme, Marie Celat, à l'homme, Mathieu Béluse, relayé par l'auteur. En effet, c'est Marie Celat qui semblait, dans

---

12. *Ibid.*, p. 189.
13. Il faut excepter Marie Celat, dans *La Case du commandeur*, et Anastasie dans *Tout-monde*, qui écrivent des lettres à destination du monde entier.

La Case du commandeur et *Mahagony*, le plus près de toucher la « Trace du Temps d'Avant », d'« épeler le traité du Déparler ». Or, c'est Mathieu Béluse qui écrira, une dizaine d'années plus tard, le *Traité du « tout-monde »*. Faut-il y voir une réponse d'un personnage à l'autre, ou un relais ? L'écrit a-t-il remplacé la quête d'une parole ? Comment s'est opéré le glissement de la quête féminine d'un « déparler » à la quête masculine d'un « tout-monde » ? Comment chaque personnage, homme ou femme a-t-il trouvé son propre « déparler » ?

La relation est à la fois de remplacement et d'intégration. On ne peut nier que la femme, Mycéa, demeure attachée au sol, à la terre, à la Martinique, et de façon viscérale, à la parole, à l'oral, voire au silence. À l'inverse, Mathieu Béluse, comme le narrateur-scripteur, sont hommes de l'écrit, de l'archive, du tableau. Ce sont également les initiateurs d'un mouvement vers le monde. Dès *La Lézarde*, Mathieu quitte Lambrianne et, dans tous les romans, on l'a vu arpenter le monde, revenir épisodiquement pour repartir de plus en plus loin, à l'instar de Raphaël Targin ou d'Édouard Glissant qui ne cesse de voyager entre Paris, New York, la Martinique, l'Italie, ainsi que son œuvre, ses discours et sa vie en témoignent.

Il faudra donc s'interroger sur ces relations entre Mycéa, Mathieu et le narrateur. L'un aurait-il pris la place de l'autre, dans une œuvre qui lui donnerait la préséance ? Ou bien l'errance de l'un serait-elle la forme particulière de son discours, comme nous le suggérons ? La femme, dans son « déparler », aurait déconstruit quelque chose qui la met en contact avec la « trace » primordiale, tandis que l'homme ne pourrait retrouver cette « trace » que par son errance dans le « tout-monde ». Le narrateur-scripteur serait alors celui qui transcrit ces deux expériences jumelles, dans des écrits qui, cependant, déconstruisent également le monde et le discours, remontés dans tous les sens et oralisés à l'intérieur de l'écrit.

Car il est certain que le scripteur qui se met en scène dans *Mahagony* ou l'auteur/narrateur qui apparaît ici et là, dans *Tout-monde*, tente de dépasser le clivage entre les discours, comme entre les présences féminines et masculines. S'il ne nous cache pas s'être identifié à Mathieu Béluse, son frère, il peut également déclarer : « Mycéa, c'est moi », revendiquant, pour une part, la parole et l'expérience féminines de son personnage[14]. L'écriture tente alors de réunir en boucle oral-écrit-oral, de créer un véritable langage qui tient du « déparler » et du « traité », dans un jeu qui tantôt fond, tantôt met en contraste, oral et écrit, discours et récit, parole poétique et texte narratif, discours masculin et parole de femme[15].

Par conséquent, notre interrogation se développera dans plusieurs directions : relations entre Mycéa et Mathieu, entre l'homme et la femme, dans l'œuvre glissantienne, relations entre la parole et l'écrit, entre l'oral et le discours ou le traité, dialectiques de l'ici et de l'ailleurs, de la case et du monde. N'est-il pas significatif, en effet, qu'au centre de l'œuvre, tel que nous le définissions, se trouve la « case », tandis qu'aux extrêmes se situent la Lézarde, rivière de Martinique, d'une part et le monde, d'autre part ? Les personnages, à l'instar du narrateur, se déplacent d'une origine, d'une source, à un « tout-monde » où s'absorbe leur errance. S'ils sont attirés par la « case », ils ne peuvent y séjourner, elle demeure vide, sans « commandeur ».

On sait que l'on a beaucoup analysé l'œuvre de Glissant du point de vue de l'absence du père. Nous-même avons étudié cette question dans nos essais précédents, dégageant une tension entre un effort de symbolisation autour du Nom-du-père et un désir d'errance, entre jubilation baroque et mélancolie[16].

Si la « case » demeure vide de son éventuel « commandeur », à l'instar d'une œuvre et d'un discours qui récusent maîtres et « régisseurs », elle n'en est pas moins un lieu de symbolisation et de parole « perdue » ou « retrouvée », entre deux maisons : la

---

14. C'est une femme, Anastasie, qui déclare, dans *Tout-monde* : « Mycéa, c'est moi », mais le cri flaubertien : « Madame Bovary, c'est moi » ne nous semble pas sans écho chez le narrateur glissantien.

15. Pour sa dernière publication, *Le Monde incréé*, Édouard Glissant propose de nommer ce genre nouveau, qui est à la fois théâtre, récit, poésie, mêlant également les formes de l'écrit et de l'oral : « poétrie ». Il justifie la création de cette forme inédite, en ces termes : « peut-être que par leur manières différentes, tellement discontinues, de telles paroles réservent le seul secret d'un chemin souterrain, d'une errance de celui, ou de ceux, qu'elles concernent, errance partagée mais insue, tout en fractures et soudainetés ».

16. *Cf.* Dominique Chancé, *Poétique baroque de la Caraïbe*, Karthala, 2001, étude de *La Case du commandeur*, et *Les fils de Lear*, à paraître, étude sur *Malemort*.

« maison de la source » et « la maison des morts ». Nous reviendrons donc sur ces lieux qui font repère dans l'œuvre, qu'ils soient ou non habitables : case, maison, maison des morts et finalement peut-être les deux lieux essentiels qui ne peuvent être que fugacement et ultimement fréquentés : la case de la mère, en Martinique, et la maison des esclaves, à Gorée, deux lieux originels aussi terribles et désirables l'un que l'autre, à la limite de l'innommable.

Entre le « déparler » de Mycéa et le « traité du "tout-monde" », écrit par Mathieu Béluse, entre la maison de Mycéa, la case de Papa Longoué, et le « tout-monde » où Raphaël Targin, Mathieu et le scripteur nous entraînent, nous nous proposons donc de tracer quelques chemins, dans une œuvre qui posait, dès les premiers romans, ses principaux repères et qui les fait cependant dériver au fil des histoires. Il est évident que notre problématique vise moins à opposer qu'à relier et que, tout particulièrement, il nous semble qu'analyser les relations hommes/femmes en termes de rivalité ou de domination serait un contresens, dans une œuvre qui décline les discours plus qu'elle ne les sépare, qui fait des personnages les avatars d'un seul être, divisé aujourd'hui, le « nous » : « *Nous* qui ne devions peut-être jamais former, final de compte, ce corps unique par quoi nous commencerions d'entrer dans notre empan de terre ou dans la mer violette alentour ».

Homme ou femme, homme et femme, c'est ce « nous » que le narrateur s'est donné pour but de dire :

> « Nous, qui avec tant d'impatience rassemblons ces moi disjoints ; dans les retournements turbulents où cahoter à grands bras, piochant aussi le temps qui tombe et monte sans répit ; acharnés à contenir la part inquiète de chaque corps dans cette obscurité difficile du nous[17] ».

Le langage qui s'invente dans les « retournements turbulents », et les « cahots » (ou chaos) est le « déparler » que Marie Celat énonce dans ses visions et que Mathieu épèle dans ses errances, la parole d'un « Nous » dont le discours est à naître.

---

17. *La Case du commandeur*, pp. 15 et 239.

1

Avant le « délire verbal »

De l'acte à l'acte manqué, de la parole à
l'effacement de la trace, *La Lézarde*, 1958, *Le
Quatrième siècle*, 1964, *Malemort*, 1975.

L'échec de « L'acte », dans *La Lézarde*

Avec *La Lézarde*, l'œuvre romanesque d'Édouard Glissant
commence au moment où, en Martinique, le doute s'est installé sur
la légitimité de la politique de départementalisation qui assimile,
depuis 1946, les régions d'Outre-Mer à la France, tandis que les
revendications anticolonialistes se font de plus en plus précises,
dans le monde. En 1956, Édouard Glissant a participé au Premier
Congrès international des écrivains et artistes noirs, à la Sorbonne,
il est membre du Comité exécutif de la Société africaine de culture,
et il créera, en 1959-1960, avec son ami Albert Béville, le Front
antillo-guyanais qui réclamait la libération des Antilles définies
dans l'espace caribéen. *La Lézarde*, dans ce contexte, revient sur
les années de la Libération. Le roman explore le moment d'un
immense espoir de changement, situant les élections de 1945 dans

un élan passionné, une foi dans l'acte et son rituel tragique, et relève en même temps ce qui a manqué, comment cet acte s'est délité dans le non-sens, l'impossible. La lecture qu'Édouard Glissant fait, en 1958, des élections de 1945, est donc celle d'une victoire ambiguë qui demeure en attente d'une véritable signification.

En effet, sans que l'analyse politique en soit explicitée, le roman met en scène le cheminement rituel et politique d'un acte qui se transforme en acte manqué, sans qu'on sache vraiment pourquoi, comme si le destin, le hasard, l'irrationnel, en avaient décidé. C'est peut-être cette énigmatique absence d'explication, de causalité, qui fait le sens de ce roman, comme si l'absurde, l'inexpliqué, étaient déjà toute l'histoire de la Martinique. Toutes les chances s'offraient, toutes les portes s'ouvraient, rien ne se passe en réalité.

Soleil et ombres

Dans un premier temps, *La Lézarde* peut apparaître comme le roman d'un drame aux dimensions épiques dans lequel un « peuple », puisque ce terme est récurrent, travaille à sa libération, avec succès. Ainsi, le chapitre XIII de la première partie, « La flamme », s'ouvre sur une évocation lyrique : « En un tel soleil repose le cœur obscur des hommes », tandis qu'un peu plus loin, le narrateur commente : « [a]insi un peuple lentement revient à son royaume ». Le ton est résolument prophétique et épique : « ils diront une grande fois le voyage, oh ! ce sera une clameur immense et bonne sur le monde[1] ».

Les protagonistes sont les membres d'une collectivité, ils agissent, pensent en groupe, et mènent à son terme une action collective. Le marron, Raphaël Targin, l'homme de la montagne, descend du morne pour se faire le célébrant d'une mission expiatoire. C'est un héros, que le jeune narrateur célèbre avec

---

1.   *La Lézarde*, pp. 54-55.

enthousiasme : « J'étais dans les rues, je criais, je courais. J'entrais dans les privés, je cherchais ce héros qui avait échappé à la barre dans des circonstances si extraordinaires[2] ».

Le héros suivra le « Renégat », le géreur Garin, de la source de la Lézarde à la mer, afin de le tuer, voulant débarrasser le pays de ce traître qui confisque les bonnes terres pour le bénéfice des békés. Les élections battent leur plein, les jeunes de Lambrianne, pleins de ferveur, soutiennent « le Représentant », sa victoire est la leur, ils la fêtent dans les « vidés[3] ».

La Lézarde est également le temps des intrigues amoureuses et de joutes tant sportives qu'oratoires, sur la plage, dans le village. Si l'action est possible au plan collectif, le dynamisme est la règle, tant en ce qui concerne les liens sociaux que les liens affectifs.

Les jeunes gens s'aiment, font des projets, se fiancent. La créativité de Mathieu Béluse, historien qui fait des recherches sur « l'histoire de la région » et son implication politique efficace ne l'empêchent pas de s'allier à Marie Celat ; Valérie se fiance avec Raphaël Targin qu'elle va présenter à sa marraine, tandis que Gilles et Margarita forment un autre couple, un peu en retrait. Par conséquent, tant au plan politique qu'aux plans psychologique et amoureux, *La Lézarde* saisit un monde dynamique, éclairé par le feu de l'enthousiasme et de la jeunesse, par une ardeur digne des héros qui s'engagent, contractent des alliances, agissent, dans un « tourbillon ». Les titres des chapitres en témoignent : « La flamme », « L'acte », « L'élection », « L'éclat », déploient en quatre moments un chant épique.

Le côté solaire du roman a d'ailleurs souvent ébloui les lecteurs qui n'ont pas perçu les ombres denses, l'inquiétude fébrile qui s'emparent peu à peu du pays et des personnages[4]. Pourtant, tout

2. *Ibid.*, p. 171.
3. Les « vidés » sont des défilés qui prennent place lors du carnaval ou des élections. Le rapprochement des deux circonstances, par un même usage et un même terme, est peut-être en soi significatif.
4. Ada Ugah, toutefois, a bien montré, dans sa thèse sur l'imaginaire d'Édouard Glissant, les ambivalences des métaphores du soleil et du feu, en particulier dans la troisième partie : « L'image du feu ou l'éclat du pays retrouvé », pp. 257-363. Cf. *L'imagination créatrice dans l'œuvre d'Édouard Glissant (Essai sur la représentation de l'eau, de la terre et du*

bascule, un trouble s'empare des protagonistes. Mathieu Béluse est affaibli, fiévreux, il ne finira pas ses travaux :

> « Je lâche tout, s'écrie-t-il. Un autre continuera le travail, un autre fera les recherches. Je me suis arrêté à la grande révolte de 1788. [...] Voilà, j'en étais là. Qu'un autre continue. Trop faible. Trop vide[5] ».

L'action semble, en outre, vaine agitation ; Mathieu estime que les élections sont un maigre succès. À Thaël qui s'enthousiasme :

> « Après ces élections nous n'aurons plus de gouverneur. Ils seront obligés », il répond :
> « La belle fierté. Gouverneur ou pas, la réalité sera la même.
> – Que vois-tu ?
> – Trop tôt, trop tôt. Combattre avec les armes du moment. Dans vingt ans peut-être[6] ».

Les symboles s'inversent et la flamme devient un « incendie » qui dévore le pays : ainsi, Valérie et Thaël remontant vers la maison de Thaël voient « les maisons qui baignaient dans le dernier rougeoiement du soleil ; les murs et les façades qui rayonnaient, semblant brûler rouge dans la terre et au-dessus ».

La splendeur du spectacle est nuancée d'inquiétude :

> « La flamboyance tombait avec rigueur, la nuit avec rigueur engloutissait les toits, et bientôt ils ne purent distinguer qu'une noirceur plus drue posée sur la noirceur, un tas d'ombre dans les ombres, un trou au bout de l'allée sombre[7] ».

Il semble que le paysage porte le pressentiment de la mort de Valérie dont la marche est un calvaire vers la maison de Thaël devenue « maison de la mort ». Le feu, que l'arbre, appelé

---

feu), thèse de doctorat de troisième cycle, sous la direction de Jack Corzani, Bordeaux 3, mai 1984.
5.   *La Lézarde*, p. 226.
6.   *Ibid.*, p. 206.
7.   *Ibid.*, p. 248.

précisément « flamboyant », semble jusqu'à la fin entretenir, consume tout sur son passage.

Cette impression de progressif obscurcissement est confirmée par un dénouement horrible, Valérie est tuée par les deux molosses de Raphaël qui se jettent sur elle, par une sorte de fatalité, un accident bien énigmatique. La tragédie se mêle à l'épopée, rappelant que le marron est destiné aux chiens, ici par l'intermédiaire de sa fiancée. Le lecteur constate, sans comprendre, que les événements qui paraissaient s'enchaîner sous le signe de la réussite et de l'exploit, de l'élan et du projet, ne sont en fait qu'échec, inutile effort : ils s'épuisent en résorbant leur potentiel de signification.

De la même manière, on peut imaginer que Thaël a présumé de ses forces en élevant deux molosses, s'appropriant indûment les symboles dangereux d'une histoire antillaise qui n'est pas encore la sienne. Élever des molosses, c'est tenter de dépasser le souvenir des épisodes tragiques qui ont lié ces chiens aux maîtres, lorsque ceux-ci les utilisaient pour rattraper et dévorer les nègres-marrons. Peut-on marronner, se réapproprier l'histoire au point de posséder des molosses, lorsqu'on est, à l'instar de Thaël, un descendant d'esclaves ?

> « Les chiens avaient concentré en eux toute la passion d'en haut, ils troublaient seuls la limpidité de la montagne : pour cette raison Thaël les estimait et les fuyait à la fois. Or, les bêtes connaissaient la répulsion du maître, répulsion toujours vaincue[8]. »

L'ambiguïté qui lie les chiens à leur maître se révèle meurtrière dans l'épilogue, puisque dans un élan de fidélité impatiente, ils se jettent sur Valérie. Ils se retournent contre leur maître, dans un mouvement qui n'est pas sans exultation : ils ont hâte de retrouver Thaël, ils répondent à son appel joyeux, « par un féroce déchaînement de leurs forces si longtemps contenues[9] ».

Ces chiens ne sont pas sans évoquer « les forces si longtemps contenues » d'une révolte qui éclate dans l'action de *La Lézarde*, dans le cours tumultueux d'une eau qui déborde et d'un peuple qui

---

8. *Ibid.*, p. 12.
9. *Ibid.*, p. 262.

se libère et finalement se dévore lui-même, devenant son propre molosse, par une sorte d'ironie tragique. Thaël peut-il, en fait, être « maître » ? Le roman souligne, à l'inverse, qu'il perd toute maîtrise. Dès les premières pages, le narrateur joue de ce contraste : « Thaël avait la maîtrise des cailloux », dit-il, puis quelques lignes plus loin : « Or tout se défait en Thaël, à mesure qu'il descend. Il accède à la conscience qui sépare et dénombre[10] ».

Ainsi, celui qui maîtrise chiens et pays, dans la lumière du soleil qui « baigne » l'incipit, lorsqu'il est homme de la montagne, se défait, perd tout contrôle, de l'acte, de ses chiens, de son destin, lorsqu'il « descend ». Garin ne sera vaincu que par la mer, tandis que Raphaël, anti-héros véritablement irresponsable assistera par deux fois aux événements capitaux du récit, sans pouvoir esquisser le moindre geste pour les provoquer ou les empêcher. Mystérieusement, le roman s'achève dans l'« ombre », littéralement « carnassière », et la mort, cendres demeurant après l'incendie merveilleux.

La passion, qui rend la réalité « mesquine », « banale », insupportable, frappe les personnages d'une blessure irrémédiable qui les empêche de réaliser leur projet et d'en tirer toutes les conséquences. À l'instar de Thaël, ils sont « fissurés ». Le feu, l'élan, ne suffisent pas et il faut « avec la vaillance de celui qui a bien lutté, qui sort vainqueur de la ronde, [...] dénombrer les plaies. Avec patience et ténacité[11] ».

Le terme « dénombrer », on le voit, est récurrent, puisque dès le début du roman, Thaël, au fur et à mesure qu'il se « défait », « accède à la conscience qui sépare et dénombre ».

Une anti-épopée

On peut faire l'hypothèse que la dimension épique est, en réalité, dépassée par une expérience douloureuse, dans laquelle le

---

10. *La Lézarde*, pp. 11-12.
11. *Ibid.*, p. 230.

héros se « défait », se « fissure », en prenant conscience. La perception globale, la maîtrise unitaire et fulgurante qui serait celle d'un homme de la montagne doit être tragiquement abandonnée pour qu'un peuple ait accès à sa vérité, une réalité à « dénombrer », patiemment, dans le temps. Le terme « dénombrer » désigne le fait d'inventorier, d'examiner dans le détail, avec méthode, une situation. Il s'agit de dépasser une vision lyrique et totalisante pour saisir la « réalité » dans sa diversité, dans sa résistance. La conscience doit se faire plus modeste, travailler dans le détail, s'absorber dans le calcul quotidien des chances. Le héros se fait humble, s'abaisse au niveau de l'humus, pour saisir la/sa terre à bras le corps.

Ainsi, le héros est comme dévoré, dépossédé de lui-même, par sa passion. Après sa lutte avec Garin, il assiste impuissant à la disparition de son ennemi : « C'est arrivé trop vite, je n'ai pas pu l'avoir », se dit-il, tandis que le narrateur le décrit comme une victime : « Thaël se traîne, opaque, fissuré, insultant et pleurant. La nuit tombe dans son âme, la nuit plus serrée qu'une pierre[12] ».

En fait, il n'a pas tué le « renégat », c'est « la mer [qui] a vaincu Garin », comme si le pays se faisait lui-même justice, dans une scène qui écarte les actes humains pour n'exalter que le drame élémentaire, cosmique. Mais ce qui pourrait conférer au duel une dimension épique, dans la figure d'une amplification cosmique, n'est en fait qu'une manière de ravir à l'homme son combat. « L'acte » est celui de la mer, non celui de Thaël, qui n'en connaîtra que le manque. N'est-ce pas une manière de signifier la « dépossession » dont l'homme est victime ? Dépossédé de la terre, il est dépossédé par elle de son acte, comme s'il ne pouvait l'assumer.

Cette victoire de l'élément n'est pas victoire pour l'homme qui « se traîne, [...] insultant et pleurant ». S'il a rencontré la Lézarde, c'est, jeu de mots ironique, pour en être « fissuré ». Loin de figurer un accord de l'homme ou du peuple avec la terre, avec la rivière, l'image semble indiquer la violence d'un pays contre lequel le héros se fracasse. La lueur de la « flamme » devient dès lors, l'« éclat » qui résulte d'un déchirement. C'est « Mathieu qui crie

---

12. *Ibid.*, p. 155. Les italiques sont dans le texte.

avec de grands éclats » puis ce sera « le corps brisé » de Valérie, à l'intérieur duquel « quelque chose » s'est « rompu[13] ».

Les images de la lumière et du feu qui éclairent, qui exaltent, soutiennent la lutte des hommes, se retournent en forces écrasantes qui ne sont pas à la mesure des hommes. Ici, le feu du soleil consume les toits, là, c'est la mer qui « brûle ». Des « astres tombent ». La nuit emporte tout, le roman parcourt et inverse ses métaphores : l'« éclat » des flambeaux et de l'élan lyrique éclate en lambeaux de chair et de paroles véhémentes.

Alchimie inverse

La fièvre qui dévore Mathieu peut également s'interpréter comme une sorte de Passion, d'excès dans lequel le personnage s'autodétruit[14]. Ainsi, l'ardeur qui porte les personnages devient littéralement feu qui les consume. Seraient-ils trop faibles pour aller au bout de l'action, pour porter la flamme ? Les personnages enflammés, rayonnants, sont en même temps victimes de leur ardeur. Ils subissent, en fait, une expérience initiatique qui les brûle, les divise. Ils passent, en quelque sorte, par le crible d'un alchimiste, lorsqu'ils rencontrent la réalité brûlante du soleil et de la terre « d'une épuisante splendeur[15] ». La mer elle-même « brûle », la foule est « ardente », ce sont volcans, flots de lave.

Les personnages se consument dans ce creuset, comme dans une œuvre au noir qui devrait les amener à une conscience neuve. Ils sont conduits à se refondre littéralement au feu brûlant de la passion (comme souffrance et sacrifice) qui les réduit en cendres. Conscience qui « sépare » et « dénombre », métal plus pur ou peut-être par paradoxe plus impur, le héros accède alors à la diversité du monde, à la banalité « des misères communes ». L'alchimiste qui,

---

13. *La Lézarde*, pp. 248, 263.
14. L'expression sera reprise dans *Mahagony*, dans le chapitre « Passion, selon Mathieu ».
15. *Ibid.*, p. 13.

habituellement transforme le plomb (ou la « boue ») en or, opère ici à l'inverse, humiliant le héros, le consumant, afin qu'il communie avec le plomb de la réalité terrienne, quotidienne, de son pays.

Ainsi, au moment de son ultime combat avec Garin, Thaël « nage dans l'air, dans le plomb brûlant, dans le désespoir et la haine, et la pitié et les larmes. L'eau de mer brûle, oui, elle brûle. Où est la rivière, où la Lézarde et la boue ? »

Le héros, véritablement descendu dans un maelström de feu et de lave, est ainsi alchimiquement consumé. Il a, dans cet instant, une vision, sorte d'« illumination » rimbaldienne : « Valérie nage avec lui, des astres tombent, le ciel, le ciel », puis « il roule et sent qu'il va mourir ».

Dans cette expérience de fusion – au sens de « métal en fusion » et de « fusion imaginaire » avec la femme aimée, ainsi qu'avec les éléments – le personnage meurt, en quelque sorte, brûlé. Il renaît de ses cendres bien différent, « opaque, fissuré[16] ». L'auteur continue de la sorte une tradition poétique illustrée par Rimbaud, tout en inversant les valeurs de l'« illumination ». S'efforçant de dépasser la fulgurance d'une conscience qui transfigure, il privilégie la conscience qui, humblement incorpore, analyse la réalité. Car la réalité de la plaine n'est pas une :

> « Il pensa que c'était certes un étrange destin que d'être venu dans cette plaine, poussé par il ne savait quelle nécessité, avec dans l'âme toute cette passion éclose là-haut [...] et d'avoir ainsi connu son pays, les mirages, les laideurs, tous les éclats, et les grandeurs, et les terribles quotidiens labeurs » ...

Thaël en a eu le pressentiment, en quittant la montagne pour la plaine :

> « [Il] pensa qu'à la fin il avait quitté la légende, qu'il était entré, oui, dans les espaces ingrats du quotidien, qu'il allait apprendre non pas la démesure de la souffrance, mais enfin la rigueur des misères communes. (Mathieu avait raison. Il ne vit

---

16.   *Ibid.*, p. 154.

plus dans ce volcan, dans cette sphère de feu, il a renié la splendeur, il établit soigneusement les marches de l'histoire[17] ».

Le héros a, certes, la nostalgie d'une position plus noble qu'il est tenté de réintégrer :

> « Il ne pourrait plus vivre dans la plaine, prenant sa part des déboires communs [...] il lui faudrait remonter sur la montagne, comme un qui refuse l'abandon, comme un qui s'isole avec fermeté, pour enseigner à ses enfants le droit de dire et de choisir[18] ».

Toutefois, il est divisé, irrémédiablement, entre deux formes équivalentes d'« abandon » et de courage ; car si quitter la montagne peut être synonyme de renonciation au « droit de dire et de choisir », de soumission, quitter la plaine, inversement, pour « remonter sur la montagne », dans une posture de marron héroïque, ce serait également abandonner les blessures de la plaine, les combats communs. Ainsi, la véritable geste devient paradoxalement l'acceptation des « déboires communs », car la plaine représente également un engagement fraternel, humain :

> « Il sentit que cette solitude lui serait insupportable, qu'il ne pourrait oublier la leçon de la plaine, l'urgence de combattre, le lent travail par lequel son peuple, à travers tant de mirages, tendait vers la plus exacte qualité de lui-même[19] ».

La montagne et la plaine représentent donc deux modes différents de courage et de lutte pour la liberté. L'une est liberté solitaire et entière, l'autre, moins brillante, n'est que « lent travail », difficile identité (comment traduire l'expression si prudente et alambiquée de « plus exacte qualité de lui-même » ?) qui passe par de nombreux « mirages », les illusions, les erreurs, les images avec lesquelles se confond l'identité. Ce ne sont donc

---

17. *La Lézarde*, p. 76.
18. *Ibid.*, pp. 190-191.
19. *Ibid.*, p. 191.

pas la liberté et la servitude qui s'opposent, mais deux formes de lutte, deux formes de résistance. Le parcours de Thaël est, par conséquent, la geste exemplaire d'un marron qui, paradoxalement, va renoncer à son héroïsme, à son acte, à son épopée, pour devenir un sujet divisé, une conscience déchirée par deux aspirations opposées et toutes deux légitimes.

De même, ses camarades

> « avaient dans un élan de flamme voulu rayonner hors de ce lieu de désolation. Et tu compris, voyant Mycéa fiévreuse au milieu de cette fièvre de la ville, qu'ils avaient atteint l'arbre des splendeurs, connu la mer magnifique et sans fin ; qu'ils ne supporteraient plus (ni toi ni ce peuple) l'étau qui rapetisse, le féroce vêtement. Mais qu'aussi dans cette liberté soudaine, c'est-à-dire soudainement connue, surgie sombre et flamboyante, déjà le réel s'imposait d'une nouvelle façon. [...] Il fallait dénombrer les plaies[20] ».

D'une part, la flamboyance porte les personnages et les amène à la victoire électorale après la mort de Garin, d'autre part, elle les rend plus faibles devant le « réel » et ses maladies. Le feu de la vision et du pays divise les sujets en une forte contradiction soulignée par la conjonction « mais ». Désormais, leur perception ne sera plus épique et unitaire, mais « crue », accès modeste et patient aux réalités complexes du pays. C'est pourquoi les métaphores du feu sont finalement très ambivalentes, car si les personnages ont fait « un effort absolu pour rejoindre le flamboyant, le fromager terrible, la barre resplendissante », c'est-à-dire les éléments mystérieux et puissants du pays lui-même, ils sont également vaincus par la « barre » écumante, qui rejette Thaël épuisé, après lui avoir dérobé sa victime, par le fromager qui « a pris la femme dans [son] filet[21] », par le flamboyant dont « l'ombre carnassière » effraie Valérie. La métaphore d'un « engloutissement » se précise dans l'image de cette « ombre » du flamboyant

---

20. *Ibid.*, p. 230.
21. *Ibid.*, p. 249.

qui annonce la mort de Valérie, attaquée par les chiens, comme s'ils voulaient la dévorer, précisément[22].

En réalité, les métaphores filées conduisent à imaginer un sacrifice, une chair consumée, celle des personnages, de Thaël et de Valérie, mais également de Mathieu et de Mycéa, afin que se réalise l'opération alchimique inverse qui porte un nouvel état de la conscience.

La fin du « Rebelle »

En ce sens, *La Lézarde* prend la suite de l'œuvre d'Aimé Césaire, *Cahier d'un retour au pays natal*, de même que Thaël continue le Rebelle de *Et les chiens se taisaient*, qui est cité en épigraphe de la dernière partie, « L'éclat ». Édouard Glissant se sépare de son aîné en récusant les positions de poète-prophète, « bouche des malheurs de ceux qui n'ont point de bouche » et dépasse en même temps la position épique du héros. Dans *L'Intention poétique*, Édouard Glissant évoquait ainsi la position du Rebelle :

> « Dans le langage de notre temps, le *Cahier d'un retour au pays natal* est un moment : la retournée flamboyante d'une conscience, l'élévation vers tous de la tragédie : *Et les chiens se taisaient...* Il fallait que le héros meure, après avoir souffert l'éblouissement et le poids de la naissance de tous (mais aussi après avoir tué son maître de ses propres mains : cet acte conçu dans la tragédie comme le seul rite propice à la vraie "naissance")[23] ».

Raphaël Targin, descendant du Rebelle, connaît bien cette flamboyance et cet « éblouissement ». Mais il ne meurt pas, il se retire. Mieux, il ne tue pas le maître, il n'accomplit pas l'acte.

---

22. *La Lézarde*, pp. 260-261.
23. *L'Intention poétique*, Seuil, 1969, pp. 147-148.

Thaël ne meurt pas pour accomplir son œuvre de révolte en tuant son maître. À l'inverse, nous l'avons observé, il est bien peu maître de la situation, de l'acte ou de ses chiens. Mais, en revanche, il ressent « le poids de la naissance de tous », comme « conscience qui sépare et dénombre », nécessité de participer au « lent travail » de tous. Mathieu et Thaël ouvrent la voie, après l'effacement des héros, tragiques et romanesques, à l'action collective[24].

Si le meurtre de Garin échappe à Raphaël, c'est, en effet, afin que la mort de Garin demeure sans propriétaire, qu'elle appartienne à la mer, au pays, à tous. Margarita pourra ainsi déclarer : « je suis comme tout le monde par ici [...] Moi aussi, j'ai tué Garin l'assassin[25] ! »

L'acte, demeuré sans agent, est disponible, tous pourront le revendiquer. C'est un nouvel enjeu de la lutte et de la conscience antillaises : une communauté devra se constituer à partir d'un acte à assumer. C'est pourquoi Thaël voit avec raison :

> « La gésine de son peuple, dont il avait maintenant l'image écartelée dans son esprit [...]. Cet accomplissement qui avait partagé une seule volonté en tant de volontés partielles, qui avait opposé Mathieu qui avait raison à Thaël qui avait raison, à Luc qui avait raison, à tous les autres : car chacun d'eux connaissait une part du bien commun, et la symbolisait, et mieux l'incarnait[26] ».

Ces propos prennent sens rétrospectivement, pour qui a lu *Malemort* et *La Case du commandeur*, romans du « nous », mises

---

24. Dans *Le Discours antillais*, Édouard Glissant, à propos du « tragique moderne qui ne nécessite plus de héros sacrificiel », s'exprime en ces termes : « le rite tragique du sacrifice comporte l'assurance d'une opposition dialectique (individu-communauté) dont la résolution est estimée bénéfique. La modernité suppose l'éclatement de cette dialectique : ou bien l'individu s'exaspère, et c'est le retournement de l'Histoire en pure négation ; ou bien les communautés s'élargissent, et c'est le dessin nouveau des histoires qui relaient (dans la conscience) l'Histoire. Dans un cas comme dans l'autre, la médiation du sacrifice héroïque devient inutile », *Discours antillais*, p. 413. Bien que cette note porte sur le théâtre, on pourrait suggérer que *La Lézarde* esquisse, dans sa dramaturgie et son dénouement, « le dessin nouveau des histoires qui relaient l'Histoire ».
25. *La Lézarde*, p. 257.
26. *Ibid.*, p. 191.

en question de ce « nous » impossible à former, et qui demeure
« image écartelée ». L'acte manqué de Thaël engendre très
logiquement la prise de position collective. Il n'y aura plus de
héros, officiant, acteur au nom du peuple. Désormais, l'acte devra
être assumé par tous, comme « volontés partielles », connaissant
chacun « une part du bien commun » et l'incarnant. C'est ainsi que
« la fatigue [qui] s'abat sur Thaël », libère en fait une énergie
collective : « La mer fut complice du mal, qu'elle soit complice du
bien ! » se dit Thaël qui « tente de réunir, d'expliquer. Des mains
sont tendues vers lui, on l'aide, on le voit, on admire sa force, et
qu'il ait vaincu la barre ». Puis Alcide Lomé, le paysan, témoigne
pour le disculper, enfin « les femmes et les enfants regardent,
fascinés, la barre torturée et ensemble immobile », tandis que « le
sable, la mer, le vent et les cocotiers sont figés dans l'étincel-
lement » et que les pêcheurs « pagayent avec grand bruit, comme
pour essayer de conjurer la mort[27] ».

Ainsi les éléments, comme les hommes, dans leur pluralité,
prennent le relais de l'acte. La scène, longtemps occupée par deux
hommes et leur duel épique, fait place au chœur et à l'activité
(à moins qu'il ne s'agisse d'une « agitation ») collective.

À l'extrême, les « volontés partielles » se transformeront en
collection d'individus que ne réunissent nulle conscience, nul
projet. C'est en quoi la scène finale de la plage est peut-être
ambiguë, car les personnages réunis sont davantage spectateurs
médusés ou agités que véritables participants. L'enjeu n'en
demeure pas moins de les amener à se saisir d'un acte qui
deviendrait leur, d'un discours qui dirait leur « exacte qualité ». Le
procès sera l'occasion d'un engagement plus direct de la
collectivité, représentée par Lomé d'une part, et par « la foule
débordante » qui accueille la décision de l'acquittement par « un
délire d'ovations[28] ».

La Lézarde n'est donc pas le roman où triomphe le marron,
mais à l'inverse le roman où il s'efface devant la mer, puis devant
les « volontés partielles » d'un peuple en « gésine ». Son échec est

---

27. *La Lézarde*, pp. 160-164. Les italiques sont dans le texte.
28. *Ibid.*, p. 170.

sa véritable grandeur, parce qu'il laisse place à une autre histoire. Le véritable héroïsme, désormais, consistera, ainsi que l'indique Thaël, à assumer « les communs déboires », « le lent travail d'un peuple ».

De la même manière, le retrait de Mathieu, malade, à l'approche de son triomphe de militant, peut être interprété comme une distance modeste et nécessaire qui laisse place à des luttes collectives. Ainsi, lorsqu'une jeune femme lui demande, ironique :

> « Tu es content, Mathieu ? Tu es fier de toi, non ? Voilà ! Ta
> petite victoire personnelle ! » Il répond :
> « On n'y peut rien. [...] Je ne suis rien.
> – Tu vas pouvoir commander maintenant, on t'écoutera. [...]
> – Je ne suis rien, dit Mathieu[29] ».

L'œuvre d'Édouard Glissant récuse les « commandeurs ». Mathieu, comme Thaël, « se défait », pour laisser la « case » vide. C'est prendre le risque d'un véritable vide politique, accepter que peut-être nul ne revendique l'acte ou n'assume le « discours antillais ». Et Mathieu a également conscience, dès la fin des élections, que la libération ne sera pas si aisée, que les élections sont porteuses d'ambiguïtés. Il a deviné que : « La misère peut être plus grande quand elle vient de vous-même, de quelqu'un qui vous ressemble, d'un frère qui vous l'impose[30] » !

Sans doute est-ce un risque qu'il faut courir, parce que le pays a besoin d'autre chose que de l'acte solitaire d'un marron ou d'un militant inspiré : « Pour avoir la terre il ne faut pas un seul manquant[31] », déclare Mathieu.

Ainsi l'acte de Thaël est devenu acte manqué, de même que les élections gagnées par Mathieu et ses amis prennent immédiatement un sens opaque, afin que s'ouvre une autre perspective, celle d'une véritable repossession de la terre par tous.

---

29. *Ibid.*, p. 204.
30. *Ibid.*, p. 206.
31. *Ibid.*

Un acte en attente

À l'extrême, le roman *La Lézarde* peut être interprété comme triomphe d'un non-sens : la nuit qui enveloppe les dernières pages succède au soleil radieux de l'incipit, le meurtre de Valérie par les chiens préfigure « la violence sans cause » qui s'empare d'une société bloquée. Le double sacrifice de Raphaël Targin, descendu des mornes, n'aura pas de conséquence. D'ailleurs, le personnage demeure comme innocent de ses deux actes, puisque Garin meurt par accident, de son propre fait, dans la barre, tandis que Valérie est assaillie par les chiens de façon imprévisible et sans que Raphaël soit mis en cause. C'est pourquoi Raphaël Targin ne sera pas inquiété durablement pour la mort de Garin, ni n'aura à répondre de celle de Valérie. Mais cette absence de responsabilité assumée n'est pas seulement versée au profit de la mer et du pays : elle peut être interprétée comme un vide. Le procès au cours duquel Raphaël est acquitté par un certain juge Parel, qu'on retrouvera dans *Malemort*, est une farce[32]. Raphaël Targin ne porte ni la culpabilité, ni la gloire de son action, ce ne sont que des actes manqués en quelque sorte, au propre et au figuré.

Les actes ne sont pas soutenus par un projet collectif, ils ne vont en rien transformer la réalité, ils demeurent en manque de signification et de symbolisation. Le silence qui les recouvre est pire qu'une mise en accusation, c'est un véritable anéantissement de l'acte. Aucune analyse de cette fin tragique, ou de la maladie de Mathieu, des départs des personnages qui quittent Lambrianne pour la France, n'est explicitée. Le roman dessine une sorte de phénoménologie du non-sens politique, l'action se dissout alors même qu'elle semblait aboutir. Aussi n'est-ce guère qu'en resituant l'œuvre historiquement que le lecteur peut saisir l'enjeu d'un tel effacement des significations.

---

32.   *Cf.* « Le juge dit quelques mots très secs pour déplorer l'accident qui avait privé le pays d'un homme capable. Ceci tint lieu d'acquittement. Ce fut un délire d'ovations. On criait : "Vive monsieur le juge", et Parel consentit même à sourire », *La Lézarde*, p. 170.

Écrit précisément à l'époque où le doute s'est installé, concernant le « Représentant » et son programme d'assimilation, concernant la « représentation » en général et les impasses de la départementalisation assumée par Aimé Césaire, le roman laisse l'acte politique s'autodétruire, faute d'un véritable projet. *La Lézarde* est le roman de la dernière chance, avant que la départementalisation qui va suivre l'élection du Représentant ne mette un terme aux espoirs de Libération[33]. L'inquiétude des militants des années soixante se dessine derrière l'élan de 1945 et en montre les impasses qui se devinent dans la maladie, la faiblesse, les épisodes tragiques de l'épilogue. Ainsi, Mathieu commente sur un ton désabusé sa victoire électorale :

> « Ces élections, c'est une chaude victoire. [...] Mais le résultat pratique c'est borico cinq-sous-rhum-cinq-sous-tafia. [...] Nos élus n'ont pas de pouvoir. Nos députés s'en vont là-bas. Les gouverneurs et autres commissaires spéciaux ont tous les moyens[34] ».

On peut entendre le commentaire d'un homme qui connaît les ambiguïtés de la départementalisation, et projette son analyse de

---

33. De même qu'en France, la Libération fut accompagnée d'un mouvement progressiste, la Libération, en Martinique et en Guadeloupe ne fut pas seulement défaite des forces d'occupation pro-allemandes, mais également espoir de changement, d'émancipation. L'autonomie forcée des îles, pendant l'Occupation avait en effet, démontré qu'elles pouvaient subsister sans la métropole, en comptant sur l'agriculture de subsistance et l'inventivité. Cette interprétation, souvent exaltée par les romans contemporains, est peut-être un peu idéaliste. D'autres ont mis en relief la grande misère qui régnait outre-mer, après la guerre, et le soulagement que représenta la loi de départementalisation, après tant de souffrances. Il ne fait pas de doute, toutefois, que l'aspiration au changement porta les communistes aux postes de responsabilité et que le statut des îles devait être repensé, ce qui fut fait. Pour les uns, la départementalisation représente l'inverse d'une administration coloniale puisqu'il accorde les mêmes droits à tous les citoyens français, fussent-ils originaires de l'outre-mer, pour les autres – parmi lesquels Édouard Glissant – ce statut est l'aboutissement suprême de la colonisation, par totale assimilation. Les uns se battront essentiellement pour que les lois françaises soient intégralement appliquées aux DOM, afin que l'assimilation soit totale, tandis que les autres verront dans ce terme d'« assimilation » le synonyme de la « malemort ».
34. *La Lézarde*, p. 206.

1958, sur l'action de 1945. Mathieu exprime moins, ici, une vision prophétique que le jugement désabusé d'un militant qui a connu l'enthousiasme de la Libération puis l'attente et la déception. Dans la logique de cette analyse, le roman demeure en attente d'une signification symbolique, d'une véritable transformation des élections et de la mort de Garin en actes. Le narrateur sait, à l'inverse, que la suite des événements est demeurée orpheline du véritable projet qui se dessinait en 1945, elle n'a pas su transformer le « vœu » d'un peuple et d'un poète.

    « On ne s'enracine pas dans les vœux, écrit Édouard Glissant, en 1969, à propos d'Aimé Césaire, (même qui clament la racine) ni dans la terre lointaine (même si c'est la terre-mère, l'Afrique), parce qu'on recommence de la sorte un (autre) processus abstrait d'universel, là où contribuer *par sa richesse propre* à la relation totale. Il faut marcher du vœu au réel[35]. »

    Cette marche est ce qui anime Thaël et Mathieu, les écarte de la scène épique, les amène à cette conscience qui « sépare et dénombre », va vers ce que le narrateur nomme le « réel », comme diversité, matérialité, durée, tâches quotidiennes, « misères » et « déboires ». Mais le temps n'est pas venu de passer de l'acte solitaire et héroïque du Libérateur à l'acte collectif. Le roman amène à ce suspens entre le moment où le héros se défait et le moment désiré où le « nous » prendra sa suite. Or, on sait que ce moment n'est pas venu, puisque aussi bien, *Malemort*, *La Case du commandeur*, *Mahagony* en disent toujours l'attente.

    L'acte tant désiré, dont l'œuvre suit la difficile élaboration et l'éclosion épique, demeure en attente de proclamation et de sens, il ne sert à rien, ne change rien. En revanche, à la fin de *La Lézarde*, trois personnages quittent la Martinique : Mathieu Béluse, Raphaël Targin (on l'apprendra dans *Le Quatrième siècle*), qui désire se faire oublier, et le jeune narrateur anonyme qui est appelé à témoigner. Sans que soit explicité l'échec de leur action, il va de soi que plus rien ne peut être tenté dans le pays et que les

---

35.   *L'Intention poétique*, p. 149. Les italiques sont dans le texte.

protagonistes doivent partir. C'est le début d'un détour par le monde qui n'est pas véritablement élucidé comme tel, dans *La Lézarde* et qui ne trouvera son sens véritable qu'à partir de *Mahagony*, en 1987.

Pour ceux qui demeurent au pays, la « situation bloquée » devient le lot quotidien. L'acte définitivement manqué demeure en déshérence. Depuis l'époque de *La Lézarde* et des élections, on peut résumer ainsi l'évolution sociale :

> « La vie tomba. Elle s'enlisait. Elle se préparait (passé la guerre, son silence anémié, l'explosion qui en marqua la fin, le mouvement d'air sur l'espace, l'éblouissement) à la plate cadence qui la scanderait bientôt, mollement[36] » ...

C'est du moins le bilan saisissant que dresse *Le Quatrième siècle*, rappelant comment « l'éblouissement », « le mouvement d'air sur l'espace » qu'avait représenté, dans *La Lézarde*, le moment de la Libération s'était « enlisé ».

Par conséquent, le monde contemporain, sous le signe de la Croix-Mission, le lieu où prophétisent et déparlent les fous les plus divers, est décrit comme

> « le rassurant néant, l'absence ronronnante, la *crève* paisible qui les faisaient survivre à l'ombre de la Croix-Mission, là où chaque soir il s'asseyait, sur les marches de ciment, pour mieux goûter les fanfaronnades des deux majors du quartier[37] ».

Pourtant, ce temps est le même que celui de *La Lézarde* qui ne définissait certes pas la réalité comme celle d'une « crève paisible » puisque, à l'inverse, il n'était question que de projets exaltés et de rêves de conquête. Ainsi le narrateur rapportait en ces termes des propos de Mathieu : « Détachons-nous, dit-il enfin, des forces de chaque jour ! Ne craignons pas de nous tenir sur le rivage, face au large et de peser notre histoire[38] ».

---

36. *Le Quatrième siècle*, p. 266.
37. *Ibid.*, p. 252, les italiques sont dans le texte.
38. *La Lézarde*, pp. 31-32.

Ou bien encore ces pensées épiques du même personnage :

> « Voilà. Il avait compris que cette terre qu'ils portaient en eux,
> il fallait la conquérir. Non pas seulement dans la force des mots,
> mais concrètement, chaque jour, qu'ils en aient l'usufruit, le béné-
> fice, qu'ils en fassent l'inventaire et en disposent librement[39] ».

Mais précisément, la conquête n'a pas eu lieu et *Le Quatrième
siècle* en tire les conséquences. Plutôt que de continuer l'œuvre en
déroulant le temps, en ajoutant des épisodes, *Le Quatrième siècle*
revient sur les événements racontés dans *La Lézarde*, comme si
l'histoire n'avançait plus et que l'on ne pouvait que revenir sur le
moment d'un échec pour essayer de comprendre. Adoptant un
nouveau point de vue, *Le Quatrième siècle* raconte la même
histoire que *La Lézarde*, explicitant l'autre drame qui se jouait
secrètement dans le premier roman : la mort de Papa Longoué.

---

39. *La Lézarde*, p. 60.

2

La mort de Papa Longoué

La Lézarde, 1958, *Le Quatrième siècle,* 1964,
Malemort, 1975, *La Case du commandeur,*
1981.

Dans *Le Quatrième siècle,* la période contemporaine n'est plus
définie comme celle des élections du Représentant, mais comme
celle de la mort de Papa Longoué, événement raconté dans *La
Lézarde,* mais qui pouvait sembler contingent. Il prend dorénavant
la place centrale et symbolique qui restera la sienne dans l'œuvre,
comme moment crucial où une parole s'éteint, n'est plus audible.

Le Quatrième siècle déploie, en fait, une spirale qui remonte
très largement dans le temps, jusqu'en 1788, pour revenir à 1945,
temps de « La Croix-Mission », la dernière partie, qui correspond
aux événements racontés dans *La Lézarde.* À la suite du roman
initial et cependant huit ans plus tard, le second roman fait entendre
le récit de Papa Longoué, avant sa mort.

Le vieux quimboiseur

Papa Longoué incarne, dans *La Lézarde*, un personnage somme toute assez pittoresque de quimboiseur. Il a véritablement des visions prophétiques, donne des consultations, annonce le drame final à Valérie : « Jeune fille (crie enfin papa Longoué, haletant), je vois des chiens !... Prends garde aux chiens !... Arrière... prends garde, jeune fille[1] ».

On le voit, le séancier est un visionnaire, il révèle l'avenir immédiat à la façon d'une diseuse de bonne aventure. Il est également lié à l'Afrique et, dans ses derniers moments, il voit « une forêt immense, dans un lointain pays » où « il chantait et dansait au rythme du tam-tam, il vivait libre, dans la faim et la chaleur ». Le vieil homme refait le voyage :

> « Papa Longoué était emporté [...] il y avait une odeur de mer pourrie, un grand indistinct roulis tourmentait le corps [...] et papa Longoué était dans ce nouveau pays, avec la poignante nostalgie ; maintenant, il voyait distinctement son grand-père, un vieil esclave marqué de fers [...] et toute la tradition de la famille, la fuite dans les grands bois, le commerce des esprits »...

Le quimboiseur est donc bien le marron ancestral qui relie encore le pays à l'Afrique. Il regrette précisément que ses contemporains se détachent de leur origine, en perdent le souvenir :

> « il voyait qu'on ne pensait plus assez à la grande forêt, il criait, il mettait sa main devant sa bouche, et il poussait le oué-ho ! sans fin, mais personne ne répondait : les temps étaient clos ».

Papa Longoué représente, par conséquent, les pouvoirs et les mystères de l'Afrique, une Afrique primitive, originelle, celle de l'enfance et de la forêt. Il symbolise également la négritude : alors qu'aucun autre personnage n'est décrit eu égard à sa couleur, le narrateur évoque « son vieux corps noir ».

---

1. *La Lézarde*, p. 83.

Guérisseur, voyant, le personnage incarne également la mémoire. En effet, de façon allusive, sont reliés les misères, le mal-être contemporains à l'oubli : « les gens venaient pour la maladie ou la souffrance ou la haine, pour l'amour, et ils ne savaient pas qu'au fond d'eux c'était la forêt qui appelait[2] ». La relation quasi thérapeutique entre la mémoire et la souffrance antillaise est sous-jacente à une telle intuition, encore très peu explicitée, cependant, dans *La Lézarde*, où le rôle de Papa Longoué demeure assez restreint, la figure du magicien l'emportant sur celle du sage. D'ailleurs, Mathieu lui-même n'a pas encore véritablement compris son importance :

> « Papa Longoué est mort, dit Mathieu avec rage. Tant pis ! Il a duré le bougre. La vieille Afrique s'en va. Vive papa Longoué. Il y a autre chose aussi ! C'était là son tort. Il ne savait pas qu'il y a autre chose[3] ».

La formule est bien vague. Comment l'interpréter ? Il pourrait s'agir d'une critique de la négritude au bénéfice d'un sentiment plus caribéen qui s'exprime dans quelques dialogues. Cette « autre chose » est sans doute l'amorce de l'« antillanité ». Toujours est-il que l'évaluation du symbole représenté par Papa Longoué n'est pas sans réserves. Il n'est pas encore celui qui, essentiellement, raconte le passé, détient cette « vision prophétique » du passé qui deviendra de plus en plus précieuse à l'œuvre.

La vision prophétique du passé

Dans *Le Quatrième siècle*, le quimboiseur intervient encore comme possédant des pouvoirs de guérisseur, mais il devient plus pleinement un conteur, celui qui initie Mathieu à la connaissance visionnaire du passé. Il ne s'agit plus d'ailleurs d'un passé

---

2.   *Ibid.*, pp. 197-199.
3.   *Ibid.*, p. 233.

essentiellement africain, mais d'un passé antillais, qui commence avec le premier débarqué. La matrice que constitue la vision d'agonie racontée dans *La Lézarde*, va être réélaborée. En particulier, si la traite et le voyage sont toujours présents, la traite sera précisée dans son origine trouble, à partir, non seulement d'une « force qui obscurément tirait, une main de bois dur[4] », mais également à partir de la trahison du frère qui a vendu son frère et se trouve, cependant, à ses côtés, dans le bateau négrier.

Dans *Le Quatrième siècle*, Mathieu Béluse n'est pas encore le militant ou l'archiviste de *La Lézarde* ou de *Mahagony*, il n'est qu'un tout jeune homme qui « sans parler, s'asseoi[t] sur la terre devant la case » de Longoué. Le quimboiseur devine que ce qu'il vient chercher là : « c'était l'ombre, la fixité, le profond des vérités révolues [...] pour en recouvrir, comme d'un cataplasme, l'inquiétude et l'agitation qui boulaient en lui[5] ».

Mathieu vient donc interroger le vieux quimboiseur : « Dis-moi le passé, papa Longoué ! Qu'est-ce que c'est, le passé ? »

En de multiples séances, le quimboiseur révèlera à Mathieu de larges pans de ce passé, depuis 1788, dont l'évocation laissera souvent la place à des commentaires, réévaluations, discussions sur la fiabilité ou le sens de ces récits. Par conséquent, *Le Quatrième siècle* rend présente la voix du quimboiseur, comme il rend proche le temps passé soudain révélé et revivifié à grand renfort de dialogues, de théâtralité, véritablement mis en scène par Papa Longoué. Le roman *La Lézarde* pouvait apparaître comme le désir de l'action historique, le roman *Le Quatrième siècle* est la quête d'une parole historique, une parole-acte qui restitue le passé et donne des repères, pose les jalons d'une prise de connaissance active, apte à engendrer un acte historique[6].

---

4.   *La Lézarde*, p. 197.
5.   *Le Quatrième siècle*, p. 257.
6.   Édouard Glissant définit en ces termes la « vision prophétique du passé » : « Le passé, notre passé subi, qui n'est pas encore histoire pour nous, est pourtant là (ici) qui nous lancine. La tâche de l'écrivain est d'explorer ce lancinement, de le "révéler" de manière continue dans le présent et l'actuel. Cette exploration ne revient donc ni à une mise en schémas ni à un pleur nostalgique. C'est à démêler un sens douloureux du temps, à le projeter à tout coup dans notre futur, sans le recours de ces sortes de plages

L'œuvre retourne en deçà de l'acte, car celui-ci ne peut ni s'accomplir ni prendre sens avant qu'une identité historique ne soit assumée par la collectivité. Écouter la parole de l'ancêtre noir, c'est donc élaborer la « vision prophétique d'un passé » qui soit porteur d'un projet collectif.

Si Mycéa, en effet, estime qu'« il ne faut pas du temps » mais « des actes », pour Mathieu, il est nécessaire avant tout de retrouver le passé ; il songe avec impatience à ce « temps, l'énorme, désespérant, désertique temps qu'il faudrait, simplement pour leur ouvrir la tête sur ce Temps passé noué à la terre, et pour les ramener vers le haut des mornes[7] ».

Mathieu, l'initié, a compris que, sans mémoire, le « peuple » dont l'existence ne faisait pas encore de doute dans *La Lézarde*, puisque le terme y était répété, s'est défait :

> « Il éprouvait combien les gens (il n'allait même pas jusqu'à dire : un peuple) pouvaient s'en aller, tarir sans descendance réelle, sans fertilité future, enfermés dans leur mort qui était vraiment leur extrémité, pour la simple raison que leur parole était morte elle aussi, dérobée[8] ».

C'est pourquoi il lui semble si nécessaire que Papa Longoué lui apprenne à voir le passé. Dans ce contexte, la mort du quimboiseur, représente pour Mathieu une « réelle descente », celle de tout un pays que le vertige étourdit. La mort de Papa Longoué qui racontait le passé, témoignait encore des premiers débarqués, du bateau négrier, des rivalités originelles entre les békés Senglis et Laroche, opacifie, éloigne le souvenir. L'aberration d'une société, dans sa « descente », culmine dans l'oubli :

---

temporelles dont les peuples occidentaux ont bénéficié, sans le secours de cette densité collective que donne d'abord un arrière-pays culturel ancestral. C'est ce que j'appelle *une vision prophétique du passé* » (en italiques dans le texte), *Le Discours antillais*, p. 132.

7.   *Le Quatrième siècle*, p. 280.
8.   *Ibid.*, p. 264.

> « Le plus fou était donc cette chaleur de terre entourée d'eau ;
> mais c'était aussi le vertige de ceux qui avaient oublié la mer et le
> bateau de l'arrivage, et qui ne pouvaient même pas prendre une
> yole pour traverser les eaux ».

La mort du quimboiseur éloigne, dans l'œuvre, la connaissance du passé. En l'absence de la voix qui pouvait encore témoigner, les traces s'enfouissent plus profondément, deviennent presque inaccessibles. C'est peut-être ce qui justifie, dans l'ordre étrange de l'écriture des romans, la publication de *Malemort*, entre *Le Quatrième siècle* et *La Case du commandeur*.

On aurait pu, en effet, attendre *La Case du commandeur*, comme la suite immédiate du *Quatrième siècle*. Les deux romans ont également recours, en effet, à ce va-et-vient entre présent et passé, comme un détour explicatif. Le second peut sembler reprendre l'histoire des personnages, en particulier celle de Mathieu et Mycéa, là où s'était arrêté le premier roman. *Malemort*, entre les deux, est d'une écriture, d'un propos bien différents. On pourrait faire l'hypothèse que *Malemort* est le roman qui tire les conséquences de la mort de Papa Longoué, sans pouvoir en faire le deuil. Il présente un moment de paroxysme, comme si la voix n'était plus du tout perceptible.

Le personnage de Mathieu n'y apparaît quasiment pas, la collectivité est traitée à travers le triple personnage des indissociables Dlan Médellus Silacier, djobeurs en quête de travail, et des représentants institutionnels que sont le secrétaire de mairie, l'agent de police Tigamba, les professeurs Lannec, Québec et Chadin, et le « nous » du narrateur, tous en proie au « délire verbal ». *Malemort* est l'achèvement de l'aliénation, dans une « colonisation extrême (réussie ?) ». Une telle chape de folie recouvre tout l'ensemble du discours que la trace n'est plus qu'à peine perceptible. C'est en quoi *Malemort* est un roman désespéré. C'est un roman mélancolique où la « malemort » rend impossible la rupture avec le mort : les vivants sont zombifiés, les morts demeurent. C'est pourquoi Silacier médite, vers la fin du roman, en ces termes :

« Il est parti, le vieux signaleur. [...] On ne peut pas vivre en remuant les débris d'hier comme des fourmis. Mais quel malheur. Quel malheur. Papa Longoué est parti bien parti[9] ».

Le quimboiseur qui n'apparaît, par ailleurs, jamais, dans ce roman, et dont les histoires ont tout à fait disparu, est comme un père dont les fils sont demeurés orphelins, sans héritage. Ils déplorent sa mort, sans assumer une nouvelle position symbolique qui leur serait propre. Plus personne n'est là pour « signaler », faire repère, dans un monde d'errance.

Par conséquent, la figure de Papa Longoué, encore un peu ambiguë, dans *La Lézarde*, est devenue référence essentielle à une parole précieuse, à une connaissance, qui disparaissent avec lui. Si *La Lézarde* ne semble pas encore faire de la mort de Papa Longoué la tragédie essentielle, par la suite, *Le Quatrième siècle* et *Malemort* vont pleinement développer ce symbole.

En particulier, *Malemort*, revenant sur la période des élections de 1945, prendra acte d'une coïncidence significative entre la naissance du « Représentant » et la mort de Papa Longoué. Ce qui n'est encore que suggéré dans *La Lézarde*, dans l'organisation de faits narratifs concomitants, prendra toute sa signification symbolique et politique en 1975 : le système fallacieux de la représentation s'est substitué à la tradition transmise par Papa Longoué, le discours délirant des représentants, députés, conseillers et maires a pris la place d'une parole vraie. Le narrateur indiquera même, dans une diatribe burlesque, parodiant le discours d'un secrétaire de mairie, comment les maires/mères, dont le ventre est une urne à double-fond, ont vaincu le père, l'ancêtre monumental[10].

---

9. *Malemort*, p. 221.
10. *Cf.* notre étude sur *Malemort*, in *Les fils de Lear*. Nous employons le terme « monumental » au sens où les historiens parlent de « monument », pierre ou paysage qui témoigne, constitue une archive.

Une parole

Le vieux quimboiseur ne représentera donc plus seulement l'Afrique et ses mystères, mais de plus en plus nettement une forme de discours, une parole vraie qui constitue un repère. Lui seul est en fait le garant de la vérité historique ; après lui, celle-ci devient opaque, la « trace s'envase ». Son discours est à la fois récit et voyance ; déroulant de larges pans du passé des « premiers débarqués », à la façon d'un roman réaliste, il est en même temps invention, vision prophétique, histoire recréée.

À l'opposé de Mathieu préconisant les approches logiques, « car il eût préféré suivre en paix la longue et méthodique procession des causes suivies d'effets, la chronologie logique, l'histoire déroulée comme un tissu bien cardé », la vision de Papa Longoué consiste à « deviner, prévoir ce qui s'est passé[11] ».

Mathieu devra, pourtant, entrer dans le « vertige [...] cette vitesse à tomber sans souffler sans parer dans tout de suite une lumière si solide, on bute dedans[12] ».

Tout discours, on l'entend, en est d'emblée transformé : les virgules y disparaissent en même temps que la structuration logique. Le « halètement » d'une phrase qui se précipite et précipite le locuteur dans le maelström, se substitue à « la méthodique procession des causes et des effets ». La parole du quimboiseur est, en fait, définie, à l'instar de la parole du conteur, comme un souffle, un « halètement ».

Mathieu reproche souvent au quimboiseur d'aller « trop vite » : « Est-ce que tu ne peux pas proclamer les dates l'une après l'autre, – et finir de tourner, en avant en arrière ? Tu tourbillonnes comme la poussière de Fonds-Brûlé, ho ? »

Ce à quoi répond Longoué, pour se justifier :

> « Alors ! Tu espères qu'un registre, un de ces gros cahiers qu'ils ouvrent à la mairie sous ton nez pour t'impressionner, peut te dire pourquoi un Béluse suivait ainsi un Longoué [...] ? Ouvre

---

11. *Le Quatrième siècle*, p. 58.
12. *Ibid.*, p. 276.

tes registres, bon, tu épelles les dates ; mais moi tout ce que je sais lire c'est le soleil qui descend en grand vent sur ma tête[13] ».

Il décrit alors sa méthode, en un véritable poème dans lequel les « nuages », « la splendeur du ciel », « la palpitation », « la précipitation » jouent leur rôle :

> « tout ça dévale, avant-hier est un soupir, hier est un éclair, aujourd'hui est si vif dans tes yeux que tu ne le vois pas. Car le passé est en haut bien groupé sur lui-même, et si loin ; mais tu le provoques, il démarre comme un troupeau de taureaux, bientôt il tombe sur ta tête plus vite qu'un cayali touché à l'arbalète[14] ».

Le discours de Papa Longoué est à la fois parfaitement intelligible, dévoilant le passé des Senglis, des La Roche, premiers békés, l'arrivée des premiers Longoué et des Béluse, leur installation, leurs rencontres, en des scènes pittoresques et, pour tout dire, parfaitement romanesques ; et en même temps, la méthode de Longoué relève d'une vision poétique et étrange, absolument aux antipodes du « registre », comparable uniquement au « soleil qui tombe comme un grand vent sur [s]a tête », ou « à un cayali ».

Cette contradiction entre la méthode et le contenu même du discours n'est pas problématique. La parole de Longoué est parfois contestée par Mathieu dans le détail, car il préférerait évoquer tel épisode plutôt que tel autre, ou parce qu'il ne croit pas à tel ou tel événement qu'il juge invraisemblable ou non pertinent historiquement. Toutefois, le récit cohérent et vivant fait par Papa Longoué n'est jamais taxé de folie, n'est jamais suspect d'être délirant. La parole de Papa Longoué est, par essence, garante de la vérité. Le fait que le roman soit largement constitué des récits déroulés par Papa Longoué accrédite, aux yeux du lecteur,

---

13. *Ibid.*, p. 213.
14. *Ibid.* Le « cayali » est un oiseau. Cette image n'est pas sans évoquer le « malfini » qui symbolise la vision d'un Pythagore dans *La Case du commandeur* : lorsqu'il voit le passé, à son tour, et crie « Odono », « nous disons que c'est folie, commente le narrateur. Odono est un cri de malfini tragique dans ta tête » (p. 18).

l'efficience, la solidité de sa parole : le récit, fort de ses effets de réel, impose une vision, recrée un monde.

Or, à la mort de Papa Longoué, si l'on en croit les métaphores, sa parole ne sera plus relayée que par les déparlants de la Croix-Mission. En effet, les images qui décrivent ces derniers trament des équivalences entre la parole de Papa Longoué, celle de Thaël, dans *La Lézarde*, puis les illuminations de Bozambo, Charlequint, Pythagore, Médellus, Mycéa, et quelques autres, du *Quatrième Siècle* à *Malemort* et à *La Case du commandeur*. Ce sont les métaphores du feu et de la lumière, de l'ivresse et du vent, qui semblent imprimer leur marque à la parole inspirée.

Dans *La Lézarde*, ce seront les termes « ivresse », et « vertige ». Ici, un personnage s'écrie : « allumez ces mots », ailleurs, « le vent » porte la parole, Thaël témoigne : « « Mathieu parle et je vois la flamme ».

« Les mots étaient soleil », écrit le narrateur, à propos de Papa Longoué agonisant[15]. Et Mathieu reconnaît son trouble :

> « Confronté à ces choses d'hier qui nous ont fait sûrement, je suis saisi de vertige. L'éclat de l'aube m'enivre[16] ».

C'est pourquoi Thaël reconnaît en Mathieu, non seulement l'historien qui classe mais l'inspiré qui, comme lui-même, est dans le « tumulte » :

> « Ainsi donc, pensa Thaël, il n'est pas serein, calme, précis. La flamme est en lui. C'est bien elle que je vis, c'est bien ce tumulte que j'entendis lorsqu'il me parla pour la première fois. [...] L'histoire le prend comme moi les contes ».

Et le narrateur de commenter, en un point d'orgue :

---

15. *La Lézarde*, p. 197.
16. *Ibid.*, p. 86.

« Les ombres palpitantes n'achevaient pas de mourir, [...] elles criaient leur agonie à grandes lampées rouges ; et Thaël et Mathieu étaient les chauffeurs de ce brasier crépusculaire[17] ».

L'incendie, le feu de la parole et de la foi sont partout dans *La Lézarde*, en ce moment d'incandescence où la parole de Papa Longoué est encore vivante, et irradie, en quelque sorte, en Mathieu et Thaël. Elle se dispersera ensuite, en « éclats » plus incertains, plus fugitifs. Désormais, surtout, la trace de feu et de vertige s'associera à la folie. Ainsi, dans *La Case du commandeur*, un homme inspiré, tête rejetée en arrière, a des visions qui ne sont pas sans rappeler la « méthode » de Papa Longoué : « À la croisée cet homme, frappé d'un songe de vent, se souvient. »

Mais les témoins, la collectivité tout entière se détourne : « Nous feignons qu'il se moque ou que la folie du cyclone a détourné sur lui son œil fixe ou que le soleil a pointé dans sa tête ».

La vision, « un débouler de feu », est pourtant bien proche encore de la « flamme » d'un Mathieu, ou d'un Thaël[18].

De même, Cinna Chimène, en chemin pour son initiation par Papa Longoué, est-elle éclairée par un soleil assimilé au feu : « le soleil [...] illumina de gouttes enflammées son corps raide, elle pensa brusquement aux Nègres marrons, décida de les chercher[19] ».

Il est significatif que la vision de feu inspire immédiatement au personnage la pensée des « Nègres marrons », comme l'indice d'une trace du passé, d'un lien entre vérité révélée et mémoire historique.

Ainsi, la parole, dans sa forme la plus incandescente, s'est continuée, mais il n'en subsiste que des formes lacunaires et dégradées. La Croix-Mission a remplacé la case du vieux quimboiseur, comme la parole des « majors », Charlequint ou Bozambo, s'est substituée à la parole de Papa Longoué. Il ne s'agit plus d'une connaissance, mais d'une « ivresse », « d[e] tournois

---

17. *Ibid.*, p. 87.
18. *La Case du commandeur*, pp. 17-18.
19. *Ibid.*, p. 74.

oratoires vertigineux », dont on ne mesure plus aussi clairement la part de vérité[20].

Et si même, Mathieu cherche à faire entendre de nouveau la « parole », il sait qu'elle s'est déformée : « Mathieu voulait crier, lever la voix, appeler le fond de la terre minuscule vers le monde [...] Mais la voix elle-même était dénaturée. Mathieu le pressentait[21] ».

Il est certain que la mort de Papa Longoué laisse l'œuvre orpheline d'une parole qui, pour être révélation inspirée, n'en était pas moins vérité. La disparition du quimboiseur, symbolique d'une impossibilité de la collectivité à entendre, demeure sans relève. Ceux qui, désormais, s'exprimeront dans le langage « flamboyant » de Papa Longoué n'auront plus accès aux larges pans de passé qu'il déployait mais uniquement à des bribes, des visions fulgurantes et parcellaires. Ils ne seront plus – Mycéa, Thaël ou Pythagore, voire le narrateur – que de fugitifs inspirés, pris pour fous par la collectivité. La référence ultime au passé s'effaçant avec la mort de Longoué, le discours qu'il tenait devient suspect, nul ne peut assumer une telle parole après lui, sans paraître délirant. Aucun personnage, en effet, ne pourra plus revendiquer la position symbolique de Papa Longoué. Les premiers marrons n'ont plus de descendance ; le morne est « descendu », le bourg a absorbé toute vie, nulle transcendance n'est plus reconnue. Bien plus, le langage incandescent a progressivement changé de sens et de valeur. S'il a perdu sa légitimité, c'est parce qu'on ne l'entend plus, certes, parce que la communauté est de plus en plus déliquescente. Mais, en outre, ni Mathieu ni Raphaël ne peuvent ou ne désirent s'instituer prophètes, prendre la place de Papa Longoué. Ils font l'hypothèse que la société n'a pas besoin de « Rebelle », mais d'une parole collective, d'un discours commun qui peu à peu va chercher ses voies. Ils ne sont pas prophètes, car ils font corps avec cette société, acceptent d'en partager les errances, les oublis, les humiliations, les aveuglements. C'est à ce prix que leur voix pourra devenir celle d'un « nous ». Par conséquent, si l'œuvre

---

20. *La Case du commandeur*, p. 278.
21. *Le Quatrième siècle*, pp. 264-265.

demeure fascinée par la flamboyance du discours prophétique, elle s'en sépare toutefois, afin de construire une autre poétique, celle d'un discours moins solitaire et plus humble. Entre ces deux postulations, la parole, unique à l'origine, se déchire.

Éclatement de la parole

Le roman *La Lézarde* annonçait la dispersion de la parole, après la mort de Papa Longoué, et, déjà, la mettait en œuvre. En effet, au commencement, le récit semblait très uni, émanant d'un narrateur sûr de son langage, puis progressivement, cette voix se trouble et se mêle à d'autres.

Ainsi, vers la fin du roman, est confiée au jeune narrateur anonyme, la tâche de témoigner :

> « Mathieu se tourna vers moi [...] il faudra que tu dises tout cela.
> – On te confie l'écriture. C'est ça[22] ».

L'écriture de cette histoire est celle-là même qui constitue le roman, assez fidèle à l'esthétique préconisée alors par Mathieu, Thaël et Pablo :

> « Pas l'histoire avec nous, ce n'est pas intéressant, conseille le premier. [...] Fais-le avec la monotonie, les jours qui tombent, les voix pareilles, la nuit sans fin ».

À quoi Thaël ajoute :

> « Fais-le comme une rivière. Lent. Comme la Lézarde. Avec des bonds et des détours, des pauses, des coulées, tu ramasses la terre peu à peu.
> – Fais-le comme un poème, murmura Pablo ».

---

22. *Ibid.*, p. 237.

La Lézarde est bien le poème-roman de cette histoire et de cette rivière, de la chaleur, et du soleil, que désirent y reconnaître les amis du narrateur. Le narrateur conduit le récit sans faillir, mettant en œuvre scènes et dialogues, ménageant des descriptions, se laissant aller à des interrogations et à des commentaires, en témoin privilégié et exalté du drame. La narration n'est pas elle-même objet d'inquiétude, le déroulement linéaire de l'action est limpide, la position du narrateur est assurée, légitimée d'emblée par la commande qui lui a été faite et qui le place en situation de choryphée. Le langage ne fait pas davantage problème, il est associé à un flot, à un cours de plus en plus « étale, plus évident », à l'image d'une foule qui se libère. Ainsi, le narrateur décrit le « flot » de la foule en liesse, après la victoire électorale, sous les espèces d'une métaphore filée de la « rivière » :

> « Pensais-tu que cette rivière, qui avait coulé à travers les rues de la ville et qui avait fini sa course dans le delta tumultueux devant la mairie, signifiait vraiment la victoire totale ? Qu'elle avait suivi le même cours que le langage : d'abord crispé, cérémonieux, mystérieux, puis à mesure plus étale, plus évident, plus lourd de bruits et de clameurs ?
> Et pensais-tu à la Lézarde, à son langage débordant[23] ? »

Une pointe d'incertitude apparaît toutefois, lorsque Pablo, conversant avec Alphonse Tigamba, se demande soudain comment faire la part de la nuit : « Je veux dire des vérités qu'on ne peut deviner », explique-t-il. Il s'inquiète d'un langage qui ne serait pas seulement fait de raison et de savoir, mais également de révélation. D'une expression qui concilierait Mathieu et Thaël, comme le jour et la nuit. Il explicite en ces termes sa réflexion hésitante :

> « Et il faudrait revenir du côté de papa Longoué. Tout ce que nous avons oublié. L'Afrique. La mer. Le voyage. Et puis non, pas à froid. Il y a peut-être pour nous une manière exaltée de dire les choses. Je ne sais pas. Les dire dans le cri, mais les penser dans la

---

23. *Le Quatrième siècle*, pp. 228-229.

lucidité. Voilà pourquoi, oui, peut-être, voilà pourquoi Thaël et Mathieu se sont battus[24] ».

La Lézarde commence donc à explorer l'écart entre le cri et la parole, entre la flamboyance du langage dont elle participe encore largement et la lucidité plus froide qu'un Mathieu, par exemple, revendique. L'opposition entre la mémoire de l'Afrique et la lucidité « à froid » est-elle opposition entre pensée intuitive et pensée logique, conception traditionnelle et *logos* occidental, ou, pour s'en tenir à l'univers romanesque, entre la parole visionnaire et intuitive d'un Longoué et la pensée logique de Mathieu, l'historien ? Toujours est-il que cette opposition ne cessera plus guère de hanter une œuvre qui tente la rencontre entre des tendances contradictoires du discours, et, peut-être, d'un auteur, à la fois exalté et lucide.

La flamboyance, l'exaltation, seront de plus en plus perçues, cependant, comme le fait de réminiscences inspirées de la « trace », bribes d'une vision fulgurante associées à la folie de quelques « déparlants ». De son côté, la réflexion lucide de Mathieu semblera se heurter à des obstacles infranchissables, à l'absence de repères, de témoignages sûrs, à la lassitude et au doute qui déjà l'affaiblissent dans *La Lézarde*. Il semblerait nécessaire de maintenir les deux pôles en dialogue, séparés et solidaires comme « le jour et la nuit ». Or, cette relation est, à l'inverse, de plus en plus difficile, soit que les types opposés de discours s'écartent radicalement, à l'instar de Thaël et Mathieu, puis plus tard de Mycéa et Mathieu, soit, à l'inverse, qu'ils se confondent, dans les limbes d'une parole opaque. Mathieu deviendra ainsi le siège d'une contradiction entre les différentes formes du discours, sans peut-être réussir à trouver son langage propre.

Bien qu'homme des registres et des dates, Mathieu doit entrer dans une « ivresse », un vertige. Dès *La Lézarde*, sa position est marquée par l'ambiguïté, car s'il apparaît comme l'homme des dates, des archives, ce n'est pas pour autant un froid rationaliste, il en témoigne en ces termes :

---

24. *Ibid.*, p. 208.

« Bon. Je me lave, je vais au bureau. Confronté alors à ces choses d'hier qui nous ont fait si sûrement, je suis saisi de vertige. L'éclat de l'aube m'enivre, mais nous avons perdu l'éclat. [...] Et quand je dis le premier mot de ce passé, je dis le premier mystère des choses qui en moi palpitent ».

La recherche historique n'est pas seulement discours logique et déroulement « méthodique ». Du fait même de la spécificité d'une histoire « qui n'est pas un lot de faits à l'encan, ni un puits à margelle, un passé coupé de nous (où l'on puise tranquillement) », un discours singulier s'impose, loin d'une perception positiviste et glacée de l'archivage ou de l'analyse historique : « Et quand je confirme une date, c'est la gloire et le sang, la confiance et l'ardeur que je confirme en moi ».

Retrouver une date, ce n'est pas poser « tranquillement » un point sur une frise chronologique, c'est vibrer, entrer soi-même dans la dimension historique, accomplir un acte héroïque symbolisé par « la gloire et le sang », c'est de nouveau brûler d'une « ardeur » qui conduit à agir.

C'est pourquoi, lorsque Mathieu finit d'évoquer sa vision historique à Thaël, en ces termes :

« Ah, nous ferons une seule énorme beauté de tout ce chant d'ignorances, de monotonies. Oui, tout est vague, tout est vague maintenant. Mais voici que nous allons connaître l'acte ! [...] Et un jour la Lézarde sera claire devant la mer. Comme un peuple assuré vient au-devant des autres peuples... »

Thaël s'exclame : « En somme, vous êtes un poète[25] ».

Si donc Mathieu « cherche longtemps, avec patience » et « classe », s'il est décrit parfois comme l'homme de la lucidité et de la froideur, il est en même temps attiré par la « flamboyance », par l'ivresse et la poésie. Ses intuitions le rapprochent, dans *Le Quatrième siècle*, des déparleurs de la Croix-Mission où il se rend, le soir, afin d'écouter les « tournois oratoires » de

---

25. *La Lézarde*, pp. 86-88.

Charlequint et Bozambo. Il écoute leur discours assez décousu et étrange qu'il comprend :

> « Car je sais aujourd'hui que sous votre langage sans apparence a grandi et s'époumonne le grand *goumin* de la terre. [...] Moi qui vous parle sans parler déjà je comprends la parole que vous me criez tout bas pendant que superbes vous allumez avec des mots ce plein silence[26] ».

Mathieu, plein du désarroi dans lequel l'a plongé la mort de Papa Longoué reconnaît, dans la parole des Bozambo et Charlequint, une trace de la parole de Longoué. Mais la trame, la cohérence narrative de ce discours a disparu, il n'en reste plus que des bribes étranges. Le récit tel que Papa Longoué le déroulait ne sera plus accessible, seuls des éclats en réapparaîtront çà et là, difficiles à décrypter, souvent confondus avec la folie.

Dans *La Lézarde*, la présence de Papa Longoué assure encore d'un repère, d'une référence à un savoir qu'il garantit. Thaël, Pablo ou Mathieu l'invoquent, même s'ils n'en adoptent pas exactement les formes qu'il leur arrive de critiquer. Avec sa disparition, ce discours se répartit, en quelque sorte, par éclats, en divers protagonistes qui, cependant, ne l'incarnent jamais totalement. Quelques-uns ont une parcelle de la parole, aucun ne la possède toute entière. La fin du *Quatrième Siècle* évoque, dans ses dernières lignes « la voix [qui] brûle dans le feu fixe », mais précisément, « les Longoué [sont] taris », et après eux, la parole s'est en quelque sorte divisée, répandue :

> « Taris, les Longoué reposaient en tous. Dans un Béluse, dont le vertige et l'impatience portaient la connaissance jusqu'au bord du chemin où elle était bientôt partagée entre tous ».

Mais également « dans un Targin », puis dans les « mots flamboyants ou ironiques – comme ceux de Bozambo ou de Charlequint, sur les marches de la Croix-Mission[27] ».

---

26. *Le Quatrième siècle*, p. 282. Les italiques sont dans le texte. Le « goumin » est le combat épique.
27. *Ibid.*, p. 287.

Cette parole, en quelque sorte diffractée, n'est plus aussi reconnaissable, elle sera mal entendue, et le narrateur lui-même s'interroge en ces termes :

> « N'allait-elle pas, cette connaissance, plutôt engendrer sans fin de l'ivresse inquiète qui n'était peut-être qu'un stigmate de solitude[28] ? »

L'emploi du mot « vertige » est lui-même extrêmement ambigu, puisqu'il désigne parfois le vertige du savoir, de la parole, et parfois le vertige de l'oubli. Ainsi, Mathieu se dit « saisi de vertige », lorsqu'il découvre des dates, il évoque également la parole de Papa Longoué comme « vertige [...] cette vitesse à tomber sans souffler », mais ce terme caractérise également la folie de ceux qui ont oublié leur passé :

> « le plus fou était donc cette chaleur de terre entourée d'eau ; mais c'était aussi le vertige de ceux qui avaient oublié la mer et le bateau de l'arrivage ».

On pourrait faire des rapprochements identiques entre les emplois divers du mot « ivresse », de telle sorte que se répondent, d'une manière assez troublante, pour le lecteur, la folie du souvenir et la folie de l'oubli. Nous verrons qu'en effet, les deux vertiges, ou les deux ivresses sont, en quelque sorte, les réponses différentes à un même manque ; le « délire verbal coutumier » (forme d'oubli de l'histoire) correspond au « délire de théâtralisation » (forme de souvenir perçu par les autres comme folie).

Désormais prévaudront donc les paroles étranges, énigmatiques de Dlan Médellus Silacier, de Marie Celat ou de Pythagore, c'est-à-dire un discours opaque, entre « délire verbal » et « déparler », dont il faudra tenter de dénouer les entrelacs. L'obscurité envahit le discours, le récit du passé devient presque impossible, la vérité n'est plus démêlable.

---

28.   *Le Quatrième siècle*, p. 279.

Une autre poétique

L'hésitation entre deux langages, entre l'intuition visionnaire et l'analyse lucide, est redoublée par une opposition entre le discours flamboyant, poétique, et une poétique de la durée, de l'humilité. En effet, si la parole inspirée de Papa Longoué est flamme, vent, soleil, une autre esthétique est envisagée par Thaël, dans *La Lézarde* et par Mathieu ou Mycéa dans les romans ultérieurs. Il s'agit d'opposer à la flamboyance, une humilité, au feu, la terre, à l'éclair, l'indistinction des masses obscures. Cette dualité entre le baroque et l'austérité est formulée bien souvent dans l'œuvre aussi bien théorique que romanesque d'Édouard Glissant, comme opposition entre le cri et la durée.

En effet, dès *L'Intention poétique*, l'auteur écrivait :

« Les vérités de l'humain n'éclatent pas aujourd'hui dans la fulguration crispée, mais s'évaluent dans la redite, l'approximation difficile, chaque fois recommencée, d'une théorie d'évidences (à peu près, de banalités) dont la conscience refusait ici et là les leçons. La fulguration est l'art de bloquer l'obscur dans sa lumière révélée ; l'accumulation, celui de consacrer l'évident dans sa durée enfin perçue. La fulguration est de soi, l'accumulation est de tous. [...] La poétique de la durée, en ce qu'elle s'oppose l'englobant, à la fulguration de l'instant, autorise au niveau de l'expression (là où le poème n'est plus le seul aristocratique réservoir [...]) ce dessolement des impositions enfouies, approfondies de la relation[29] ».

Il semble qu'on puisse rapprocher ce texte, publié en 1969, de l'expérience de *La Lézarde*, roman dans lequel sont privilégiées la « fulguration », « la lumière révélée ». Déjà, toutefois, dans ce premier roman, l'autre tendance, qui aspire à l'« accumulation », à la « durée », à une poétique du « tous », s'exprime dans les hésitations de Mathieu, et plus encore, de Thaël.

Ainsi, Raphaël s'écrie, lors d'un dialogue avec Garin qui lui montre la ville comme « un trou » :

---

29. *L'Intention poétique*, pp. 48-49.

« D'accord, ce n'est pas une ville, même pas un trou ! [...] cette ville c'est un produit de la terre, ce n'est pas séparé, il n'y a aucun mur, c'est un passage, c'est un rassemblement, et après ? [...] Il n'y a que la terre qui a fait des maisons, voilà, et les hommes de la terre entrent dans les maisons. Tout est vague, mais c'est tant mieux. Tout est confus, mais c'est tant mieux ! [...] J'ai vu les ouvriers de la terre, qui, demain, seront des paysans, des terriens sans avarice, des amants ! Tu es le sac d'amour. Tu es la patience et la petitesse, tu es l'humble beauté[30] ».

L'esthétique exaltée par Thaël, ici, est celle de la confusion, d'une non-séparation, parce que la terre y retrouve son bien, entrant dans la ville et ne faisant plus qu'un « bloc, un bouillon », avec elle. Au rebours d'une prétention bourgeoise à se croire « quelque chose d'à part, une catégorie à part », Thaël loue

« les gens avec les chaussures à la main, les femmes qui portent leur robe pour la ville dans un sac [...] Qu'est-ce que c'est ? Des gens de la terre. Il n'y a pas de barrage, il n'y a pas un endroit où le sentier de boue finit et où la rue commence ».

L'humilité de la terre et de ce mélange en fait la beauté, à l'inverse de la beauté bourgeoise des « salons, des services » et de leur distinction mesquine. Cette esthétique est aux antipodes du mépris affirmé dans *Le Cahier d'un retour au pays natal* à l'égard de la « ville de boue » ou de la maison natale décrite comme abjecte. Thaël inverse les canons de la beauté ; ce n'est plus le discours, la singularité flamboyante qui sont beaux mais l'amas indifférencié qui rappelle la terre. Il ne s'agit pas pour les « gens » de se distinguer socialement, mais de s'amalgamer, de faire « terre ».

Ainsi, Thaël pratique constamment les énumérations, une poétique de « l'accumulation » qui, plutôt que de dissocier, de privilégier le héros – Mathieu ou lui-même – détaille la diversité des postures, embrasse « tous les ouvriers », « tous les chemins », lie les humains à la terre, à la mer et à leurs richesses. Par

---

30. *La Lézarde*, pp. 132-133.

conséquent, une esthétique de la diversité et de la durée comme appartenant à « tous » s'affirme, à l'opposé de la beauté fulgurante d'un acte ou d'une vérité uniques.

Le discours lui-même n'est pas destiné à trancher, à répartir. Thaël critique, au contraire, Mathieu :

> « Il ne comprend pas, il a l'esprit tout en formes, il est comme une machine, il sépare tout, à gauche le jour, à droite la nuit, mais tout ça, la ville, la terre, les gens, la mer, les poissons, les ignames, tout ça c'est le jour et c'est la nuit[31] ».

Les personnages seront eux-mêmes aspirés par cette indifférenciation anti-héroïque, vers la masse innommée de « nous disjoints ». C'est sans doute ce qu'Édouard Glissant appelle le « réel », comme terre, comme masse, comme collectivité qui endure. Assumer la confusion et l'opacité ce sera, au risque de se perdre, accepter de se joindre au « nous » encore en gésine, encore informe qui devient le protagoniste des romans ultérieurs.

On ne peut que constater, en fait, une ambiguïté persistante entre les aspirations à la différenciation symbolique et le désir, tout aussi puissant de fondre, de créer une masse presque informe, de rentrer dans ce chaos qu'est la terre. Héros et discours bien distincts semblent être appelés à départager le réel confus, à prendre parti puis, inversement, se défont, se mêlent, dans un creuset. L'acte d'un seul ne fait pas la différence, non plus que la parole d'un Représentant. Il faut tout un peuple. C'est ce qui conduit, vraisemblablement, l'auteur à dérober à Thaël son acte, et à Mathieu son discours.

Or, la situation qui se dessine dans *La Lézarde* et qui devait être dominante en 1958, c'est l'absence de « peuple », la réalité d'une masse sans histoire et sans identité, sans discours propre. Les choix politiques n'ayant pas été clairement faits par cette collectivité qui a oublié son passé, le narrateur n'aura d'autre possibilité, dès lors, que d'exhumer la trace de ce passé, de faire entendre une parole, afin de permettre à cette collectivité de ressaisir son discours, son identité. Mais, plutôt que de clamer la vérité de façon prophétique

---

31. *Ibid.*, p. 133.

et solitaire, il élira un mode d'énonciation collective, parfois informe, duquel son propre discours ne se différencie pas nettement. Deux formes de discours se feront entendre, d'une part, la profération flamboyante à la manière d'un Thaël, qui se continue en Marie Celat, Pythagore, Médellus, Silacier, par exemple, et d'autre part l'énonciation plus logique, raisonnée, que recherche un Mathieu Béluse. Encore celui-ci est-il très attiré par les formes flamboyantes du discours, empruntant à son tour le langage étrange et chaotique des inspirés.

À partir de *La Lézarde* et de son double langage, l'œuvre hésitera continuellement, entre les deux postulations du langage, empruntant aux deux les formes de son « déparler ». C'est dire que si la parole de Longoué demeure sans héritier, l'œuvre ne peut plus revendiquer l'évidence de la narration et du langage, telle qu'elle régissait encore *La Lézarde*. Il est clair, en effet, que le narrateur, ni l'auteur même, ne peuvent prétendre continuer la parole de Papa Longoué. Tous, mis sur un plan d'équivalence, se partagent des bribes de récit et de vérité. L'auteur n'est pas plus savant que ses personnages, il n'a pas de certitude concernant son propre langage, hésitant entre les formes diverses de la fulgurance et de la durée. Il ne saura pas toujours ce qui distingue ses propres intuitions d'un « délire verbal ».

À mesure que s'éloigneront les espoirs d'une « victoire totale » promise dans *La Lézarde*, le langage de l'œuvre deviendra de plus en plus incertain de lui-même, « cassé », difficile, contourné. Faut-il ajouter que la Lézarde s'assèchera et qu'à son image, le langage pourrait être menacé de se perdre ? L'une devenue « zone industrielle », l'autre sera menacé par le « délire verbal », flux de l'évidence qui ne draine plus que lieux communs et formules figées d'un discours aliéné. De même que Mathieu, épuisé, abandonne ses recherches historiques, laissant à d'autres le soin de poursuivre, ainsi, le narrateur, plus tard, abandonnera la narration à d'autres, organisant le relais des paroles, à partir de *Malemort*.

Par conséquent, *La Lézarde*, roman du passage de l'acte à l'acte manqué, puis à « la violence sans cause », prépare également le changement de la parole fluide en parole éclatée. Le narrateur, après *La Lézarde* et *Le Quatrième siècle*, deviendra plus incertain, il cèdera la parole à ses personnages, à Mathieu, mais également au monologue intérieur des uns et des autres. Il deviendra narrateur collectif, « nous » revendiquant de plus en plus un récit à voix mêlées et un langage éclaté, « bâti à roches » et non plus débordant comme la rivière. Plus encore, dans les romans ultérieurs, la parole se fera plus rare, les conversations tantôt brillantes, tantôt plaisantes, entre amis, s'espaceront, les tirades prophétiques ou lyriques tendront à disparaître.

Le vieux houeur de *Mahagony* « marmonne », le langage de Silacier, Médellus ou de Marie Celat devient étrange, ne libérant plus que des bribes, des cris, quelques formules mystérieuses. Le langage se trouble à mesure que la mort du vieux quimboiseur, demeuré sans héritier, se fait sentir dans l'œuvre.

Une confusion

La situation martiniquaise est donc devenue une situation « bloquée », et les protagonistes de son épopée manquée quittent le pays, tandis que demeurent Mycéa et les mères, Tigamba, l'agent de police, et les Représentants, élus pour on ne sait quelle mission. On les retrouvera dans la confusion du « délire verbal », agents plutôt qu'acteurs de la « malemort ».

La structure épique aurait dû séparer vigoureusement les protagonistes et les victimes, les héros et les coupables, les géreurs renégats et les marrons, l'action et l'inaction, le sens et le non-sens. Or, le drame de *La Lézarde* résorbe son propre potentiel épique. Tout s'y confond, à l'inverse, dans la même aporie. Malgré la mort de Garin et la victoire électorale, il ne s'est rien passé. La mort de Valérie n'est qu'un paroxysme de non-sens tragique, comme un rappel du passé qui rattrape les protagonistes, là où ils ne l'attendaient pas, dans un geste essentiellement énigmatique et inhumain.

Le narrateur constate cette confusion :

« Voici le lieu. Le réceptacle, l'urne de tout ce bruit. Mycéa
contre Valérie, et pourtant elles sont plus que sœurs. Faut-il que la
terre bondisse maintenant sur l'écume de ses mers et se clame ?
Mathieu malade, et pourtant il a goûté à la victoire. Mais c'est que
l'écheveau n'est pas démêlé. L'héritage est complexe. Il y a des
voix qui se mêlent et se contrarient. Qui les séparera enfin[32] ? »

Nul ne les séparera plus. À l'inverse, ce qui aurait pu ou dû être
séparé par le cours de la rivière Lézarde, métaphore d'un cours de
l'histoire, ou d'une « frontière » au moins spatiale, sera irrémédiablement emmêlé, dans un « écheveau » de plus en plus inextricable
d'ambivalences. Les personnages ne cesseront de se rencontrer, les
voix de se « mêler », à défaut de sens et de clarification politique.
Les clivages significatifs qu'aurait dû dessiner *La Lézarde*, comme
roman d'une occasion historique, n'ont pas pris forme. C'est
pourquoi ce roman amorce le brouillage du sens que les romans
ultérieurs vont analyser comme déviance généralisée, « situation
bloquée », « délire verbal » ou « délire de représentation ». Les
élections qui suivront, dans *Malemort*, en particulier, seront
truquées, les assassinats politiques ne seront plus que farces
tragiques, les « représentants » deviendront des marionnettes
dérisoires et les discours logorrhées parodiques.

La communauté cohérente qui s'esquisse dans *La Lézarde*, à
travers les solidarités et les amitiés adolescentes, se dégradera
également en collection d'individus dont les affinités dévient en
collusions, en proximités ambiguës, sans que l'on puisse en inférer
une véritable communauté d'idées, d'intérêts ou de solidarité.
Ainsi, lorsque Mycéa déclare à Alphonse Tigamba, l'agent de
police : « Alphonse, tu es plus qu'un frère[33] », elle ignore que
quelques années plus tard, cette fraternité au nom de laquelle
Tigamba protège les jeunes militants, cette solidarité, deviendront
collusion douteuse. Ce même Tigamba, en effet, est évoqué dans
un passage de *Malemort* : il fait cette fois partie des forces de
l'ordre qui, en 1959, ont tiré sur la foule :

---

32. *La Lézarde*, pp. 215-216.
33. *Ibid.*, p. 218.

« La noël 1959 ils s'en souviendraient les salauds le brigadier
Tigamba était comme une ortie en éruption il criait il vomissait la
rue était un détritus ravagé Tigamba ne voulait rien entendre il
arma sans viser tira dans les corps découpés sur la baie de lumière
de la savane, roulé, cassé, tambouré, vitre, grillage, dalot, roulé dos
couteau tombé dalot, roulé, maté, Tigamba qui ne serait ni inquiété
ni poursuivi qui continuerait à faire chaque matin sa tournée au
marché aux poissons[34] ».

Ainsi, au lieu de séparer, l'action de *La Lézarde* a rapproché les
personnages et emmêlé définitivement les voix. L'échec de l'acte
épique a pour conséquence logique l'enchevêtrement des voix dans
Malemort. Le policier n'est pas séparé de ses victimes, et lorsqu'il
arrête, à la fin de *Malemort*, Néga et Silacier qui viennent de se
battre, il interroge :

« Mais qu'est-ce qui vous pousse, [...] Pourquoi tu te bats.
Toujours à frapper. Tu veux tuer quelqu'un. Et puis après, bons
amis. Toujours des meurtriers. Silacier dit, mon brigadier tu vas
voir que toi aussi. Toi bien plutôt que Silacier ou Néga. Toi
comme Odibert.
Tigamba bondit sur Silacier. Ce que je dis, dit Silacier.
Tigamba s'arrêta net. Tout ça c'est bêtise, dit Tigamba[35] ».

Après cet échange qui, de provocation en acte manqué, relève
de la « violence sans cause », à la fois pressentie et vécue par
Tigamba, les trois personnages marchent de concert vers la geôle,
comme s'ils étaient parfaitement d'accord. Ils partagent le même
univers, qu'ils soient du côté de la police ou des délinquants, ils
sont les agents de la « violence sans cause », d'un même « délire
verbal ».

L'échec de *La Lézarde* est donc fondateur d'un entremêlement
des voix dans un monde qui n'a pas su faire la différence, fonder
son identité. Les héros deviennent ambivalents et la fascination qui
lie le traître et l'exécuteur en témoigne.

---

34. *Malemort*, p. 126.
35. *Ibid.*, p. 225.

Ne pourrait-on d'ailleurs rapprocher Garin et Targin, dont les noms se lisent presque comme un anagramme ? Les deux hommes qui cheminent ensemble ont plus à échanger, semble-t-il, qu'à opposer. La source emprisonnée par Garin, au cœur de sa maison, est objet d'un vif désir de la part de Raphaël qui est davantage le fils et l'héritier de Garin que son assassin. Cet enjeu latent de la relation entre les deux hommes, plus dense et passionnée sans doute que les dialogues assez anecdotiques entre Raphaël et Valérie l'invitant chez sa marraine et lui parlant de l'aménagement de leur future maison, se révèle en quelque sorte plus tard, dans l'œuvre. Si l'on remonte, en effet, dans l'histoire des Targin, à travers les récits du *Quatrième siècle*, on s'apercevra que Targin est à l'origine, le nom d'un régisseur. L'enjeu d'une telle filiation est capital pour l'œuvre. Il transforme le marron épique en descendant de régisseur, rapprochant des lignées apparemment aux antipodes.

Edmée Targin, fille du géreur, apprend-t-on dans *Le Quatrième siècle*, est « partie vivre avec papa Longoué », de sorte que Raphaël Targin est apparenté à la fois à Papa Longoué et à la famille du géreur dont il porte le nom. En lui se croisent les lignées et les aspirations. S'il est « fissuré », tiraillé entre la montagne et la plaine, c'est qu'il est également partagé entre ses deux lignées. De cette filiation, cependant, il ne semble pas que l'auteur se soit avisé dans *La Lézarde*, où il fait de Raphaël un orphelin solitaire, qui « avait poussé tout seul comme un arbre de la montagne[36] ». Le personnage du jeune marron n'était donc nullement relié au monde social et familial de l'œuvre, et n'avait de parenté qu'avec les forces de la nature et de la montagne, en particulier. L'auteur ne construit le tableau généalogique de ses personnages qu'en 1964, pour *Le Quatrième siècle*, dans lequel il intègre la famille Targin. Ce n'est donc que rétrospectivement que la division du sujet Thaël pourra prendre sens comme signe d'une double appartenance sociale, symbolique, alors qu'elle n'était encore, dans *La Lézarde* que l'expression d'un cheminement entre la montagne et la plaine, d'une « descente ».

---

36. *La Lézarde*, p. 195.

L'œuvre va donc, à partir de 1964, rapprocher les lignées, particulièrement celles des marrons et des géreurs, des Garin et des Targin, jusqu'alors séparés. La conséquence d'un tel croisement est de faire passer les personnages du monde épique au monde romanesque, des clivages bien nets qui opposent montagne et plaine, solitude et collectivité, marrons et fils d'esclaves, à l'univers des ambiguïtés, de la confusion. Thaël expérimente, par son histoire singulière, cette déchirure qui le conduira à un double renoncement, tant à la solitude splendide de la montagne qu'aux « chemins du travail de l'homme », desquels il se sentira également exclu et nostalgique. À partir du *Quatrième siècle*, ce n'est plus seulement d'une expérience que naît la « fissure », mais d'une position historique et presque ontologique : tous les personnages sont à la fois descendants de marrons et de géreurs ou de travailleurs de la canne, tous réunissent en eux une double filiation et une double postulation.

Seul Papa Longoué représentait le marron à l'état pur. Il meurt, dans *La Lézarde*, sans descendant, laissant un monde où désormais les filiations sont mixtes, métissées en quelque sorte. Raphaël Targin n'est plus un marron pur, il porte en lui une part de Longoué et une part de géreur. Mathieu Béluse est lui-même fils de régisseur. Ces personnages ont donc à assumer un héritage complexe, qui n'a plus rien des origines épiques d'un Longoué. Le géreur lui-même est un personnage très ambigu, qui associe des traits de dignité et de liberté à des traits serviles.

Garin, Euloge, Targin font ainsi partie d'une même série de régisseurs, commandeurs ou géreurs, personnages de pouvoir, décrits comme ayant une autorité assez sévère, une forme de liberté qui ne les libère pas, cependant, de la servitude à l'égard des maîtres. Ainsi, Garin est décrit comme « un lourd colosse [...] têtu [qui] a appris (à sa manière) la liberté ». Ce qui ne l'empêche pas de servir les békés et leurs intérêts, contre le peuple. Il est dans la même position que le commandeur Euloge qui, dans *La Case du commandeur*, a conquis une autorité qui lui permet de se mesurer au maître, sans pour autant se libérer de sa fascination et de son service. De façon à la fois dérisoire et symbolique, Euloge le commandeur a « commandé » pour lui-même... un lit, de même que le géreur Garin a acheté une maison dans laquelle il enserre la source de la Lézarde « [p]our la liberté [...]. Pour commander toute la rivière[37] ».

Qu'est-ce donc que « commander », dans ce contexte, et qu'est-ce que ce pouvoir qui ne s'affirme que « contre ceux qui partag[en]t sa géhenne », selon le narrateur de *La Case du commandeur*[38] ? Ces commandeurs « nègres » sont des personnages dont la prestance, la « rage », aboutissent à une aliénation nouvelle ou à des actes indéchiffrables. Ainsi, la liberté de Garin n'a pour résultat que l'aliénation du pays, la dépossession des terres au profit des grands propriétaires békés, tandis que l'autorité d'un Euloge le détourne de toute solidarité avec ses congénères.

Garin comme Euloge sont des hommes d'ordre. Garin déclare : « je représente la loi », tandis qu'Euloge, selon le narrateur, « était marqué pour mettre de l'ordre, à grands coups de bras et de rage sans paroles[39] ». Toutefois, cet ordre, comme cette loi ne sont peut-être que les avatars d'un autre désordre, qu'une perversion de la loi. Il faudra sans doute rapprocher Euloge et Garin de ceux qu'anime le « délire verbal », ceux que le narrateur décrit toujours comme parlant à grands balans de mots, « leurs bras taill[an]t l'air[40] ». Avec le géreur qui croit commander mais ne fait que retourner sa révolte contre lui-même, commence le « délire verbal », la confusion, dans le discours et les actes, entre représentation et autorité, entre masques du pouvoir et pouvoir réel.

Le père de Mathieu Béluse lui-même est un géreur. En effet, Papa Longoué raconte, dans *Le Quatrième siècle*, avoir reçu la visite de Mathieu Béluse, le père, venu lui annoncer la mort de Ti-René, son fils, mort à la guerre, en 1915. Et Papa Longoué de décrire son visiteur : « c'était un homme tout en dignité, il allait bientôt pour être géreur à Fonds-Caïmite[41] ».

Sa carrière est plus largement décrite en ces termes :

37. *La Lézarde*, pp. 99-100.
38. *La Case du commandeur*, p. 86.
39. *Ibid.*
40. *Le Discours antillais*, p. 362.
41. *Le Quatrième siècle*, p. 244.

« Il avait exercé un assez grand nombre de métiers, avant d'entrer dans le groupe très fermé des gérants de plantation. [...] [C]'était un homme de sens et, comme affirmait le quimboiseur, de dignité ».

Voyant avec quelque dépit une nouvelle génération bénéficier « d'avantages plus conséquents », il

« s'appliquait avec une belle conscience à son métier de commandeur, où il acquit une indéniable autorité. À la fin, il devint géreur d'habitation. Son sens de l'honneur et de la justice, ancré (et comme charpenté) dans son imposante stature, l'aurait fait paraître, dans un autre monde, et avec d'autres moyens, comme un patriarche de vocation ».

Le narrateur déplore toutefois qu'il soit quelque peu dépassé par une époque qui exigerait d'autres positions, des analyses plus lucides : « il lisait des hebdomadaires illustrés venus de France et commentait sans fin, comme affaire du pays, la politique de Daladier[42] ».

Il faudrait, pour clore la liste, ajouter le père d'Édouard Glissant, lui-même, régisseur sur une plantation, et dont le portrait, rapporté par Daniel Radford, n'est pas sans évoquer les figures de Garin, d'Euloge ou de Mathieu Béluse, le père[43]. De la sorte, Raphaël Targin, Mathieu Béluse et l'auteur sont presque frères, et occupent, en tout cas, la même position sociale et symbolique. Ce sont les héritiers de « régisseurs », terme auquel nous associons, du point de vue de la position sociale, « géreurs », « économes » et « commandeurs ». Bien que ces expressions recoupent des fonctions diverses sur la plantation, elles désignent toutes, en effet, des postes de responsabilité et de pouvoir qui confèrent à ceux qui

---

42. *Ibid.*, p. 265.
43. Daniel Radford rapporte, dans sa présentation du poète, que, « de son père, il garde l'image d'un homme droit, rigide avec un sens aigu de la justice, capable de résister à son employeur s'il considérait les ordres donnés comme inacceptables, mais en même temps se pliant totalement à la situation coloniale », *Poètes d'aujourd'hui*, édition Seghers, p. 14.

les exercent une supériorité sociale et symbolique très nette sur les esclaves.

Sans doute les fils ont-ils le désir d'esquiver cette filiation ou de la brouiller, l'un essayant de tuer le régisseur Garin, l'autre, Béluse, fréquentant un père symbolique plus à sa convenance que son propre père (quasiment oublié par l'œuvre), en la personne de Papa Longoué : « Mathieu le fils n'avait que peu de rapports avec ce père », conclut le narrateur. L'auteur, quant à lui, récuse tout « régisseur » de son œuvre, à commencer par lui-même. C'est dire que la relation au père réel, voire à sa propre paternité, est difficile à envisager, dans le contexte de cette filiation presque inavouée au géreur dont le fils porte, toutefois, le nom[44].

C'est peut-être cette filiation entre le jeune homme et le régisseur que le roman *La Lézarde* tentait de défaire, dans un acte sacrificiel. On pourrait faire, de ce point de vue, du meurtre de Garin par Raphaël Targin, une des figures du meurtre du père. Précisément, ce meurtre n'est pas accompli. Bien au contraire, Raphaël plaidera plus tard, pour cet homme « agréable, et trapu, un baril de forces ». Ne comprenant guère l'utilité de sa mort, sans doute encore fasciné par la puissance de son adversaire, dont il doute même qu'il eût pu le vaincre, il ajoute : « je pense [...] qu'on pouvait le laisser tranquille[45] ».

Ainsi, plutôt que de se séparer nettement de Garin, Thaël consent, en quelque sorte, à l'estimer. De même, les romans suivants vont faire face à une relation ambiguë qui rapproche plus qu'elle ne sépare les régisseurs et les marrons, dans une révolte qui, pour n'avoir pas les mêmes cheminements, n'en est pas pour autant de nature différente.

Les protagonistes des romans ne peuvent renier leur qualité de fils de régisseurs de même qu'ils sont frères de Tigamba le

---

44. On connaît le parcours singulier du nom Glissant, nom du père de l'écrivain qui porta jusque vers neuf ans le nom de sa mère, Godard, avant que son père ne le reconnaisse. L'auteur a parlé de son nom et de son histoire à plusieurs reprises, dans un entretien avec Marcel Bisiaux sur sa mère (in *À ma mère, 60 écrivains parlent de leur mère*, éditions Pierre Horay) dans le film de Deslauriers et Patrick Chamoiseau, *Un siècle d'écrivains*, dans *Traité du tout-monde*, plus particulièrement. L'écrivain s'exprime davantage, cependant, à propos de sa mère que de son père.

45. *La Lézarde*, pp. 205-206.

policier. Ils ne sont pas d'une autre espèce, d'une autre communauté. Ils partagent le même pays. *La Lézarde* aurait pu être le roman d'une discrimination entre les fils et les pères, entre Targin et Garin, entre les deux Mathieu Béluse. Cette séparation n'a pas eu lieu. Les romans suivants confirmeront, à l'inverse, la trouble solidarité qui existe entre les personnages de différentes familles, le narrateur lui-même ne se détachant pas d'une collectivité dont il partage les errements.

On peut regretter que la séparation symbolique échoue, dans *La Lézarde*, comme elle avortera dans *La Case du commandeur*. Cet échec est celui du changement politique, de la véritable émancipation des Antilles. Mais ne faut-il pas également reconnaître un certain idéalisme, un déni d'identité, dans la prétention d'une génération à ne reconnaître d'origines que symboliques, de filiation que choisie, en se faisant disciple de Papa Longoué? La mort du quimboiseur rappelle à chacun sa véritable identité, sa position de fils d'un père réel qui n'est autre que le géreur. Cet héritage est plus difficile à assumer, le géreur étant par sa stature et sa position, à la fois grandiose et dérisoire. Etre fils de géreur, à l'instar de Raphaël Targin, de Mathieu Béluse, et d'Édouard Glissant, c'est reconnaître sa filiation avec une forme d'autorité ambiguë, une liberté aliénée, un pouvoir inutile.

L'enjeu est tout de même d'y repérer une forme bien spécifique du pouvoir antillais, celui des premiers «commandeurs nègres», selon la formule de *La Case du commandeur*, et d'un «discours antillais» qui n'est pas sans présenter des formes de «délire verbal», certes, mais n'est pas aussi idéaliste que le discours exalté des personnages de *La Lézarde*. Moins «flamboyant» que le discours du «Rebelle», le discours d'un Mathieu ou d'un Thaël devra se frayer un chemin dans le «réel» confus, ambigu, d'une filiation mêlée. Il devra accepter l'opacité et l'hybridité. Il est vrai que Papa Longoué, seul garant de la parole prophétique est mort, sans laisser d'héritier. Si Mathieu, Thaël ou Marie Celat ont pu recueillir une part de sa parole, en effet, aucun ne la possède toute entière, aucun ne peut prétendre la continuer. Mais ce manque n'est pas purement nostalgique, un langage est à inventer, qui permette d'assumer une position originale.

Tant du point de vue de l'action que du langage, par conséquent, l'œuvre conduit à une confusion. Loin d'exalter la seule gloire des Longoué, marrons originels, au détriment des Béluse, héritiers d'un ancêtre qui aurait accepté l'esclavage, l'œuvre d'Édouard Glissant est l'exploration d'un véritable croisement des lignées, d'une rencontre entre la montagne et la plaine, porteuses de valeurs différentes. Le mélange, l'opacité sont acceptés comme poétique d'une non-histoire, nécessairement anti-épique. Les peuples qui « endurent » ne sont pas moins dignes de chant que le héros qui agit, dans une esthétique de la durée et de l'humilité, et non plus seulement de la révolte et du cri. Mais la « confusion » n'est pas uniquement ambiguïté fertile, marque d'un monde hybride, elle est également à l'origine du « délire verbal » que l'œuvre va donc reconnaître et assumer.

À partir de *La Lézarde* et de son double langage, l'œuvre hésitera continuellement, entre les deux postulations du langage, empruntant aux deux les formes de son « déparler ». Il semble que les personnages, aux prises avec le langage, ne peuvent opter pour une forme plutôt que pour une autre, ils ne sont pas fils du quimboiseur, ils ne peuvent proférer son discours sans imposture ou sans courir le risque de la folie, soit qu'on ne puisse les entendre, soit qu'ils ne soient pas en mesure d'assumer un tel discours, une vision aussi puissante. Désormais se dessine une situation complexe : entre flamboyance et logique austère, une vérité secrète cherche sa voie, tandis que les « gens » raisonnables sont en proie à un discours qu'ils croient de bon sens, quand il ne s'agit que de « délire verbal ».

Marie Celat conclut donc avec lucidité *Le Quatrième siècle*, prenant acte de la mort de Papa Longoué, dont elle fait la véritable cause des confusions présentes. Elle devine que, désormais, une parole neuve est nécessaire :

> « Puisque papa Longoué était mort. Puisque des manières, plus abruptes, d'agir et de connaître s'imposaient. Puisque la mer avait brassé les hommes venus de si loin et que la terre d'arrivage les avait fortifiés d'une autre sève. Et les terres rouges s'étaient mélangées aux terres noires, la roche et la lave aux sables, l'argile

au silex flamboyant, le marigot à la mer et la mer au ciel : pour enfanter dans la calebasse cabossée sur les eaux un nouveau cri d'homme, et un écho neuf[46] ».

Le langage, les personnages, les éléments se sont mêlés. Plutôt que de réaliser l'épopée à laquelle le peuple, comme le roman, auraient pu aspirer, *La Lézarde* est la phénoménologie d'une séparation impossible, dans un monde de « brassage ». C'est pourquoi l'œuvre romanesque se donne désormais pour mission de trouver un langage « neuf », tout en décrivant un monde véritablement en deuil du quimboiseur. Le vide symbolique laissé par cette mort, l'oubli de la parole sont véritablement causes, en effet, d'une déréliction quotidienne, ils sont à l'origine même du « délire verbal » et de la « malemort ».

L'analyse de ce « délire verbal », en gésine dans *La Lézarde*, sera précisée dans les années 1975 à 1981, mais elle a commencé dès l'époque du *Quatrième siècle*, comme l'atteste la dernière partie du roman et des termes comme ceux-ci :

« Combien de folie en effet tournoyait dans le cirque alentour, attisée de rhum et d'inespérance ? Fallait-il la recenser, elle serait certes plus drue et vaillante que le paludisme ou le pian ; acceptée, normale[47] ».

L'acceptation d'une situation pourtant décalée, fausse, constituera le « délire verbal coutumier » qui reconnaît comme « normalité » une véritable aberration. Le texte décrit déjà la désespérance banale qui s'exprime dans le « rhum » et la répétition obsessionnelle, spiralique d'un « cirque » que *Malemort* et *Le Discours antillais* dévoileront plus amplement. Ainsi, Édouard Glissant écrit, dans l'essai de 1981 :

« Nous nous trouvons en présence d'une société à un tel point aliénée que : *(a)* nous voici peut-être face à la seule colonisation extrême (ou réussie ?) de l'histoire moderne ; *(b)* la menace se

---

46. *Le Quatrième siècle*, p. 285, dernières lignes.
47. *Ibid.*, pp. 275-276.

précise d'une disparition pure et simple de la collectivité martiniquaise en tant que complexe original – ne laissant la place qu'à une collection d'individus dominés, qui n'entretiendraient que cette relation de dépendance à l'autre, ne partageraient ni un mode approprié de relation au monde, ni à plus forte raison une réflexion quelconque sur cette relation[48] ».

Désormais le « délire verbal » est donc au centre de la société martiniquaise, « en proie à ses pulsions morbides », et d'une œuvre qui tente à la fois de décrire ce délire et de faire entendre un autre « discours[49] ».

48.   « Approches de la réalité martiniquaise », *in* « Le délire verbal », *Le Discours antillais*, p. 364.
49.   *Cf.* « Une société morbide et ses pulsions », *Le Monde diplomatique*, juin 1977.

3

« Délire verbal » et « déparler »

Entre « délire verbal » et déparler, *Malemort*,
1975, *La Case du commandeur*, *Le Discours
antillais*, 1981.

Pour éviter certains contresens sur l'œuvre et le langage
d'Édouard Glissant, louable et présomptueux dessein, il est
indispensable de bien entendre ce que l'auteur nomme « délire
verbal » et de ne pas confondre cette notion avec celle de
« déparler » ou de « délire » tout court, ce qui ne va pas de soi, car
on ne peut éluder ambiguïtés et détours, ambivalence de discours
et de positions qui parfois départagent assez mal « délire » et
« déparler ». Il faut revenir, pour saisir les contradictions
essentielles, à *La Case du commandeur* et au *Discours antillais* qui
éclairent, rétrospectivement, ce qui se jouait dans *Malemort* mais
qui n'était sans doute pas explicité dans ce roman. La question du
langage, pour être au centre de la quête, n'en était pas pour autant
véritablement élucidée, enjeu de confusion plus que d'élaboration
symbolique, mise en œuvre en quelque sorte aveugle à ses propres
repères. *Malemort* ne donnait ni aux personnages ni au lecteur les

clés d'un monde de dérive et de non-sens où le sujet était irrémédiablement séparé de lui-même et de son histoire.

À l'inverse, *La Case du commandeur*, par son dispositif narratif, par la position et le discours de Marie Celat, et enfin par le jeu de contrepoint instauré entre le roman et l'essai sur le « discours antillais » permet de mieux saisir les enjeux et les formes du « délire verbal ».

Délire verbal de théâtralisation

Dans *La Case du commandeur*, le personnage principal, Marie Celat, surnommée également Mycéa, est internée. « On » la croit folle. Elle semble délirer, ses propos sont inintelligibles, selon le témoignage de ses voisins qui la décrivent en ces termes :

> « Elle roulait des yeux et brusquement elle fixait votre figure ou vos mains, vous ne saviez où vous mettre. Quand on lui adressait la parole, elle bougeait la bouche en même temps que vous, comme si elle lisait sur vos lèvres, et d'un seul coup elle souriait en disant quelque chose que personne ne comprenait. Toujours la même chose. Je crois que c'était Rodono ou à peu près. Elle répétait Rodono, ou peut-être Dorono[1] ».

Est-ce le discours de Marie Celat, étrange, répétitif, et ses questions étranges : « Et toi, où es-tu à la fin ? » que le lecteur appellera « délire verbal » ? Est-ce bien Marie Celat qui représente la « névrose collective » décrite par Édouard Glissant dans ses articles du *Monde diplomatique* et son étude du *Discours antillais*[2] ? Oui et non. En réalité, la lecture du roman va montrer

---

1.   *La Case du commandeur*, p. 11.
2.   Cf. *Le Discours antillais*, « 33. Pour une sociologie culturelle », p. 166, mais également « Édouard Glissant : c'est la mémoire qui nous sauvera de la névrose », Jérôme Garcin, *Nouvelles littéraires*, LIX, 18-25 juin 1981, ou encore « Des remèdes à l'aliénation antillaise », entretien avec Édouard Glissant, propos recueillis par Anna Fabre-Luce, *La Quinzaine littéraire*,

au lecteur que Marie Celat, loin de délirer, répète un nom hautement symbolique, « Odono », prénom de son propre fils et surtout nom de l'un des « premiers débarqués » :

> « Quand elle restait ainsi prostrée, demandant à chacun : As-tu vu Odono ? – nous étions quelques-uns, témoigne le narrateur, à deviner qu'elle ne cherchait pas là son dernier-né, mais le premier d'une lignée sans déroulement, venu tout adulte depuis combien de temps dans le pays, et dont la trace s'était perdue hormis pour quelques tourmentés, dont elle était[3] ».

Marie Celat est perçue comme folle, par ses voisins et par le lecteur, par les institutions qui l'enferment, à l'instar d'un Pythagore ou d'une Cinna Chimène qui, avant elle, ont « été pris d'un vertige de connaissance » et ont

> « cri[é] que nous avions depuis toujours tué nos enfants, que les mères les étouffaient à la naissance, que les frères trafiquaient les frères. Ç'était plus que le voisinage n'en pouvait supporter. Les mêmes personnes qui avaient consenti à cela qu'on appelait son délire, tant qu'il avait été de malheur qui déborde, lui répondirent avec férocité dès lors que ce délire parut se faire accusateur[4] ».

En réalité, Marie Celat souffre de ce que Édouard Glissant, dans *Le Discours antillais*, nomme un « tourment d'histoire », terme repris dans le roman dans l'expression : « quelques tourmentés dont elle était ». Qu'on en juge :

> « Le délire de théâtralisation est *tourment d'histoire*, là où les autres délires coutumiers signalent l'absence d'histoire ou son refus. Le délirant de théâtralisation essaie dramatiquement de

---

n° 351, 1-15 juillet 1981. *Cf.* également l'ensemble des livres I et III, respectivement « Le su et l'incertain », puis « Un discours éclaté », in *Le Discours antillais*.

3.   *La Case du commandeur*, p. 224.
4.   *Ibid.*, pp. 37 et 224.

réapproprier le verbe (de renouer avec une histoire qui accomplirait la virtualité non réalisable)[5] ».

On pourrait, de la sorte, opposer le délire de théâtralisation de Marie Celat ou de Pythagore et le « délire de représentation » des journalistes ou hommes politiques, représentants officiels des diverses institutions psychiatriques et sociales, ainsi que le délire coutumier des voisins qui dans un premier temps reconnaissent le délire de Marie Celat comme souffrance, avant de le rejeter lorsqu'il leur désigne trop crûment les bribes de cette histoire qu'ils ne veulent/ne peuvent pas assumer.

Le malentendu profond entre Mycéa et son environnement est symbolisé littéralement : lorsqu'elle dit « Odono », les voisins entendent « Rodono » ou « Dorono ». C'est-à-dire qu'ils ne peuvent pas entendre le « nom » ou le « son » qui symbolise leur histoire refoulée. Elle-même, d'ailleurs ne sait pas vraiment ce qu'elle sait, il s'agit davantage d'une intuition, d'un inconscient que d'une connaissance. Ainsi, selon le narrateur,

> « Mathieu produisait en idées ou en mots [ce que] Marie Celat gardait au plus intouchable d'elle-même et défoulait par bouffées en grands balans de vie exagérée. La remontée de *cela* qui s'était perdu : comment une population avait été forgée, à douloureuses calées de Nègres raflés et vendus, traités nus sans une arme sans un outil à emporter [...] comment elle avait, à partir de tant de mots arrachés ou imposés, sécrété un langage ; comment elle s'usait, pour tant d'outrages subis, à oublier[6] ».

Certains personnages ont donc un langage qui n'est pas fait de « mots » ou « d'idées », ils parlent par « bouffées à grands balans de vie exagérée ». Ce sont des actes manqués qui leur échappent, des lapsus, des prénoms donnés sans qu'on sache bien qui ils

---

5.   « Le délire verbal », *Le Discours antillais*, p. 378. Les italiques sont dans le texte.
6.   *La Case du commandeur*, p. 188.

évoquent. Ici, Cinna Chimène demande à Ozonzo : « quel Odono, il répondit Odono que je ne sais pas[7] ».

Ailleurs, Marie Celat interroge Papa Longoué : « Qu'est-ce que c'était que l'Odono d'enfance dont elle se souvenait encore vaguement[8] ? »

Par conséquent, le roman est parcouru par un nom parfois déformé, toujours mystérieux, dont on ne connaît réellement ni l'histoire ni le sens et qui transporte avec lui une histoire inconsciente, un « cela », ou un celé, à tout le moins.

D'autres personnages sont les acteurs d'un tel « délire de théâtralisation », animés par ce « tourment d'histoire » qui les porte d'actes manqués en une « violence sans cause » dont l'analyse, commencée par Frantz Fanon, est reprise par Édouard Glissant. Dlan Médellus Silacier sont les personnages de ce délire décrit dans *Malemort* et déconstruit théoriquement dans *Le Discours antillais*. Leurs gestes, à « grands cahotements » et « grands balans » ne cessent de dire cette « souffrance d'histoire », ce passé qu'ils devinent, enfoui sous les discours et sous la farce des élections, sans pouvoir le dire clairement. Ils sont ces fous pathétiques et carnavalesques dont la folie s'éclaire des propos du *Discours antillais* :

> « Combien dénombrons-nous de ces errants, qui aux carrefours moulinent ainsi le tragique de nos déracinements. Leurs bras taillent l'air, leurs cris plantent dans le chaud du temps. Ils sont saouls de leur propre vitesse ».

Les délirants sont à la fois des fous, agités par des « bouffées » de savoir inconscient, et des initiés, à l'instar de Pythagore décrit au début du roman dans une attitude qui n'est pas sans rappeler la transe :

> « À la croisée cet homme, frappé d'un songe de vent, se souvient. Il saute sur un pied, il casse la tête en arrière, il crie : *Odono ! Odono !* Les voitures klaxonnent, les passants rient sans

---

7. *Ibid.*, p. 81.
8. *Ibid.*, p. 175.

s'arrêter. L'homme, sorcier de midi, entrevoit par pans. Ce qui remonte non pas à sa mémoire mais au long de son corps disloqué, [...] ce n'est certes pas le clair dessin du passé, ni les lieux ni les dates ni les filiations en ordre sec et visible [...] Comment soupçonner que le mot Odono (à peine un mot : un son) pût avoir un sens, cacher quelque allusion à un rare événement[9] ? »

Ainsi, le délire devra être réinterprété comme révélation d'une trace, manifestation d'un « nom », d'un « son » presque oublié dont le sens demeure inaccessible, mais qui relie l'initié au passé de la traite et de l'arrivée des premiers débarqués. Le souvenir, remontant à la vente et au trafic des Noirs par leurs frères eux-mêmes, ainsi qu'il est rappelé plus haut, est ressenti comme une insulte intolérable par la collectivité qui le rejette comme pure folie :

> « Mais si un seul campe dans sa passion et confusément crie qu'il entrevoit cet antan, qu'il réentend ce gémi [...] nous n'accompagnons pas son geste ni ne déchiffrons ce cri. Nous feignons qu'il se moque, ou que la folie du cyclone a détourné sur lui son œil fixe, ou que le soleil a pointé dans sa tête[10] ».

Cet homme, ce Pythagore, père de Marie Celat, rejoindra, par conséquent les Médellus, les Bozambo et Charlequint qui déparlent à « la Croix-Mission », dans ces lieux publics, gares routières et autres places où plus d'un se met à crier ou à lancer prophéties et imprécations. Ce que le théoricien Édouard Glissant appelle, dans Le Discours antillais, le « délire verbal de théâtralisation » est une forme de folie, certes, mais qui, telle la parole du fou shakespearien, ou dostoïevskien, dit la vérité, une vérité que nul ne veut entendre[11]. Ce « délire verbal » serait plutôt salutaire, en ce qu'il exhumerait une vérité en souffrance, car il dit la réalité de la situation antillaise. Toutefois, les personnages demeurent

---

9.   *La Case du commandeur*, p. 17.
10.   *Ibid.*
11.   On pense à la folie vraie ou feinte de Hamlet, d'Ophélie, du bouffon de Lear, mais également aux grands délires de *L'Idiot* ou des *Démons*.

dans un obscur, ils ne rejoignent pas le savoir inconscient qui les agit. Ainsi, dans *Malemort*, Médellus

> « avait retrouvé, lui seul dans la vie d'alentour, ce chemin secret tracé par un Négateur qui à peine débarqué du ventre puant du bateau négrier avait refusé de suivre le sillon des charrettes vers les Plantations ».

Mais si, à l'instar de Marie Celat, dans *La Case du commandeur*, il a retrouvé la « trace du temps d'avant », il ignore ce savoir qui l'habite et c'est cette ignorance qui le rend « fou » :

> « lui non plus ne savait pas qu'il avait à la fin trouvé ce chemin : de sorte que le chemin ouvrait en lui des ravines d'ombrage où il chavirait : de sorte qu'alentour ceux qui ne le connaissaient pas disaient dans leur cœur Médellus est tombé fou on n'entend pas sa parole[12] ».

Ceux qui déparlent, de façon théâtrale, ceux qui font des projets grandioses de « capitulaire de la terre et du travail », à la façon de Médellus ou élaborent tel « dogme de Cham » à la manière d'un Évariste Suffrin dont le « cas » est analysé par Édouard Glissant, dans *Le Discours antillais*, par conséquent, ne sont fous que dans la mesure où ils explorent de façon inconsciente et maladroite, souvent pathétique, la béance laissée par le déni d'une histoire et ses abîmes : « Le délire verbal [...] est donc le signe manifeste d'une non-histoire[13] », il en est le symptôme. Les autres personnages, la collectivité, incarnent-ils la raison ? Sont-ils sains d'esprit, référence et norme à l'aune desquelles comprendre la situation et juger de la folie ?

En réalité, le dispositif est plus complexe et le lecteur aura quelque difficulté à discriminer les fous et les sages. En effet, si ceux qu'animent un « délire de théâtralisation » tiennent des propos mystérieux et parfois indéchiffrables, la situation est si aberrante que les autres personnages, la collectivité tout entière est

---

12. *Malemort*, p. 213.
13. *Le Discours antillais*, p. 367.

en proie au « délire verbal », sous des formes atténuées, mais somme toute plus pernicieuses.

« Délire verbal coutumier »

En effet, les gens, le « on », les « voisins » de Marie Celat, à qui le fou répond, sont également délirants. Ils ne sont pas plus ou moins délirants que les Marie Celat, les Silacier ou les Pythagore. Ils expriment la même situation, un malaise identique face à leur « non-histoire ». Toutefois, la forme prise par leur délire est plus idéologique, plus « coutumière », de sorte qu'elle se confond avec des formes acceptées du discours logique et même du « bon sens ». On peut s'y tromper et voir dans cette apparente clarté du discours une raison, une norme. Mais si l'on y regarde de près, il devient évident que ce discours, dans la situation martiniquaise, ne peut être que parodique, que sa logique est intenable. Il recèle « une aliénation totale par rapport à une culture [que l'on croit] *posséder*, lieu-commun, humanisme-formule, etc.[14] ».

Il masque l'incongruité d'une situation sous des généralisations du type : « notre Département », « Nos malades mentaux ont droit, tout comme les autres catégories de la population, à la réalité de la solidarité nationale[15] ».

Les deux délires verbaux sont donc renvoyés dos à dos, l'un n'étant que la forme paroxystique d'un délire collectif qui s'est emparé de la société tout entière.

Si le lecteur prête attention aux extraits de journal qui encadrent le récit – semblant représenter un essai de rationalisation –, et désignent la folie de Marie Celat, il s'aperçoit que ces pages sont totalement parodiques et que l'auteur y a mis en exergue de purs minerais de « délire verbal ». Il suffit, pour s'en convaincre de mettre en relation les analyses du *Discours antillais* sur ce sujet et le texte du *Quotidien des Antilles*. Mais d'emblée, la composition

---

14. *Le Discours antillais*, p. 376. Les italiques sont dans le texte.
15. *La Case du commandeur*, p. 244.

du roman devrait alerter le lecteur sur la signification à accorder à ces extraits qui réclament, en fait, une double lecture.

En effet, l'encadrement du récit est un dispositif parfaitement ironique qui mime l'« encadrement psychiatrique » et policier, par un discours qui se veut logique, de « bon sens » et qui est en réalité vide, petit-bourgeois et réactionnaire, aveugle à sa propre aliénation. Édouard Glissant n'a certainement conçu cette structure très carrée, qui enserre le récit principal entre deux coupures de presse, qu'afin d'alerter le lecteur sur cette rigidité, cette sorte de défense formelle contre ce qui, à l'inverse, déborde, échappe massivement dans le récit.

À l'intérieur du dispositif, le roman avance par spirales et implose en son centre, au « Mitan du temps », milieu géographique et symbolique du roman, où la fragmentation discursive et narrative est la plus extrême. C'est dire que l'encadrement n'est pas l'idéal de l'auteur et qu'il le ménage et l'exhibe par pure dérision, afin de se démarquer d'une tentative de cerner, de contenir ce qui ne saurait l'être sans un déni profond. Le lecteur peut s'y tromper à première lecture, et prendre le discours journalistique pour une vérité objective, mais à la fin du roman, la reprise de ces coupures de presse ne peut que l'irriter ou l'amuser comme la manifestation d'un contresens ou d'un masque, d'un discours somme toute délirant.

En réalité, le journal et les discours qu'il cite présentent un tissu de lieux communs et de clichés relevant du « délire verbal coutumier », du « délire verbal de représentation » et de « persuasion ». Les analyses en sont détaillées dans *Le Discours antillais* auquel nous ne pouvons que renvoyer, lisant pour notre part les extraits du *Quotidien des Antilles* cités dans *La Case du commandeur*, comme de véritables exercices de style sur le thème du « délire verbal ». La parole des voisins est rapportée comme celle « d'un aimable commerçant local » ou d'une « mère de cinq enfants » qui parlent au nom de « on », ou de « la société », d'un « tout le monde » qui « sait » et de « la majorité des gens ». Ce « nous » qui, hypocritement « plaint cette malheureuse », s'exprime au nom d'une « société [qui] doit pouvoir se protéger » : « ici, c'est une zone résidentielle, on devrait savoir à qui on a affaire ». Et le commentaire de bon sens : « Croyez-vous que c'est normal, en plein vingtième siècle ? », lieu commun qui fait référence au progrès et à une supposée normalité, laisse éclater un jugement et une position idéologique qui ne peuvent renvoyer qu'aux analyses d'Édouard Glissant sur la normalité et les déviances.

Selon *Le Discours antillais*, en effet, la société martiniquaise, s'est laissé imposer, « « un super-modèle [alors que], d'autre part, elle se voit dans l'impossibilité historico-sociale d'y être assimilé[e] ». Ainsi,

> « la collectivité martiniquaise ne peut être avérée fançaise qu'au prix d'un dérèglement dont le délire verbal coutumier peut, par exemple, être considéré comme une manifestation de "compensation"[16] ».

Dans la seconde citation du *Quotidien des Antilles*, à la fin du roman, le délire de « représentation » et de « persuasion » dominent, à travers les discours tenus par les journalistes ou les « Chargés de mission » qui s'expriment dans un discours stéréotypé qui vise à nier toute spécificité culturelle : « Les problèmes qui se posent sont ni plus ni moins ceux qu'on rencontre en Métropole. La maladie mentale [...] frappe partout, de la même façon ».

On peut rapprocher cette déclaration parodique des réflexions d'Édouard Glissant dans son essai théorique :

> « Le délire de persuasion [...] se présente comme l'idéologie de la représentation. Il fleurit dans les déclarations politiques, dans les journaux, et a pour objet de persuader le Martiniquais *qu'il est ce qu'on lui dit qu'il est* ».

Et plus loin : « Outre le bons sens et "l'évidence", un des trucs du délire de persuasion sera la science des faits : les chiffres sont souvent cités, de manière spectaculaire ».

---

16.   « Le délire verbal », in *Le Discours antillais*, pp. 365 et 367.

Sans citer de chiffres, le *Quotidien des Antilles* évoque des « crédits débloqués », des institutions telles qu'une « commission ad hoc du Conseil général », le « ministère des DOM », ou des « décrets d'application » qui donnent un fond de vraisemblance à des projets de développement et de réorganisation. Si *Le Discours antillais* se moque des « futurs persuasifs, annonçant le changement pour demain, tel qu'il est résumé dans la formule : "jusqu'ici tout n'a pas été pour le mieux, mais on s'y met, et vous verrez que demain ça changera" » ; le *Quotidien des Antilles* déclare :

> « Il est certain, en conclusion de l'enquête, que tout n'est pas parfait en la matière. Mais les éléments, disons-le, franchement encourageants, ne manquent pas. [...] "Soyez persuadés que tout sera fait dans le sens de l'amélioration radicale", [déclare] M. le Chargé de mission ».

Par conséquent, il est clair que le « discours antillais » est tout entier imprégné de « délire verbal coutumier » dont les formes plus ou moins discrètes ou exacerbées se répondent. Le discours haché, elliptique, énigmatique de Marie Celat ou de Silacier (dans *Malemort*), est cependant plus proche de la vérité enfouie que le discours de bon sens des braves gens, voisins irréprochables ou journalistes, voire représentants officiels qui contribuent à masquer la singularité de la situation antillaise. Bien que les deux discours émanent de la même « névrose » et soient deux formes de délire, il n'est pas moins évident que la sympathie du lecteur, et du narrateur va au discours le plus étrange, le plus « fou » d'apparence, celui de Marie Celat.

Du « délire verbal » au déparler

Toutefois, certains lecteurs ont pu s'y tromper qui ont cru à la fallacieuse clarté du *Quotidien des Antilles* et n'y ont pas immédiatement reconnu un discours idéologique qui tend essentiellement à défendre le *statu quo* et à maintenir la situation de la Martinique, département d'outre-mer assimilé. C'est peut-être aussi que la position du lecteur commande son interprétation. Selon ses sympathies et ses propres engagements politiques, le lecteur sera davantage tenté d'opposer le discours de la raison (celui du journaliste) au « délire » de Marie Celat, ou, à l'inverse, le discours de vérité, proféré par le fou, au « délire verbal » du journal. Les lecteurs assimilationistes se sentiront d'ailleurs confirmés par les faits que le journal met en exergue :

> « notre hôpital psychiatrique nous est envié dans toute la Caraïbe et [...] certains des gouvernements indépendants du voisinage ont entrepris des démarches auprès de nos services, ainsi qu'au ministère à Paris, en vue d'obtenir ici l'hospitalisation de grands psychotiques qu'ils ne peuvent faire soigner chez eux, étant donné les moyens dont ils disposent[17] ».

Il est certain que l'article parodique n'évoque jamais la Martinique dans son environnement géographique, il ne l'envisage que comme « département », dans un contexte linguistique et institutionnel français, dans lequel « la solidarité nationale » ne peut qu'englober la Martinique. Si la Caraïbe est évoquée, *in fine*, ce ne peut être que pour bien montrer que les autres îles « indépendant[e]s » envient au « département » français son équipement, ses « moyens », les « crédits » dont il dispose, « la compétence du personnel », le recours aisé à « des spécialistes et des professeurs en provenance de l'Hexagone ». Les euphémismes « Hexagone », « Métropole », rappellent, avec une certaine gêne, que la Martinique est distincte de la « France », mots qui ne seront jamais prononcés, en revanche... car alors, on pourrait croire que la Martinique n'est pas la France ! Or, si l'île ne fait pas géographiquement partie de « l'Hexagone », elle est toutefois partie intégrante de l'ensemble « national ». Bref, Édouard Glissant donne la parole à ce journal (si peu imaginaire) sans le caricaturer, laissant au lecteur la possibilité d'accréditer cette conception des

---

17. *La Case du commandeur*, dernières lignes.

faits. L'embarras en est plus grand pour le lecteur, et ce n'est que par la mise en perspective des différents discours que le jugement peut se frayer un chemin[18].

En effet, le roman tout entier, comme remontée vers les « traces du temps d'avant », de génération en génération, par spirales successives, laisse entrevoir au lecteur cette spécificité irrécusable d'une histoire, celle de la traite et des bateaux négriers, du débarquement et des premiers marronnages, de l'Abolition et de ses faux espoirs. Le lecteur sait de quel « tourment » souffre Marie Celat et ne peut admettre que « les problèmes qui se posent sont ni plus ni moins ceux qu'on rencontre en Métropole ». C'est pourquoi la position du journaliste et des voisins de « bon sens » ne peut lui apparaître, aussi raisonnables qu'ils puissent être, que comme une imposture et un déni. Édouard Glissant en concluant son roman par ces lignes du *Quotidien des Antilles*, en lui donnant le dernier mot, laisse se refermer la chape de plomb du discours dominant.

Un épilogue plus clair ou plus heureux aurait trahi la vérité. La réalité quotidienne des Antilles, en 1981, est bien celle d'un discours dominant largement conservateur qui recouvre de son déni la singularité d'une histoire. La vie de Marie Celat continue, elle rentre chez elle et fait semblant : elle « supporta ce que le monde supporte[19] ». Tandis que Pythagore regarde, à la télévision, quelque

> « technicien ou un élu du peuple, ou peut-être un ministre en tournée, détaill[ant] à grandes massues de chiffres un éternel "plan de relance de la canne à sucre" ou quelque autre gadget de la persuasion à outrance ».

---

18. Cet effort de lecture suppose que l'on s'engage dans une quête de vérité, mouvement souhaité par l'auteur comme véritable processus de désintoxication idéologique. Toutefois, certains lecteurs tranchent autrement en ravalant le langage de Glissant à un ésotérisme, une obscurité où ils ont tôt fait de voir un autre « délire », proche de celui de Marie Celat. Plutôt que de mettre en question leur point de vue, leur propre « délire verbal » sur la situation, ils rejettent la parole des « fous » glissantiens comme inintelligible et celle de leur interprète comme illisible.

19. *La Case du commandeur*, p. 237.

Le « délire de persuasion », en effet, n'est pas l'apanage des seuls journaux, la télévision lui donne son plein épanouissement. Et ce n'est qu'en observant la « couleur des paroles » que Pythagore sait « que cet homme était là en train de mentir : Asou koulè parol-a man ka oué nonm-ta-a ka manti[20] ».

Nul doute que le lecteur de *La Case du commandeur* est également appelé à voir la couleur des paroles des uns et des autres, afin de démêler le vrai du faux. Est-ce renvoyer délire contre délire ? N'est-ce pas plutôt suggérer qu'il faut être visionnaire pour décrypter le mensonge, lorsque le masque recouvre toute réalité ?

Casser le discours

Ce qui fait sens pour le lecteur, ce qui l'oriente parmi la profusion des discours et des délires, l'amenant à choisir et à donner raison à Marie Celat, à Pythagore, plutôt qu'aux journalistes, chargés de mission et « bons voisins », c'est la construction du roman dans son ensemble, la poétique privilégiée par l'auteur, en particulier. La structure du roman, que nous avons décrite dans son sage encadrement logique, comme celle d'un roman bien composé qui se referme en boucle, n'est qu'un trompe-l'œil. La structure du roman est, en réalité, concentrique et spiralique.

Dans le récit consigné entre les deux articles du *Quotidien des Antilles*, chaque chapitre part d'un personnage pour remonter à ses ascendants, en spirale, avant de redescendre le cours du temps jusqu'au personnage initial. Le chapitre suivant remonte à nouveau le cours du temps, jusqu'à ce qu'on arrive à l'ancêtre de Marie, celui qui fut le premier à porter le nom Celat. Parvenu à ce point, le roman reprend, avec une plus grande linéarité chronologique, l'histoire contemporaine de Marie Celat.

Cette structure met en évidence deux dimensions : une surface et une profondeur. La surface concernant la période contem-

---

20. *La Case du commandeur*, p. 239.

poraine, et toute linéarité apparente (chronologique, discursive) est mise en relation avec un retour en arrière, une profondeur historique qui permet de laisser transparaître, sous l'actualité apparente, les significations historiques des faits et des discours, des noms et des contes. La poétique du roman est donc celle d'une mise en relation, non d'un déroulement, d'un détour spiralique et non d'une logique d'immanence temporelle. C'est pourquoi tout discours trop linéaire, trop lisse doit être suspecté, mis en perspective, relativisé par cet horizon de sens que dessine la ligne de fuite temporelle.

En outre, le récit, avant de dérouler l'histoire actuelle des Celat, ménage une sorte de pause, un centre significativement intitulé *Mitan du temps*, c'est-à-dire « milieu » du temps. Or, au milieu du temps et du récit, entre le passé et le présent de la famille Celat, le texte offre ses récits les plus hachés, les plus discontinus et elliptiques, les plus mystérieux de tout le roman. On est véritablement entré dans l'œil du cyclone. Les personnages sont à peine identifiables. Aa, Dlan Médellus Silacier (tout droit venus de *Malemort*), la femme sans nom, et enfin Odono, s'y succèdent, sans lien dramatique ni discursif. La relation qui existe entre ces histoires ou ces personnages, s'il en est une, n'est pas à chercher dans le tissu narratif qui se défait, elle ne peut être que de signification ou d'exemplarité : ce sont les déclinaisons d'une même histoire, d'une résistance, d'une souffrance, d'un marronnage qui se répètent au fil des siècles et se transmettent secrètement, malgré la discontinuité.

Mais pour retrouver cette « trace du temps d'avant », le geste inaugural d'un Aa, le bien nommé qui, le premier, a « condui[t] sa troupe avec sûreté, entre les couches d'ombres[21] », il faut se frayer un chemin, parmi « la muraille de lianes » du texte. Il faut, en quelque sorte, imiter la démarche d'Aa, fuir et se tailler un sentier dans l'opacité du texte. La lecture mime, ainsi, la course du marron qu'elle accompagne :

> « Nous avons quitté les cierges écaillés plantés dans le sable [...] nous avons pris la pente parsemée de bois-trompettes [...] nous

---

piétons sous les tamarins des Indes et les gaïacs [...] *Nous sautons de roche en roche dans ce temps !* »

La vérité, « cyclone du temps noué là dans son fond », ne se laisse pas apercevoir, c'est un mouvement, une descente dans le maelström à laquelle le lecteur doit consentir. L'écriture de cette trace n'est pas celle d'un discours sage ou pontifiant, un nouveau « délire de persuasion », mais un éclatement dans lequel le narrateur/scripteur « construit à roches son langage », selon la poétique formulée dès *L'Intention poétique*.

Pour trouver « ce trou par où passer [...] cherchant la trace », il faut d'abord arriver en ce centre où le récit implose, se détruit comme narration linéaire, laisse enfin apercevoir, dans les éclats du discours, dans les morceaux qui explosent, sans cohésion apparente, ce quelque chose du passé :

> « Le cyclone du temps, dit le narrateur, noué là dans son fond :
> où il s'est passé quelque chose que nous rejetons avec fureur loin
> de nos têtes, mais qui retombe dans nos poitrines, nous ravage de
> son cri. Voici le moment de connaître que nous ne continuerons
> pas à descendre en mélodie la ravine : qu'arrivés au bord de ce
> trou du temps nous dévalons plus vite en sautant de roche en
> roche[22] ».

Il serait donc vain de chercher dans les derniers mots du roman une vérité puisque, à l'inverse, le texte s'y referme comme un trou se comble. La vérité est dans la béance ouverte en son milieu, véritable « trou par où passer », dont l'écho se prolonge dans des failles, des traces, des sons qui parviennent encore à la surface, rendus presque inintelligibles : « Odono ki Odono ? » Rodono ? Dorono ?

Le lecteur doit suivre l'effort d'un narrateur qui se proclame « casseur de roches du temps », c'est-à-dire, ne pas chercher un discours construit et cohérent, mais chercher à démêler la vérité dans des « lianes » de texte, dans des bribes. Plus le texte est cassé, plus il laisse apercevoir le « fond », le point de la relation. Dans le

---

22. *La Case du commandeur*, pp. 137-138.

glacis du bon sens, l'articulation du langage et l'enchaînement des faits, ne ménagent pas de jeu, ils recouvrent la singularité antillaise d'un déni, d'un sens tout fait, parfaitement vraisemblable, tel qu'il apparaît dans le *Quotidien des Antilles* ou dans tel « plan de relance de la canne à sucre ». L'explosion de ce discours, provoquée par la violence marronne du narrateur, par sa résistance, fraiera des passages entre des morceaux d'histoires disloqués que l'on pourra enfin non « relater » mais tenter de « relier ».

La question qui, dès lors, taraude le lecteur, à l'instar d'un Pythagore ou d'une Marie Celat, est la bonne question, à savoir : « quelle relation existe-t-il entre cette histoire et celle d'Odono ? » ou « quelle relation existe-t-il entre Aa, Dlan Médellus Silacier et Patrice Celat ? » Elle les conduira enfin au « mitan du temps », à découvrir, dans un « trou », au fond d'un « cachot », dans beaucoup d'obscurité, un peu des histoires qui les hantent à leur insu.

Anatolie, guidé par Liberté Longoué avait déjà découvert ce « trou », « un abîme » dans lequel « ils plongèrent à quatre pattes ».

> « Là, Liberté lui révéla que l'histoire d'Eudoxie était double. Que nous n'en finissons pas de ne pas savoir reconnaître une histoire d'une autre[23]. »

Cet épisode aux allures de mythe signifie que, même lorsqu'un peu d'histoire est révélé, le sens demeure opaque, emmêlé, que plusieurs histoires s'entrelacent, car il y avait un Odono, avant l'arrivée du Négateur, « de sorte que quand on criait Odono, Odono, on ne devinait pas auquel des deux le nom s'adressait[24] ».

La mise en relation de la surface avec la profondeur ou la circulation entre les morceaux d'histoires, se complique donc d'une relation entre deux histoires. Si, en effet, l'histoire a commencé avant l'arrivée d'Odono c'est que l'histoire des Antillais avait commencé dans le « pays d'avant » avec « la rivalité d'amour et le combat des deux frères, ou de ceux-là qui se

---

23. *Ibid.*, p. 124.
24. *Ibid.*, p. 125.

considéraient tels[25] ». Le narrateur revient, dans la plupart des romans, sur ces bribes de récit évoquant la femme aimée près d'une mare, la trahison des frères, la vente et la traversée dans le ventre du négrier où les deux frères se retrouvent côte à côte. Jamais il n'en développe le récit au-delà de vagues souvenirs, de bribes de contes tels le récit du « poisson-chambre » fait par Ozonzo au début de *La Case du commandeur*. Ces bribes demeurent à l'état de traces dont surgissent quelques éclats dans une « tête en feu » ou au cœur d'un roman en miettes.

Par conséquent, nous appelons « déparler », non point le « délire verbal » qui ressemble à un discours raisonnable, mais la déconstruction du discours idéologique et de la narration traditionnelle qui constituent un déni des histoires qui ont déterminé l'expérience antillaise. L'éclatement du dispositif narratif et l'entremêlement des histoires suggèrent que seul un « déparler » peut répondre au « délire verbal », car lui seul, dans sa violence, ses excès, peut faire parvenir le lecteur dans l'œil du cyclone.

Ce « déparler », toutefois n'est pas sans ambiguïté. S'il nous semble que *La Case du commandeur* est le roman qui, par sa structure, permet le mieux de discerner divers types de discours et de démarquer le « délire verbal », un roman comme *Malemort* est beaucoup plus opaque de ce point de vue. Même dans *La Case du commandeur*, il n'est pas toujours aisé de départager toutes les formes de discours. Si l'on peut distinguer la trace d'une réalité historique enfouie, d'un déni d'histoire, masqué sous le discours convenu, faut-il faire des « contes de la foi qui sauve » des avatars du « délire verbal » ? Le désir lancinant de Man Sosso qui aspire à donner de grosses pièces à la quête, « la rage » d'Euloge, le commandeur implacable, qui s'est « tournée contre ceux qui partageaient sa géhenne », ou les diatribes d'Hermancia contre Liberté Longoué, seront-ils interprétés comme manifestations de « délire verbal » ou de déparler ?

---

25.   *La Case du commandeur*, p. 125.

Brouillage des symboles

On peut se demander, en fait, pourquoi la révélation de la « trace du temps d'avant », la découverte de l'origine double des histoires, au fond du cachot, n'est pas définitive, comme un mythe fondateur qui donnerait à une collectivité sa légitimité, son sens. Car la page de *La Case du commandeur* où pour la première fois, Anatolie dit « je », tandis que la collectivité trouve son unité, dans la « beauté », peut faire figure de baptême solennel :

> « En vérité que faisaient-ils, les deux, que hasardaient-ils, sinon retrouver avec des mots, [...] et façonner ou échanger, les débris de la beauté à quoi chacun peut prétendre et que nous ravinions partout dans le pays avec nos corps et nos cris, espérant sans le savoir que la beauté, par-delà toute misère et toute épreuve, nous unirait[26] ? »

Il en va donc d'un véritable acte de symbolisation, « avec des mots », qui « uni[ssent] », façon[nent] et échang[ent] » à partir de « débris de la beauté ». Les ancêtres du nom, Anatolie Celat et Liberté Longoué, par la révélation de l'histoire, depuis « le premier Négateur », depuis Odono, « la capture, la grande pirogue qui était devenue monstre, poisson naviguant sur les hautes eaux, [...] l'arrivée par ici et la fondation des ennemis [...] la course devant les chiens », etc., fondent un symbole qui leur est singulier, une beauté qui les légitime et les restaure dans leur dignité, dans leur « entour ». On pourrait, par conséquent, se demander pourquoi cette histoire révélée, cette mémoire, ce symbole, ne se sont pas transmis de génération en génération pour éclairer les contemporains voués à l'errance et au « délire verbal » ?

On s'attendrait à ce que, dès lors, ce geste (cette geste) de symbolisation trace une véritable ligne de partage entre le délire et la vérité, entre le déni et la reconnaissance d'une histoire. Or, il n'en est rien, la confusion recouvre immédiatement le moment symbolique dont la signification se dilue et s'efface, dans le

---

26. *Ibid.*, p. 124.

« bruit ». En quelque sorte, *La Case du commandeur* répète *La Lézarde* : ici, un acte manqué en attente de sens, là, une parole qui tout aussitôt se perd, un symbole qui s'efface. Ce sont les deux grandes occasions manquées dans l'histoire de la Martinique : 1847, les révoltes d'esclaves, appellent à une libération endogène, un siècle plus tard, en 1945, les élections de la Libération, expriment un grand élan révolutionnaire. Dans les deux cas, le symbole « s'envase » dans une histoire brouillée : 1848, l'Abolition shœlcherienne « donne » une liberté exogène, 1946, la loi de départementalisation est votée, étouffant l'aspiration indépendantiste.

Si l'acte véritable qui aurait pu dénouer les ambiguïtés est approché dans *La Case du commandeur*, en 1847, il est, en effet, immédiatement brouillé par une Abolition qui a fait « ébullition ». L'Abolition de l'esclavage, arrivée de France en 1848, n'a été qu'une proclamation extérieure empêchant le mouvement interne de s'épanouir : « on vit bientôt que tout ce bruit de libération était félon, comme avait prédit le commandeur Euloge. Rien de changé[27] ».

La libération qui s'esquissait, en effet, dans le temps où Liberté Longoué révélait son histoire/ses histoires à Anatolie, symbolisant véritablement une renaissance et un baptême, s'est confondue avec l'Abolition, arrivée de France, qui a défait les symboles propres à une libération intérieure et singulière. Si Liberté et Anatolie, ancêtres mythiques, semblaient tout près d'échapper à la déréliction, en retrouvant le lien, la « relation », la fin de leur histoire se perd dans une nouvelle déliquescence.

Le symbole qui est fondé, à ce moment de l'histoire, est immédiatement concurrencé par l'Abolition de l'esclavage dont le « bruit » parasite et recouvre la parole de Liberté (Longoué), pour faire entendre la liberté (de France). Dès lors, la vérité échappe, retourne dans son puits (Anatolie meurt, jeté dans un puits par le colon), l'unité du « nous » et la beauté s'évanouissent.

« Alors Liberté céda sur toute la ligne de l'existence », conclut le narrateur, la nommant « femme renoncée ». Anatolie, qui était devenu père d'un unique fils légitime, dont il avait tiré son

---

27. *La Case du commandeur*, p. 126.

patronyme, instituant par là même, le premier « Nom-du-père » de cette histoire, redevient un géniteur prolifique, « donna[nt] le détail de ses trente-cinq (non mon voisin, trente-six est le vrai chiffre de Dieu) descendantes et descendants[28] ».

Il se cache « pour avaler ses décoctions de bois bandé, soutien à ses forces déclinantes », et le béké l'estime, pour tout dire, « incontrôlable », « ses vantardises tranquilles [...] à propos du nombre de sa descendance » l'exaspérant au point qu'il décide d'en finir, ne supportant pas l'idée que des « Nègres » prétendent « fonder famille, tenir lignée[29] ». Le personnage d'Anatolie, figure qui hésite entre le sublime et le grotesque, entre la prestance du patriarche et l'inconsistance d'un coureur impénitent, achève sa course dans une mort bien peu héroïque.

Poursuivi par le Colon, et ses trois molosses, il est « jeté dans un puits tari ». Le chapitre liquide, en quelque sorte, les protagonistes de cet épisode mythique qui s'achève dans l'abjection. La fin du colon n'est pas plus glorieuse, en effet : « Trois jours après la disparition d'Anatolie, sa tête enfla, son corps enfla, il fut pris de convulsions [...] Et il trépassa[30] », alors que Liberté elle-même « tomb[e] malcadi au moment tap où le colon [es]t descendu en terre[31] ».

On peut donc interpréter l'instant symbolique de la révélation des histoires comme une parenthèse, dans une situation où domine la déréliction et l'obscur. En creux, la cohérence narrative désigne bien l'Abolition de 1848 comme responsable de cette confusion et du « délire verbal » qui s'ensuivra. C'est dire que les Antillais ont perdu la chance de trouver leur parole singulière et de reconnaître leurs histoires, à ce tournant historique qu'est 1847/1848[32].

---

28. Nous empruntons la notion de « Nom-du-père » à la théorie lacanienne.
29. *La Case du commandeur*, pp. 128-130.
30. « Reliquaire des Amoureux », *Ibid.*, pp. 128, 131, 132.
31. « Tomber malcadi » semble signifier faire une crise. Bien que « malkadik » évoque l'épilepsie, le narrateur décrit plutôt une sorte de catalepsie.
32. Patrick Chamoiseau reprendra cette thèse dans *Texaco*. Mettant en scène le moment de l'Abolition, il fait dire aux chefs mulâtres : « *La Liberté arrive ! La Liberté arrive !... Elle nous viendra des grandes traditions de la France !...* », tandis que le narrateur corrige : « Je sais que Liberté ne se donne pas, ne doit pas se donner. La liberté donnée ne libère pas ton

C'est pourquoi, dans *La Case du commandeur*, le récit demeure en suspens, ne pouvant que se refermer sur les hésitations contemporaines, entre « délire » et « déparler ». Le « Reliquaire des amoureux », qui marquait un moment symbolique, s'achève dans la dilution. Les bribes de récit qui se succèdent alors dans le *Mitan du temps*, ne sont plus reliées, elles explosent, tandis que la collectivité se détourne de la vérité : « tellement nous avons peur de ce trou du temps passé. Tellement nous frissonnons de nous y voir », commente le narrateur[33].

Le marron Aa qui, à l'ouverture de cet ensemble narratif, saute de roches en roches, fuyant les molosses, est finalement capturé dans « Actes de guerre ». Il révèle, dans un dernier cri l'histoire d'Odono, ultime déploiement d'une destinée que les « têtes oublieuses » vont s'empresser de refouler :

> « ainsi mourut Aa qui s'était choisi le premier nom par rang d'ordre dans la langue des déporteurs : alors le tourment se répandit alentour, s'alentit et dormit pendant des temps, rejaillit avec des éclaboussures de lumière et d'ardeur, disparut encore pour flamber à nouveau dans une poitrine ou une tête ou une foule exaspérée[34] ».

En effet, l'histoire d'Odono ne sera plus déroulée. Telle la Belle au bois dormant, elle repose dans l'oubli, protégée par l'entrelacs des « lianes ». Seuls des éclats, ou des étincelles, de ce qui ne deviendra pas histoire, se feront connaître de loin en loin sous la forme du « tourment d'histoire » tel que le ressentiront, dans le monde contemporain, Mycéa ou Pythagore, Dlan Médellus Silacier ou Bozambo. La collectivité, ni le lecteur, n'auront accès à l'histoire du « poisson-chambre » ou à celle d'Odono dans leur reconstitution, il n'en demeure que des bribes plus ou moins indéchiffrables, dans le langage de feu déjà mis en œuvre dans *La Lézarde*.

âme... », *Texaco*, Gallimard, 1992, pp. 96-97. Les italiques sont dans le texte.

33. *La Case du commandeur*, p. 152.

34. *Ibid.*, p. 167.

L'œuvre doit donc revenir sans cesse sur une configuration qui n'évolue guère, parce que la situation martiniquaise s'est elle-même figée, laissant se perdre les chances d'une véritable libération. Si la « trace du temps d'avant » s'est révélée, presque évidente, en 1847, elle s'est de nouveau perdue et chaque roman est donc quête d'une trace enfouie, à partir d'un glacis de discours convenu ou embrouillé. Il faut se frayer un chemin à coups de coutelas, entre les ronces et les lianes du discours de surface. C'est du moins ainsi que se présentent les romans *Le Quatrième siècle*, *Malemort*, *La Case du commandeur*, *Mahagony*, comme autant de spirales qui explorent ce maelström, essayant de démêler les nœuds, entre ce qui se fait encore entendre de la trace et un discours délirant qui est devenu dominant.

4

Un langage à venir

La Lézarde, 1958, *Malemort,* 1975, *Boises,*
1979, *La Case du commandeur,* 1981.

La position du narrateur

Dans *Malemort* ou *La Case du commandeur,* la critique du
« délire verbal » s'avère d'autant plus délicate que nulle
conscience supérieure, nulle instance discursive transcendante,
indemne du « délire verbal », ne peut la proférer, dans un discours
de vérité. Les voix sont emmêlées. Quel discours vaut mieux qu'un
autre, quel personnage dit mieux, en quoi sera-t-il plus fiable ?
Cette question est nouvelle, dans la mesure où la voix de Papa
Longoué était transcendante. Papa Longoué habitait une case, dans
le morne, descendant de manière exceptionnelle au bourg, il était le
« papa », l'héritier d'une lignée de nègres-marrons. Or, sa mort ne
laisse aucun héritier de cette transcendance, et Mathieu n'a pas la
position de supériorité qui conviendrait. À l'inverse, Mathieu est le
fils d'un régisseur, il habite le bourg avec sa mère, dans *La*

Lézarde, il est le descendant de la lignée des Béluse qui a accepté de travailler dans les plantations.

Le narrateur ne revendique pas davantage de position transcendante, il fait partie de ce « nous » opaque, flou, qui ne connaît pas son nom. Mathieu, Raphaël ou Mycéa, dans *La Lézarde*, se tenaient encore du côté de ceux qui parlent au peuple, choisissent le Représentant, décident qu'il faut tuer le « Renégat », parlent de la souffrance du « peuple ». Peu à peu, toutefois, leur discours se fissurait, leurs voix se mêlaient et devenaient incertaines. Mathieu, gagné par la fièvre et le vertige, abandonnait ses recherches historiques, Thaël n'était plus aussi sûr de son langage et de sa vision.

Dans le prolongement de *La Lézarde*, *Le Quatrième siècle* s'achève sur le deuil du quimboiseur, mort « sans descendance », sur un délitement de la parole et une réflexion inquiète à propos d'un pays, « arraché à lui-même ». Dans les dernières pages de ce roman se forge, en fait, une nouvelle voix narrative. Le discours de Mathieu se mêle peu à peu au discours de Bozambo et de Charlequint, les déparleurs de la Croix-Mission :

> « Moi qui vous parle ainsi sans parler déjà je comprends la parole que vous me criez tout bas pendant que vous allumez avec des mots ce plein de silence[1] ».

Cet échange énigmatique qui confond silence et parole, rapproche Mathieu qui, jusqu'alors aspirait à un langage « à froid », et les inspirés « flamboyants » qui rivalisent en « tournois oratoires » sur la place publique. Mathieu comprend cette parole, c'est-à-dire qu'il en reconnaît, sous les formes étranges, la légitimité. En fait, ces personnages manifestent le même désarroi, la même quête. Peu à peu, Mathieu se fond avec les deux autres personnages, sous les espèces du « nous » :

> « Et même si vous dressez devant nous (vous et moi) l'écran des choses trop éclatantes la fascination, l'éclat du jouet, la griserie, [...] tout cela qu'ils nous jettent dans les mains pour nous

---

1.   *Le Quatrième siècle*, p. 282.

faire oublier le temps qui passe [...] et même si vos cris en premier lieu sur nous (vous et moi) et non sur l'autre, inaccessible, jettent la farine de dérision et la poussière du bas-chemin ah ! sans parler ou plutôt sous les mots pour rire et détournés vous criez toi Bozambo moi Mathieu Charlequint nous le lever de la bête à soi-même réunie[2] ».

Dans une sorte de continu linguistique, la fin du *Quatrième siècle* nous conduit au début de *Malemort* et à *La Case du commandeur* qui exploreront de plus en plus profondément ce « nous énorme question » qui deviendra, non seulement un mode d'énonciation de Mathieu, mais l'expression privilégiée du narrateur. Bozambo et Charlequint sont évidemment en proie au « délire verbal », ils se laissent « griser » par les objets futiles et fascinants qu'on leur « jette », ils ne connaissent pas l'agent de leur aliénation, et crient plutôt sur eux-mêmes que sur « l'autre, inaccessible ». Mais « sous les mots pour rire, détournés », ils disent « le lever de la bête à soi-même réunie », qui n'est autre que le serpent, symbole enfermé par les ancêtres de Papa Longoué, dans une barrique : « (sa poussière conjointe à nouveau étirée sous la racine et dans le trou de barrique où le temps se dépose refaite en corps) ».

Ainsi, le langage mystérieux, « détourné », parfois incohérent de Bozambo et Charlequint, n'est autre que la résurgence d'un très ancien symbole, la réminiscence, sous une forme à décrypter, de la trace des marrons. Il s'agit en fait d'un « détour ».

Le narrateur de *La Case du commandeur* prend la suite de ce « nous », il s'exprime désormais comme partie de ce « nous », aussi problématique soit-il, entre détour et délire. Il ne désigne pas les autres, les délirants, les fous sans se demander : « Pourrions-nous tranquilles nous asseoir au pied d'une Croix-Mission et commenter[3] »...

C'est cette position nouvelle qui rend beaucoup plus difficile le décryptage du « délire verbal », parce que le narrateur n'est plus le garant du sens, celui par qui passerait la ligne de démarcation entre

---

2.   *Ibid.*
3.   *La Case du commandeur*, p. 18.

« délire verbal » et discours de raison. L'auteur lui-même n'élude pas le risque de confusion, la difficulté à démêler délire et discours approprié. Édouard Glissant écrivait ainsi :

> « Ne nous croyons pas saufs des pulsions du délire verbal. Telle jouissance à manier un langage "spécialisé", telle naïveté devant des champs méthodologiques nouveaux, telle application innocente de concepts élémentaires (du surréalisme, du marxisme ou du structuralisme par exemple) : les possibilités sont nombreuses de l'aliénation latente ou manifeste dans ce domaine, jusque chez ceux (dont nous sommes tous) qui prétendent y échapper[4] ».

Comment dès lors distinguer voix et discours divers, « délire verbal » et vérité ?

Dans l'incipit de *La Case du commandeur*, après le discours des voisins de Marie Celat, discours convenu que nous avons reconnu comme « délire verbal coutumier », le discours du narrateur, dans lequel nous espérons trouver des explications, soit sur la folie de ce personnage, soit sur la perversité de ses voisins, est tout à fait surprenant, voire décevant. En effet, il ne prend pas immédiatement la défense de Marie Celat, bien que la remontée dans l'histoire de son père et de sa famille éclaire l'attitude de Marie, et il n'accuse pas non plus la collectivité pour son incompréhension. Le narrateur prend une position inattendue, il se fond dans un « nous ». Par conséquent, il n'est pas étranger à ceux qui rejettent Marie Celat et son père Pythagore. Bien au contraire, il est partie intégrante de ce « nous » qui « ne comprenons pas ces nœuds de silence et de nuit mêlés », de ce « nous qui ne le comprenons pas et qui nous moquons ». Dans toute la suite du roman, le narrateur ne se départira pas de cette position qui est solidaire de la collectivité innommée et encore embryonnaire au sein de laquelle il s'exprime, une voix « emmêlée » aux autres voix.

Si *La Lézarde* nous a conduits à la dissolution du « peuple » et à l'effacement du héros, il n'est pas non plus de prophète. Le narrateur ne se fait pas le héraut d'une conscience supérieure, il n'est pas à lui seul le « Rebelle ». Pas plus que Thaël ou Mathieu,

---

4.   *Le Discours antillais*, note 14, p. 380.

il ne connaît la vérité. Il fait corps avec cet innommé qu'est le « nous ».

Le narrateur est, en fait, présent dans trois « nous » assez différents, un « nous qui ne devions peut-être jamais former, final de compte, ce corps unique par quoi nous commencerions d'entrer dans notre empan de terre ou de mer violette alentour », c'est-à-dire, la collection d'individus en mal de symbolisation, dépossédée de sa terre et de son nom propre. Ce « nous » est fondamentalement innommé, on ne peut l'appeler ni les Antillais, ni les Noirs, ni les Martiniquais, puisque aussi bien toutes ces notions font problème et sont récusées par le « délire verbal » dont attestent les « gens ». C'est un ensemble assez mal défini, fait de « moi disjoints » : « Nous débordons de tant de moi solitaires en un seul nous taraudé de savoirs flous[5] ».

Un autre « nous » apparaît également, celui d'un groupe d'enfants auquel appartenait le narrateur et qui fut témoin de plusieurs événements. Ainsi, tente-t-il de découvrir le secret d'Ozonzo qui parlait aux mulets :

> « Tant de fois avons-nous été pour le surprendre et enfin reconnaître ce qu'il racontait là [...] Jusqu'au jour où un averti (Alcindor, qui ne mangeait que des pattes de coq en fricassée) nous proclama de ne pas approcher, les enfants (qu'il fallait être en l'air comme une marmaille pour tenter un pareil travail...) [...] Nous devenions maigres et chauds, ah les enfants, de vouloir connaître ce nom secret[6] ».

Dans l'entremêlement du récit et du discours indirect libre, on peut distinguer ce groupe d'enfants, interpellé par un personnage, Alcindor. Ce « nous » plus étroit appartient à la collectivité et la représente sans doute, dans sa curiosité et sa naïveté. Il formerait un chœur qui symbolise une part préservée, dans la collectivité, d'un désir de connaissance, et qui commente l'action.

Un troisième « nous » recouvre, de façon plus ambiguë, le « nous » d'auteur qui ne se détache pas totalement du « nous »

---

5. *La Case du commandeur*, p. 19.
6. *Ibid.*, p. 69.

collectif, bien qu'il assume une position et un discours tout de même spécifiques, en tant que narrateur-scripteur. Il apparaît nettement dans la dernière phrase du récit :

> « Nous qui avec tant d'impatience rassemblons ces moi disjoints ; dans les retournements turbulents où cahoter à grands bras, piochant aussi le temps qui tombe et monte sans répit ; acharnés à contenir cette part inquiète de chaque corps dans cette obscurité difficile du nous ».

Le « nous » initial et le « nous » final sont à la fois le même et un autre. S'opposent, aux deux extrémités, le « nous » qui tente de rassembler, celui du narrateur, et le « nous » obscur qui demeure éparpillé en corps distincts. La collectivité est ainsi divisée entre la part qui est en « surface », et la part qui cherche à voir, à surprendre les secrets plus obscurs. À son image, le narrateur est lui-même divisé entre la part qui demeure inquiète, obscure, et la part qui tente de rassembler. Bien plus, le narrateur est peut-être tout aussi délirant que les déparleurs de la Croix-Mission.

En effet, il n'est que de relever les images qui caractérisent ce « nous » pour le rapprocher des délirants de la Croix-Mission : si l'un s'agite « dans les retournements où cahoter à grands bras », les autres sont décrits, dans *Le Discours antillais*, en ces termes : « ces errants qui aux carrefours moulinent ainsi le tragique de nos déracinements. Leurs bras taillent l'air, leurs cris plantent dans le chaud du temps[7] ».

Ce que la fin du *Quatrième siècle*, puis *Malemort* et *La Case du commandeur* assument, c'est précisément cette position d'un narrateur qui n'est pas différent, ou distinct d'un « nous, énorme question » qui ne reçoit pas de réponse.

C'est pourquoi, dans *Malemort*, le narrateur reconnaît son amour pour les professeurs que le « délire verbal », de toute évidence, caractérise. Ces Québec, Lannec, Chadun, enseignants qui « n'avaient pas ménagé le ridicule de leurs manies, comme persuadés qu'il leur eût fallu vivre jusqu'au bout leur caricature, pour à la fin espérer sortir pathétiques du trou de néant où on les

---

7.   *Le Discours antillais*, p. 362.

avait bloqués », sont aussi délirants que les djobeurs Dlan Médellus Silacier.

Le narrateur rapproche, d'emblée, djobeurs et professeurs, malgré les apparences qui eussent pu séparer les djobeurs incultes de « savants » professeurs au beau parler : « ils s'éprouvaient si supérieurement éloignés de Dlan Médellus Silacier. Si proches pourtant[8] ».

Or, bien que le narrateur détaille leurs « petites manies », ironise sur ces « nègres savants », « intoxiqués du savoir universel » et rapporte leurs excès en quelques anecdotes savoureuses et pathétiques, épinglant leur langue « tarabiscotée », leur bovarysme et leur soif d'universalité, il déclare pourtant, à plusieurs reprises : « nous les aimons ».

On peut supposer que la position de l'auteur a changé, depuis L'Intention poétique. Dans cet ouvrage de 1969, Édouard Glissant écrivait, avec rage : « Nous vomissons les bardes lettrés : quand enfin notre peuple parlera, notre voix sera sûre[9] ».

Si tant est que l'on puisse identifier les « bardes lettrés » aux professeurs, aux intellectuels, représentés dans Malemort, il faudrait en conclure que le narrateur n'a plus cette haine, ce mépris à l'égard de ceux-ci. Le peuple, loin de parler, s'est défait, la voix de l'auteur n'a pas trouvé sa certitude. Par conséquent, même si le narrateur de Malemort se montre critique à l'égard des lettrés, il s'en faut de beaucoup qu'il les « vomisse ». Il reconnaît en eux ses propres errements, sa propre fascination pour un langage contourné, baroque, « flamboyant » ; ce sont ses propres ancêtres dans le langage.

Ces professeurs ont figuré, dans maints romans, les pires représentants d'un esprit aliéné, les maîtres d'école rigides interdisant le créole, que ce soit dans les récits d'enfance de Joseph Zobel, de Raphaël Confiant, de Patrick Chamoiseau, ou de Maryse Condé[10]. Or, ils ne sont nullement rejetés ici et l'ironie est

---

8.   Malemort, p. 154.
9.   L'Intention poétique, p. 51.
10.   Celle-ci a fait un portrait assez lucide de sa propre mère, elle-même institutrice, et qui devait ressembler d'assez près aux portraits tirés par Glissant. On peut en effet, reconnaître les traits dominants de l'aliénation et du délire verbal dans les attitudes rigides et les préjugés raciaux ou culturels

largement nuancée d'une reconnaissance lyrique, voire de la revendication d'un héritage.

« Nous aimons leur plaisir à grossir les mots dans la bouche et à tourner les phrases jusqu'à terre », déclare le narrateur.

> « Nous ? Les tristes rejetons de ces sortes de statues perdues dans leur rêve d'égaler l'autre et peut-être de lui être consubstantiel, et qui s'y essayaient, au lieu de s'égaler à soi-même, par tant de biais pathétiques. »

Le délire verbal comme aliénation, désir « d'égaler l'autre », est certes bien décrit, mais le narrateur, « nous », se reconnaît comme « rejeton » de cet esprit même. Inversement, le narrateur sait voir dans ces maîtres d'école aliénés, les préfigurations de ses proches recherches :

> « Nous les aimons. Nous savons, ou nous pressentons, qu'ils marquent ce moment où d'un coup nous éprouvons que les mots servent aussi à exprimer, à exprimer quoi ? – Qu'il est dans la terre alentour peut-être une loi d'expression, une racine qui pousse et demande d'être dite [...] avec en avant l'appel des mots qui ne sont pas encore langage : où ils tombent, eux les éclaireurs, dans la dorure de la chose prescrite ; où avec une confiance sans nuance ils ornementent, surenchérissent »...

Si une génération ultérieure, celle du narrateur, « hésite », « suspend le mot », renonçant pour sa part à de tels « apparats » dans lesquels s'est fourvoyé l'effort de « bâtir un autre langage », elle doit admettre cependant que ces excentricités baroques ont été les prémisses de ce langage recherché, qu'elle est formée de « descendants de ces superbes victimes ».

Dans le monde contemporain où les « somptuosités ont disparu », le narrateur craint d'être finalement « pâli », « châtré », comme si ce qui avait été gagné en rigueur l'avait été au prix d'un

---

de personnages comme Thecla l'intellectuelle et Elaïse l'institutrice, dans *La vie scélérate*, ou de Léocadie Thimothée, autre portrait d'institutrice, dans *Traversée de la mangrove*.

affadissement, de l'épuration « de ces excès de perdition par où une volonté de résistance se révèle à elle-même ». La parlure enflée, « tarabiscotée » de ces professeurs aliénés était tout de même la manifestation d'une « résistance » que le narrateur voit se diluer dans l'épuisement du quotidien. Aussi s'interroge-t-il :

> « Peut-être (quand il s'agit de crier une telle mort) renoncer à la fulguration et à l'extase de cette langue ? Peut-être avec Dlan Médellus Silacier fouiller l'ingrat langage à venir[11] ? »

Il résume, par ce dilemme, la difficulté de s'orienter, entre le « délire verbal » de Dlan Médellus Silacier et celui des professeurs rhétoriqueurs, opposition qui n'est pas sans rappeler celle que représentaient, dans *La Lézarde*, Thaël au langage « flamboyant » et Mathieu l'historien. De quelle langue sera formé le langage à venir, lui faut-il être « ingrat », ou chercher « l'extase, la fulguration » ? Le narrateur, se représentant ironiquement comme l'un de ces « conscients militants savants et tout ce qu'on voudra » qui tentent d'analyser le malaise antillais et son discours, fait donc l'éloge d'un « glorieux bégaiement ».

Il cherche la forme de son propre langage, aux lisières d'un discours dont il ne peut totalement renier les contournements, en effet. Le scripteur-narrateur doit bien toutefois se séparer des Professeurs « tarabiscotés », « intoxiqués de savoir universel », afin d'inventer un « discours antillais » qui dépasserait les ambiguïtés du « délire verbal », fût-il « extase » et « résistance », à sa manière. Il lui faut aller au-delà de « l'appel des mots qui ne sont pas encore langage », continuer le travail de ces « éclaireurs ». Peut-être est-ce à l'écoute des djobeurs, déparleurs de Croix-Mission, qu'il fourbira son propre langage. C'est pourquoi dès les premières pages du roman, le narrateur s'attache à la geste de Dlan, quête d'un « langage neuf », d'un « parler qu'il faut ». On peut se demander, toutefois, si la confusion qui règne à tous les niveaux, entre mort et vie, entre raison et folie, ne compromet pas les efforts du scripteur-narrateur et si l'on peut, dans le contexte de la « malemort », dissocier encore « délire verbal » et « déparler ».

---

11. *Malemort*, p. 158.

Un langage à inventer

Malemort, en effet, est le roman de l'indistinct, de la non-différence, entre le vivant et le mort, entre les délires de toutes sortes et les discours raisonnables qu'on peinerait à identifier. Les premières pages confrontent immédiatement le lecteur à une « inquiétante étrangeté » radicale. Il s'en faut de beaucoup que l'on comprenne d'abord ce qui est décrit par le narrateur, à quoi correspond la scène énigmatique qui se déroule, « cortège », « danse » qui allie les contraires, entre un désordre qui est « ordonnancement », un spectacle funèbre et une « jouissance », entre une progression et une « irrémédiable fixité ». Le « corps unique » et « indivis », « entoituré de drap noir » qui se déplace ainsi de façon si énigmatique n'est pas seulement constitué de porteurs conduisant un mort à sa dernière demeure, comme on finira par le comprendre. C'est sans doute l'image de la Martinique tout entière, communauté elle-même à demi-morte, dont le cortège funèbre et dansant résume les cahotements aberrants, « chacun remontant descendant ». Car c'est bien cette expression « corps unique » que le narrateur reprendra au début de *La Case du commandeur*, désignant ainsi l'idéal à atteindre pour un « nous » encore innommé. À l'incipit de *Malemort*, le « corps unique » ne peut être, semble-t-il, que le porteur collectif et désordonné d'un mort qui ne serait pas tout à fait mort, ou plutôt d'une mort dont on douterait qu'elle soit totalement accomplie. Dans ce contexte, la recherche d'un langage est essentielle pour une société qu'on aimerait réveiller de sa torpeur, mais qui s'adonne aux enterrements, à son propre enterrement, comme à « un sport national[12] ».

En effet, le « pas corbeau » de Dlan, djobeur qui s'est fait embaucher pour une descente de corps, n'est pas seulement un pas étrange, c'est un langage. Ainsi se succèdent, dans la même phrase, comme autant d'équivalents : « changez le pas », « changer le corps », « changez le mot » :

---

12.   *Malemort*, p. 185.

« et le meneur chantait *changez le pas changez le pas* et dans l'immobile tournoiement soudain suspendu aux fils de lumière et de chaleur tous savaient qu'il s'agissait de changer le corps, c'est-à-dire bien entendu de changer les porteurs, à l'intérieur du dansement où tournant et retournant ils pratiqueraient sans hiatus ni tremblement ce change (comprenant peut-être dans l'avenir qu'il fallait entendre *changez le mot* et sans tremblement ni césure entreprendre le neuf langage – quel ? – et à peine et sueur et douleur et en ivresse de descente balancer sa syntaxe dans les herbes des deux côtés[13] ».

Le texte suit donc de très près ce « pas corbeau » du danseur qui est recherche d'un « langage neuf », dont on ignore tout encore, mais qui se dessine peut-être ici, « sans césure », tout en « retournements » et « balancements de syntaxe ». Les phrases, de fait, sont très longues. Elles se prolongent de parenthèses en groupes entre tirets, d'anaphores en énumérations, transgressant les quelques points qui essaient de freiner leur élan. Le système est le plus souvent nominal, les verbes étant souvent relégués dans des subordonnées relatives ou circonstancielles, ce qui ne permet pas de hiérarchiser clairement les éléments de la phrase dont on cherche vainement, le plus souvent, le pivot.

Les remarques sur le langage, interrogations pressantes, pathétiques, rythment le texte : « Chaque pas est un mot le mot te déporte tu tombes mais comment parler, tout ce parler qu'il faut ».

Il s'agit de « distiller le langage inconnu du pas corbeau ». N'est-ce pas une tentative d'échapper à la « malemort » ? Mais comment juger ? Le texte n'est-il pas, à l'inverse, inextricablement ambigu ? Dès lors que la « malemort » règne, le spectateur ou le lecteur, sont totalement démunis des repères de sens et de valeur qui leur permettraient de juger, de discriminer tant les faits de langue que les actions.

Comment interpréter, en effet, « l'ivresse » des mots et des pas qui s'empare des porteurs ? Est-elle jouissance d'un nouveau langage ou, à l'inverse, folie et délire ?

---

13. *Ibid.*, p. 19.

> « Les mots chantés, commente le narrateur, s'étaient trans-
> formés de vrai en une ivresse de pas tournés, de rondes et de
> manutentions (sans que pas un, la sueur aride perlée aux cheveux,
> demandât *comment ah comment* : car tout se répétait – avançait
> pourtant – comme cette mécanique : de frôlement, de survol, de
> glissade sans fin ni saccade ni reprise). »

Le pas et les mots comme chant, comme forme tournante,
arrondie, évoquent, certes, le « retournement », la subversion et le
lyrisme d'un nouveau langage, mais la « répétition », le mouvement de « glissade », sans « saccades », sont peut-être davantage
du côté d'un discours ou d'une danse obsessionnels et dévitalisés.
Le discours des visions procède plutôt par « saccades » que par
glissements, par irruptions plutôt que par « rondes ». De même, le
terme « mécanique », rapprocherait plutôt le pas des porteurs d'une
vaine agitation, à la fois ordonnée comme une montre, et insensée.
Le terme désignera un peu plus loin, en effet, la course folle du
cochon de Colentroc. Car celui-ci, « a une mécanique et personne
qui marche sur ses deux pieds ne peut comprendre pourquoi il
court et pourquoi il s'arrête[14] ».

Il est symbolique, en cela, des personnages qui, tout au long du
roman s'agitent, « dévalent » à toute allure, à bord d'une Citroën
volée, parient sur les lisières de l'autoroute ou s'entretuent à la fête
patronale ; aucun ne sachant « pourquoi il court et pourquoi il
s'arrête ». Ainsi : « Charlequint qui a passé sur son ami Bozambo
avec une bâchée 404, une fois marche-avant une fois marche-
arrière il ne sait pas pourquoi il ne sait pas pourquoi[15] ».

L'on pourrait également évoquer les courses de yoles ou de
bolides sur l'autoroute inachevée :

> « et sur ces seules lignes à peu près droites qu'on pût trouver
> dans le pays et qui enflammeraient la tête d'un vertige inouï de
> vitesse les coureurs n'avaient aucune disposition spéciale à
> prendre sinon de barrer l'ouvrage à ses deux bouts[16] »...

---

14. *Malemort*, p. 31.
15. *Ibid.*, p. 203.
16. *Ibid.*, p. 174.

Les mêmes termes qui évoquent ailleurs le feu et le vertige de la mémoire, de la parole d'un Papa Longoué, d'un Thaël, l'initiation d'une Cinna Chimène ou les révélations d'un Pythagore, s'associent ici à la folie de courses dangereuses et de paris absurdes où chacun joue ses dettes. Par conséquent, il nous semble impossible de démêler ce qui s'apparente à l'invention d'un langage neuf, dans sa distorsion et ses contournements et ce qui ressortit à la « mécanique » d'un discours obsessionnel, d'un délire où la spirale, la ronde, les cyclones, le mouvement tournoyant d'un cochon ou d'un « pas corbeau », expriment la répétition cyclique dans une « terre en suspens ».

Un tel texte laisse le lecteur dans l'incertitude la plus grande. S'il lui trouve une véritable beauté poétique, il ne sait s'il doit cependant l'interpréter tout entier comme avènement d'un nouveau langage, ou s'il est totalement pris dans le ressassement, la folie d'une « malemort ». Quelle valeur accorder aux images et aux rythmes, à cette syntaxe contournée, retournée, disloquée, à ces phrases distendues, énigmatiques, tournant loin de leur orbite ? Sont-elles l'expression même de la « malemort », du délire, ou faut-il les lire comme tentative de résistance à celle-ci, transgression de celui-là ? Précisément, l'ambivalence n'est-elle pas ce qui caractérise ces pages, comme la plupart des épisodes de *Malemort* ? Tous relatent, en effet, des expériences à la limite de la folie, entre « délire verbal » et « déparler », entre « violence sans cause » et actes de révolte.

Le langage du texte se construit, ainsi, dans une totale ambivalence, entre délire des uns et visions, aberrations et inventions merveilleuses. Il devient très aléatoire de formuler un jugement sur les formes du discours et les contenus, tous à la fois loufoques et subversifs, du fait de l'émergence d'un irrationnel, d'un désordre carnavalesque qui déroute et rend vain tout effort de hiérarchisation[17].

---

17. On peut rappeler, en l'occurrence, les propos d'Édouard Glissant, dans *Le Discours antillais* : « c'est peut-être le lieu de se demander quelle confiance faire aux mots, surtout dans la langue de l'autre, ou au moins par quel biais les aborder, dans ce délaissement généralisé. Par où les techniques de l'écriture conjoindraient les affres de la parole. Je pense, intéressé aux mots, avoir ainsi bien déliré sur le délire : c'est ce que l'abc du sociologue

Chaque épisode – la descente de corps, la course du cochon, la fuite de Silacier traversant Fort-de-France à bord d'une voiture volée, « en sept minutes et demie », les visions Madame Otoune qui cherche un trésor, les jeux sur l'autoroute, la réforme agraire de Médellus, les affrontements à coup de rhétorique ampoulée, entre Médellus et Lannec – est un témoignage de « délire verbal », dans un lieu gagné par la « malemort ». Toutefois, le lecteur ne peut rejeter les efforts pathétiques et dérisoires de tous ces personnages, qui « à grands balans », tentent d'inventer une dignité, un nouveau langage. Le discours de « l'homme déchaîné », à la fin du chapitre *(1962-1973)* est, de la sorte, parfaitement exemplaire d'un délire qui est en même temps « déparler ». Cet homme qui se déshabille peu à peu, devant « une foule qui r[it], applaud[it], encourag[e], comment[e] », hurle l'aliénation qui s'est emparée d'une Martinique totalement dépendante de « la métropole » :

> « c'est la métropole, c'est ton papa ta maman ta nourrice, cravate c'est la métropole veston c'est la métopole (soudain il arrachait son slip avant que quiconque ait pu prévoir) et Son Éminence Petit Bateau pour coucher le gros coco c'est la métropole (il dansait frénétique en agitant son linge) c'est la métropole (il poursuivait sous l'ombrage de la nuit les jeunes femmes qui fuyaient en riant) c'est la métropole bafouillait-il en écumes, c'est la métropole[18] ».

Le strip-tease à la fois pathétique et carnavalesque, dont on rit, partageant la jubilation de la foule, est cependant symptomatique du malaise profond qui s'est emparé des Martiniquais. L'homme est certes fou, déparlant, comme l'indiquent sa « frénésie » et sa bouche écumante, toutefois, son discours est lucide, c'est le flux « sans césure » d'un torrent qui se libère et invente son style, son déparler. C'est l'exemple même du « délire verbal de théâtralisation », pris dans le « délire verbal » et proclamant pourtant la vérité.

---

appellerait la méthode participante ». Sur « Le délire verbal », *Le Discours antillais*, p. 380.
18.   *Malemort*, p. 188.

L'ambivalence est donc totale et le lecteur se trouve confronté à l'énigme d'un univers qui ne se laisse pas ordonner, et où son jugement ne peut qu'être en suspens.

Le narrateur-scripteur est lui-même pris dans ce tournoiement qu'il a élu comme forme privilégiée d'expression, lui-même s'adonne au vertige et à l'ivresse des mots, sorte de jouissance mélancolique en l'absence d'un vrai deuil[19].

Dans l'œil du cyclone

Ainsi, dans la scène qui constitue le second chapitre de *Malemort*, « Dlan Médellus Silacier combattent le cochon de Colentroc », sans qu'un point de vue éclaire la scène. À l'inverse, l'écriture totalement éruptive donne le vertige, comme si le point de vision élu n'était autre que l'œil du cyclone. Par conséquent, si la description a un centre, c'est le centre vide d'un tourbillon enivrant et aveuglant.

Le « nous » qui exprime le point de vue, dans une confusion troublante, est d'une part « nous, Colentroc en deux méfiant et fraternel », c'est-à-dire un personnage divisé, hésitant, se méfiant « de ces trois-là venus d'en-bas, qui sans raison s'attardent dans l'ombrage », mais il est également « nous Dlan-Silacier-Médellus » qui tentent d'attraper le cochon en vue d'une récompense. Il englobe en outre un « nous » collectif qui résume toute l'histoire d'une ascension sociale plus ou moins grandiloquente et dérisoire :

---

19. La « malemort » peut être rapprochée de la mélancolie, comme résultant d'une impossibilité à faire un deuil. Si l'on reprend les premières pages du roman, en effet, on s'aperçoit qu'un doute demeure quant au mort : est-il bien mort ? De même se demande-t-on si Dlan est vraiment vivant. La difficulté à séparer morts et vivants, passé et présent rappelle bien la difficulté à se séparer du mort dans la crise de mélancolie. *Cf.* Freud, « Deuil et mélancolie », *Métapsychologie.*

> « Nous tombons, nous montons, instruits superbes, nègres à talent cousins évolués des nègres de houe, et nous commandons nous marionnettes dirigeons protestons véhémentons avons passion vocation mission et c'est nous au détour des étoiles, mais combien loin de nous, qui demandons : "Mais comment faire, qu'est-ce qu'il faut faire[20]" ? »

Ce « nous » multiforme, dans lequel se reconnaît le narrateur, résumé en son passé et ses efforts d'ascension sociale et culturelle, à la fois « marionnettes » dérisoires, et idéalistes plein d'élan, « nègres » qui ne cessent de s'élever jusqu'aux « étoiles », dans une « passion » de « protester » et de « commander », se condense en une formule : « après tout pourquoi pas eux puisqu'ils étaient là immobiles dans la nuit des hauts, eux-mêmes fous eux-mêmes nous ».

Abandonnant un type de narration ou un discours qui maintiendrait une opposition entre « eux » et « moi » (voix narratrice) ou entre les différents personnages, selon le jeu des points de vue, le texte assemble, dans le même « nous », tous les personnages (par ailleurs divisés intérieurement) et le narrateur lui-même, dans la même « folie », et un point de vue tournant, vertigineux, qui ne reconnaît pas de transcendance.

Le cochon décrit comme une « espèce de vent-dans-vent, le petit-fils d'un cyclone » devient le centre du point de vue :

> « Rouge ! ah rouge la lune, et le soleil tombé sur la terre en grondement et cataracte avec soudain réincarné dans son délire et absolu le cochon volcanique pilotant de loin ces trois versants, pentes et à-pics, par où il imposait, plus que par son corporel magma, la royauté de carnaval dont il affolait l'alentour ».

C'est littéralement, à partir de ce centre, œil du cyclone pris comme regard ordonnateur, que le paysage s'organise, les personnages correspondant aux diverses directions :

---

20.   *Malemort*, p. 39.

« Sa pente alerte, ronde, où la stupéfaction et le souci se disputaient des laves molles et épaisses (c'était Dlan) ; cette autre, nette, sombre, où les blocs tombaient avec l'aplomb de la nuit (Silacier) ; et encore le prudent et quand même furieux versant (Médellus) où un grand vent de paroles semblait ouvrir l'espace pour le feu qui allait suivre[21] ».

L'écriture, véritablement volcanique elle-même, ordonne moins qu'elle ne donne à entendre et à voir un véritable volcan – « rouge », « grondement », « cataracte » –, dans un paysage de cataclysme. Les exclamations nominales, les inversions entre le nom et l'adjectif (« Rouge ! ah rouge la lune, et le soleil tombé ») s'accordent à l'évocation d'un monde « désastré », tombé, à l'envers. Le délire n'est pas le propre des personnages, mais du cochon qui l'incarne comme un « absolu ». Sur trois côtés, d'où surgissent Dlan, Médellus et Silacier, le paysage évoqué rappelle le volcan où les « laves » coulent, des « blocs tombent », un « grand vent de paroles » ouvre « l'espace pour le feu ». Le texte décrit donc une véritable éruption volcanique où se mêlent le cochon, dans sa violence, et ses assaillants identifiés, comme l'atteste la parenthèse explicative « c'était Dlan », aux éléments volcaniques, pentes, laves, blocs ou feu, dans lesquels un « vent de paroles », semble à peine métaphorique – les paroles et les êtres sont devenus élémentaires.

Le cochon lui-même ne se distingue guère de la terre. En effet, l'expression « sa pente alerte, ronde, où la stupéfaction et le souci se disputaient des laves molles et épaisses » renvoie, semble-t-il, au cochon évoqué plus haut, « pilotant de loin ces trois versants ». L'organisation syntaxique, il est vrai, ne permet pas d'interpréter, avec certitude, toutes les images et d'attribuer nettement telle ou telle caractérisation à l'un ou l'autre des personnages. La première phrase, par exemple, qui commence à « Rouge ! ah rouge la lune » ne comporte aucune proposition principale et enchaîne les propositions subordonnées, préférant un système d'irruptions nominales à une approche descriptive.

---

21. *Ibid.*, pp. 27-28.

Une telle page, parmi combien d'autres, manifeste un choix stylistique qui n'est plus celui de la narration ordonnée par des points de vue, orientée par la voix narratrice. Le texte ne décrit pas seulement un désordre, il l'appréhende concrètement, il se fait désordre, folie de mots, « débouler de feu » qui caractérise, dans *La Case du commandeur*, la vision de l'homme de la Croix-Mission :

> « L'homme voit par saccades ; ça fourmille dans sa gorge. Ni ouvrage tranquille ni enquête minutieuse, mais un débouler de feu[22] ».

On ne peut mieux décrire la vision que donne le texte de *Malemort*, qu'il s'agisse de l'enterrement des premières pages, de la course du cochon de Colentroc ou de « Silacier en 11 cv de Gerbault à Calebassier en sept minutes et demie ».

Le texte se découpe en véritables « saccades[23] » :

> « Alors
> sur ce maelström sans épicentre, sans âme, désormais sans avenir,
>   cloué au sol par l'inertie du cochon
> explosait la catastrophe rouge : une rage ardue, démence de sang
>   et de larmes : Colentroc
> comme débloqué
> qui avait fait surgir un couteau du trou fulgurant de haine qui en lui
>   s'était débondé,
> et hurlait : *man kaï tchoué-ï, man kaï tchoué-ï*[24] »...

La violence de la scène et du personnage est manifestée par le rythme syncopé, cassé par les alinéas, le choix de termes

---

22. *La Case du commandeur*, p. 18.
23. On se souvient peut-être que l'homme de la Croix-Mission voit par « saccades » : « Odono est un cri de malfini tragique dans ta tête. La lampée de sons où un zombi a bu ton âme. Or cet homme à la croisée s'entête. Il voit par saccades ; ça fourmille dans sa gorge », *La Case du commandeur*, p. 18.
24. *Malemort*, p. 29. L'expression « man kaï tchoué-i, man kaï tchoué-i » est traduite par l'auteur : « je vais le tuer ». Cf. *Glossaire*, p. 232.

expressifs, («catastrophe», «rage», «démence de sang», «trou», «fulgurant», «haine»). Les sonorités font écho au nom du personnage, lui-même assez percussif et heurté, «Colentroc», auxquels semblent répondre «trou», «catastrophe», «débloqué», «couteau», «kaï», comme autant de phonèmes de l'accroc et du coup.

L'écriture devient, dès lors, écriture poétique qui semble même admettre une disposition versifiée, dont le rythme serait celui de versets. Le texte, vision folle d'un déparlant de Croix-Mission, se fait poème. Est-ce à dire que le «déparler» est poésie ou que la poésie est le véritable horizon formel du «déparler», la manière la plus certaine de déjouer le «délire verbal»?

Mais ici, le langage du poète n'est pas un anti-délire verbal, il est un paroxysme de délire verbal, s'harmonisant avec le délire de ses personnages les plus fous. Le narrateur décrit bien le cochon, les personnages et jusqu'à l'écho, en termes de «délire» : «ce cochon [...] les avait taillés dans sa folie, eux (Dlan Médellus Silacier : éperdus, boueux [...] sans compter l'écho dilaté qui déhalait le délire et les cris».

Toutefois, on reconnaît, en même temps, dans la folle course du cochon, les termes qui, depuis *La Lézarde*, évoquent le langage poétique, inspiré : «à partir du premier roulement de vitesse, d'ivresse», «un grand vent de paroles semblait ouvrir un espace pour le feu qui allait suivre», «trou fulgurant». De telle sorte que le cochon volcanique est à lui seul l'accomplissement d'un «débouler de feu», d'un langage à la fois absolument désordonné et parfaitement flamboyant[25]. Mais c'est un langage sans sujet, un «grand vent de paroles» que nul homme ne profère, une sorte de réel du langage que nulle langue humaine ne canalise, ne symbolise.

Une telle scène pourrait se lire, en effet, comme la représentation d'hommes aux prises avec le langage – de la terre, de la situation, de leur violence – et qui ne parviennent pas à se l'approprier, à le domestiquer. Le langage, comme le cochon qui le symbolise, tourne en quelque sorte pour son propre compte, en

---

25. *Ibid.*, pp. 23-29.

dehors du champ humain. Les protagonistes courent après, désemparés, déshumanisés.

Par conséquent, la vision du déparlant, le délire d'un cochon et de ses poursuivants, et la vision poétique s'allient ici. La poésie devient un « déparler », un langage de fou, un langage désorbité. Il ne s'agit pas d'une poésie achevée, assumée comme forme, mais d'une irruption non formalisée d'un langage qui ressemble à la poésie. C'est pourquoi il demeure dans un entre-deux, dans une contradiction formelle et symbolique telle qu'on hésite à lui faire crédit de quelque vérité. Il faut toutefois se souvenir que, dans l'univers de la « malemort », les fous seuls disent, ou révèlent, la vérité, que le cochon de Colentroc met à jour une violence, une folie, qui symbolisent la situation réelle de l'aliénation. Puisque, disait Édouard Glissant, dans *Le Discours antillais*, « Ici, "les fous sont les premiers à répondre totalement à la situation[26]" ».

Dans un premier temps le langage poétique est un délire extrême, capable de défaire le « délire verbal », d'en casser les fausses évidences afin de faire voir et entendre la violence de la situation, la « malemort », et d'arracher les Martiniquais à leur zombification. C'est le sel qui réveille les zombies, dans la tradition haïtienne, « sel noir », sel de la poésie qui ressuscite la collectivité chez Édouard Glissant et Frankétienne. L'introduction transgressive d'une écriture poétique dans le texte romanesque est sans doute plus puissante encore que la publication de poèmes, fussent-ils porteurs des mêmes enjeux. En effet, le lecteur est déstabilisé par le passage d'une écriture plus ou moins réaliste, analytique, narrative, à une écriture d'associations, de visions, de cassures. La syntaxe se démantèle, tandis que la phrase, pantelante, laisse entendre quelque chose qui ne fait pas immédiatement sens.

On ne peut toutefois décider de la valeur à accorder à cette intrusion de la poésie dans le texte romanesque. Est-ce un déparler, le poète est-il aussi fou que Dlan Médellus Silacier et le cochon de Colentroc ? La poésie peut-elle être une réponse à la « malemort » ou son irruption soudaine dans la prose romanesque n'est-elle que le signe du « délire verbal » généralisé ? La poésie qui n'est pas encore tout à fait poème – puisqu'elle n'est pas formalisée,

---

26. *Le Discours antillais*, p. 378.

symbolisée comme tel – n'est-elle pas prise dans le délire verbal, occupant la même place ambiguë que le « délire verbal de théâtralisation » ? Il faut rappeler, en effet, que

> « le délire de théâtralisation est aussi et avant tout, et lui seul parmi les autres formes de délire coutumier, tentative de réappropriation, qu'il présente ce caractère d'être ressenti et admis par les autres comme signe manifeste d'une folie, mais d'une folie qu'on ne peut qu'accepter. [...] Le délirant de théâtralisation essaie dramatiquement de réapproprier par le verbe (de renouer avec une histoire qui accomplirait la virtualité non réalisable). C'est pourquoi la communauté le ressent comme fou (il l'oblige à se regarder vraiment), mais comme un fou spectaculaire et important (car elle a besoin de ce regard)[27] ».

L'irruption d'une langue poétique est sans doute l'un des modes du « délire de théâtralisation », comme tentative « de réapproprier par le verbe » une part d'histoire. Le poète est alors un fou utile, reconnu par la société comme « spectaculaire et important », car il lui tend une image d'elle-même. Il est celui qui, à l'instar du comédien, fait partie de la collectivité, et partage donc sa folie, mais s'en sépare pour monter sur la scène d'où il exhibe cette folie, sous ses différents masques. Il n'est pas encore celui qui a inventé un « langage neuf », mais, tel Hamlet, il fait dérailler le langage reconnu, familier, qu'il emprunte dans ses tirades, pour en faire entendre l'incongruité. Le rapprochement entre la prose et la poésie fait ainsi grincer le langage, le rend inquiétant, amène à s'interroger sur ce qui pourrait garantir un peu de sens.

En revanche, lorsque le texte devient véritable poème, le narrateur-poète semble bien près de conquérir son véritable langage, un « déparler » qui n'est plus délirant, mais se réapproprie la terre.

---

27. *Ibid.*

Un langage poétique

Il est certain que *Malemort*, par son écriture, se situe souvent au croisement de la prose romanesque et du poème. Le premier chapitre pourrait être lu comme un poème en prose, et si le roman se constitue parfois, plus largement, en des anecdotes, nouvelles, récits historiques ou discours, des chapitres comme *(1974)* approchent sans doute un véritable langage poétique. Encore faut-il savoir quelle valeur et quel sens accorder à cette poésie.

Si le lecteur se contente de lire *Malemort* comme roman poétique, roman-poème, en tant qu'objet esthétique qui poursuit une recherche formelle, il nous semble que quelque chose est manqué dans la signification. La poésie, en effet, donne un statut particulier à la parole proférée, le poème, dans le contexte romanesque prend une valeur, sinon une signification, particulière. Il ne s'agit donc pas d'évaluer un projet esthétique, mais de mesurer les enjeux de la parole poétique dans le champ romanesque et politique.

Il se peut que la poésie de *Malemort*, son aspect surréaliste, le fassent tout entier taxer d'ésotérisme, de roman poétique illisible. La poésie rejoindrait le délire et le poète serait perçu comme un Bozambo, déclamant à la Croix-Mission. Cette perspective n'est nullement récusée par le narrateur qui, bien au contraire, l'assume. La poésie n'est pas loin du délire verbal, nous l'avons constaté, lorsqu'il s'agit du « pas corbeau » ou de la course d'un cochon, voire de la folle dérive de Silacier à bord de la Citroën du commandant. Mais un autre seuil n'est-il pas franchi, lorsque la poésie, le poème, font irruption dans le roman, non plus comme ésotérisme, bribes énigmatiques d'un discours déréglé, mais comme écriture formellement différente ?

Ainsi, certains passages du chapitre *(1974)*, ont été entièrement repris dans le recueil *Boises* qui fut publié d'abord, dans *Acoma*, en 1979. On retrouvera dans *Boises* le personnage de Dlan, devenu titre d'un poème :

« Dlan

Tu cries tu erres ton poids ton flanc te nouent à ce que tu défends de terre tu dérives tu ruses : depuis combien d'antans de volées d'ans la laces-tu en la clameur où gît ta couche ; et c'est la bête au vif des souches dès le pas des temps couchée qui crie (Dlan Dlan Dlan redescends) ».

Le poème *Salines*, quant à lui, reprend exactement le début du paragraphe intitulé *Salines*, dans *Malemort*. On peut comparer les deux textes :

« Salines

Quand tu cherches qu'ouvrager ou peut-être terrer, promène-toi caillou après caillou dans le sud extrême. Tu verras l'écume triste dévirer au rocher de la Table du Diable », *Boises*.

« Salines

Quand tu cherches qu'ouvrager ou peut-être créer, va te promener caillou par caillou dans le sud extrême, tu verras l'écume triste effleurer le rocher de la Table du Diable », *Malemort*.

Les variantes mettent en résonance les deux textes qui semblent se commenter l'un l'autre : « terrer » c'est « créer », suggère la paronomase d'un poème à l'autre, et il n'est pas certain que le déclaré poème soit plus poétique, au demeurant, que l'autre. L'expression « caillou par caillou », qui est de *Malemort*, est plus suggestive que celle de *Boises* : « caillou après caillou ». Au-delà de la promenade qui fait que l'on dépasse un caillou après l'autre, la préposition « par » indique un décompte, un arrêt où chaque caillou fait passage unique, grain de chapelet d'une nature à épeler. Dira-t-on du texte de *Boises* qu'il est un poème et que celui de *Malemort* est un paragraphe de prose ？

Peut-être la reprise de *Mangles*, dans *Boises*, est-elle plus éclairante. En effet, si l'on compare les deux versions, il ne fait pas de doute que la version de *Boises* s'exhibe davantage comme forme poétique.

> « *Mangles*, le destin des mangles est de fournir aux crabes.
> Mais par force "la zone industrielle" ne put être installée que dans
> ces fleuris d'eau trompés de gravats blancs. Cartons et plâtras sur
> le squelette de la Lézarde. »

On pourrait déjà analyser ce paragraphe de *Malemort* comme un poème. L'expression « fleuris d'eau trompés de gravats blancs », par exemple, est énigmatique et métaphorique, tandis que la fin, en une phrase nominale, a recours à la métaphore et aux assonances, allongeant son rythme pour terminer sur une séquence de 8 syllabes.

Le poème de *Boises* est plus nettement versifié, le titre est centré, isolé sur la page :

> « Mangles
> Vanité de mangles est de fournir aux crabes
> Les haillons des morts y feuillent des abris
> Plâtres et gravats y produisent ce qui s'enfuit
> Tout à côté par la piste où vrombir ».

Les métaphores sont plus nombreuses. La signification est plus énigmatique, car le texte est moins référentiel : on ne reconnaît plus la « zone industrielle », même si l'on devine l'aéroport du Lamentin, derrière « la piste où vrombir ». La présence de la mort, est plus métaphoriquement suggérée par « haillons des morts », que par « squelette de la Lézarde », image sans doute plus commune.

En revanche, le poème de *Boises* est beaucoup plus musical, d'une musique presque rassurante, comme si le poème était une berceuse, un chant mélancolique permettant de « fuir » la réalité. Le rythme est plus régulier, les effets de rimes ou d'assonances sont nettement accentués.

On ne peut nier, par conséquent, que le poème systématise un langage qui se présente sous une forme embryonnaire dans le roman. Il est en outre significatif que ce passage, repris par l'auteur dans *Boises*, presque mot pour mot, soit intitulé « Mesures », et constitue une sorte d'arpentage (pour paraphraser le titre) de la terre. Les « mesures » dont il est question ne sont nullement figurées par des chiffres, mais par des descriptions précises du pays, à la fois dans sa beauté naturelle et dans son histoire. Ce sont des repères dans lesquels s'inscrit la trace du passé et la marque d'un sombre avenir qui transforme tout paysage en « zone industrielle » ou « stérile ». Le poème est alors ce qui résiste au « délire verbal » et d'autre part constitue une véritable médiation entre un sujet et la terre.

Pourtant, les textes de *Malemort* ne sont pas tout à fait des poèmes, et l'on pourrait se demander ce qui différencie le poème formalisé, institué comme tel dans un recueil, en l'occurrence, *Boises*, et le poème inachevé, non symbolisé dans sa forme, qui passe, en quelque sorte, clandestinement, dans les interstices du roman. On pourrait faire l'hypothèse que si l'horizon du « déparler » est la poésie, le recueil en serait l'aboutissement et le texte intermédiaire, dans *Malemort*, marquerait un effort vers la conquête de ce nouveau langage.

On peut s'interroger sur cette relation entre prose et poésie, dans l'œuvre d'Édouard Glissant, car elle fait problème pour le lecteur. En effet, à partir du moment où la poésie fait irruption dans la *mimesis* romanesque, dans l'univers vraisemblable du récit romanesque, elle est sentie comme incongrue. Le rapprochement des deux formes de discours, à l'intérieur de l'ensemble romanesque, crée une instabilité du sens. Les discours étant déplacés de leur contexte logique, institutionnel, sont plus difficiles à recevoir et à déchiffrer, la lecture est sans cesse mise en demeure de s'accommoder, de substituer un pacte de lecture à un autre. Car il ne fait pas de doute que nous interprétons différemment les images ou les incongruités de sens selon que nous lisons un poème ou un roman. Comment entendre, par conséquent, l'irruption de poèmes dans le roman ? Est-ce la manifestation d'un autre langage qui se fraie une voie, est-ce une incongruité qui fait du discours un délire ?

C'est peut-être l'appel vers une autre vision, une autre « loi d'expression », plus pertinents que le discours convenu, ce « délire verbal » qui emprunte sa forme aux discours tenus à la télévision et à la tribune, pour évoquer « l'identité culturelle de ce pays ». Mais si le narrateur peut trouver son langage propre dans la poésie, de préférence au langage romanesque qui lui paraît fallacieux, impropre à dire la réalité de son pays, une collectivité tout entière, affectée dans son « discours », peut-elle devenir poète ? Quel sera, dès lors, son propre langage ?

On pourrait suggérer que la poétique d'Édouard Glissant ne cesse de relier le langage romanesque au langage poétique comme deux formes l'une et l'autre insuffisantes. En effet, le poème, qui fut premier dans l'œuvre de Glissant, est ressenti comme inapte à développer une « poétique de la durée », il laisse donc régulièrement place au roman comme recherche d'une telle durée. À l'inverse, le roman ne convient pas tout à fait à l'exploration d'un passé dépourvu de linéarité, incertain de ses événements et de ses repères. Il tend alors vers le poème, comme langage éclaté, qui aspire à échapper aux fausses chronologies et aux trompeuses fluidités. Dans un contexte spécifique où le passé n'a pas été symbolisé comme Histoire et où le « cri » n'est pas devenu « parole », une forme nouvelle est à inventer, qui soit à la fois au-delà du poème comme cri et en deçà du roman comme histoire : « Je bâtis à roche mon langage », déclare Édouard Glissant, dans *L'Intention poétique*, tandis que le narrateur de *La Case du commandeur* s'écrie : « nous sommes les casseurs de roche du temps ». Dans *L'Intention poétique*, l'auteur évoquait ainsi les allers-retours vers le poème et hors du poème :

> « Le poème est un moment de la voix, il ne se pose. C'est un pan du tout, qui ne se dévale pas tout seul. Je peux dépasser le poème, si ma voix est soutenue de l'énorme balan, si je consens aux densités de perfection que le poème imposait ; si le quittant, je tends à y revenir[28] ».

Une telle réflexion, en des termes assez elliptiques, et de plus tirée de son contexte philosophique, peut paraître pour le moins énigmatique. Ne pourrait-on l'interpréter, toutefois, comme l'indication d'un appel du poème vers un « dépassement » qui est explicité dans le paragraphe suivant, à propos de la « durée » et du « Nous » ? On pourrait suggérer que le poème ne peut à lui seul

---

28.   *L'Intention poétique*, pp. 216-221.

dire la voix du monde, de la « diversité », et que, par conséquent, une poétique de la durée ne peut guère se déployer que dans la prose romanesque. Toutefois, il ne s'agit de « quitter le poème » que pour y « revenir », car dans le roman, ce qui sourd, c'est un langage nouveau, derechef poème, qui illumine. Si « la poésie recommence aux domaines de l'épique », selon un vœu du poète à dire, non plus seulement « son être », mais « la connaissance du monde dans son épaisseur et son erre », le roman, quant à lui, se tourne vers le langage poétique afin de créer une parole inédite, une histoire inouïe.

Prose et poésie ont, en fait, un langage commun, elles manifestent la même recherche d'un « chant », d'une « parole », expression nouvelle d'un peuple encore démuni de son véritable langage. La poésie n'est peut-être, dans ce contexte, que l'irruption surprenante d'une parole neuve. Dlan Médellus Silacier ont une langue à la fois ésotérique et délirante qui n'est pas sans suggérer la parole poétique. Leur langage ne peut être pris, cependant, pour une expression véritablement épanouie, leur permettant d'accéder à leur être propre. Toutefois, engoncée dans une part de délire verbal, leur parole ensemence un terrain sur lequel lèvera une parole neuve.

De la même façon, le poème doit peut-être s'écarter de ce qui, en lui, serait trop « flamboyant », trop « fulgurant », rappelant quelque « grand vent de paroles ». En ce sens, les poèmes de *Boises*, repris de *Malemort*, forgent une esthétique bien différente du « débouler de feu » de la parole délirante. On songe aux « densités de perfection que le poème imposait », selon l'auteur de *L'Intention poétique*. La poésie, elle-même, se symbolise dans le poème comme forme, elle trouve sa « loi d'expression », elle n'est pas course folle du cochon de Colentroc. C'est alors qu'elle peut devenir parole, « mesures », repères qui permettent de se réapproprier un « pays réel ». Dans *Malemort*, toutefois, le poème n'est pas parvenu à son point ultime de formalisation. Le langage reste suspendu entre une innovation libératrice et le « délire de théâtralisation ».

Un délire verbal novateur

Le personnage de Silacier est tout à fait représentatif d'une situation contradictoire entre « délire verbal » et langage novateur, « déparler » poétique. La vision du personnage est souvent vision poétique, attachée à la « mesure » de la terre. Ainsi,

> « Silacier comprenait l'espace, dit le narrateur. Non seulement le tourment de verts qui peu à peu s'éclaircit, les ondulés de banane qui rasent l'œil, les versants défoncés par les grosses machines mais encore au loin toutes les possibilités qui s'ouvrent sur la mer. Il ne cherchait pas un endroit, il s'étendait sans s'arrêter[29] ».

Mais Silacier est en même temps « noyé » dans le délire, lorsqu'il emprunte une Citroën avec laquelle il fonce comme le cochon de Colentroc, accomplissant un exploit aussi dangereux qu'inutile. Il est victime du « délire verbal » lorsqu'il « vote pour Monsieur Lesprit, [parce que] sa langue a un moteur dix chevaux ». Pourtant, il sait très bien que Monsieur Lesprit truque les élections, qu'il fait partie d'un petit groupe qui fut à l'initiative de la mort de Nainfol, « dans un corridor abattu de deux balles en pleine poitrine ». Mais il

> « cahote doucement sur la vague des mots, endormi tout éveillé par cette habitude chaque soir de s'accroupir sur la troisième marche de l'escalier du Cercle, comme si le temps ne sautait jamais d'un punch à l'autre, d'un coup de dominos à l'autre : il ne voyait pas le temps passer, ouaté qu'il était dans cette tapisserie de mots[30] ».

Silacier est partagé entre le discours de Monsieur Lesprit, qui chante ses exploits électoraux en une véritable anthologie du délire verbal, et quelque chose qu'il entrevoit vaguement, sous le « hamac de mots » :

---

29.   *Malemort*, p. 221.
30.   *Ibid.*, p. 94.

« Silacier bougeait, sur fond d'algues et de glauques reflets de
chaînes, sur fond d'engloutis ferrés deux à deux, sur fond de
suppliciés cloués au carcan par les oreilles, la bouche bâillonnée
de piment. Il remuait une boue vague, un cri informulé, un geste
suspendu [...]. Mais contre qui, contre qui lever la masse de cet
abîme[31] ? »

De façon métaphorique, le texte met en relation Silacier,
« bercé », en quelque sorte enfoui sous un flux de mots, « un
feuillage de mots » qui masque la trace du temps d'avant, et cette
trace elle-même qu'il entrevoit inconsciemment. Il est lui-même,
« bouche bâillonnée », « englouti » sous le discours, enchaîné,
esclave « cloué au carcan [de mots] par les oreilles ». Sa situation
est parfaitement comparable à celle des suppliciés jetés par-dessus
bord, avec leurs boulets, en mer. Le discours fait une « houle », sur
laquelle Silacier « vogu[e] ». Mais c'est à son insu qu'il revit
semblable torture, possédé par une rage dont il méconnaît l'objet, il
sera l'une des victimes de la « violence sans cause ».

S'il a deviné, en effet, que le secrétaire de mairie est responsable de la mort de Nainfol, il rejette sa colère sur un autre
personnage, le docteur Chanette :

« La haine en lui se détournait sans qu'il le sût de monsieur
Lesprit qui en était le véritable objet pour se concentrer sur le
docteur [...] À travers le feuillage des mots enchanteurs monsieur
Lesprit s'échappait, sauf. Le docteur restait là muet, dans l'entre-
deux-eaux. Silacier rêvait de saquer les bras du docteur à ras
d'épaule d'un seul moulinet bras gauche bras droit han[32] ! »

Plus tard, à la fin du récit, Silacier se jettera sur Néga, le
chauffeur de Monsieur Lesprit qu'il blessera, dans un combat où
s'affrontent « deux démences ». Se demandant bien pourquoi
Silacier l'a ainsi provoqué, Néga interroge : « C'est parce que je
suis coolie », supposant un acte de racisme de la part de Silacier, à
l'égard de la communauté d'origine indienne.

31. *Ibid.*, p. 82.
32. *Ibid.*, p. 82.

« Non non non non dit Silacier. [...]
— Néga dit, mais c'est bien parce que je suis coolie.
— Non, dit Silacier, mais tu conduis l'auto de monsieur Lesprit.
— C'est par conséquent monsieur Lesprit, dit Néga.
— Non, dit Silacier, pas tout à faitement : c'est monsieur Lesprit
et c'est l'auto de monsieur Lesprit[33]. »

Par conséquent, Silacier est un véritable symbole du délire
verbal aboutissant à la « violence sans cause » : il exprime le
malaise antillais. Cependant, il a perçu le bruit des chaînes au fond
de la mer, comme il a deviné que, derrière son délire verbal
particulier, Monsieur Lesprit cachait un crime véritable. Toutefois,
il ne peut ni trouver une parole vraie, ou résister à l'emprise du
discours de monsieur Lesprit, ni agir d'une manière pertinente,
dans un acte sensé. Sa violence se laisse dériver de Monsieur
Lesprit au docteur qui joue avec celui-ci aux dominos, vers la
voiture de Monsieur Lesprit et le chauffeur de la voiture. Elle
glisse par métonymies, manquant son véritable objet, de même que
la parole échoue à dire les véritables causes.

Silacier, cependant, a des visions qui le font approcher de la
trace, et lorsqu'il s'écrie, tout à fait hors contexte : « le maogi a dit
que les chassepots c'était en soixante-dix ; les mousquetons c'est
en trente-neuf », Tigamba qui l'a arrêté et enfermé dans un
« placard », ne comprend pas. Pourtant, Silacier répond ainsi à une
question posée, au centre du roman, dans le chapitre « (1788-
1974) » où tombent les marrons et les grévistes, les révoltés de
toutes les époques, et dans lequel le narrateur avait hésité :

> « ils virent avant de tomber un groupe de femmes immobiles
> demi-nues statues de roche dans l'affolement et les cris, une
> d'elles portait dans ses bras un enfant qui paraissait dormir,
> comme s'il en avait trop vu [...] mais peut-être l'œil en oblique sur
> les canons des chassepots si c'étaient des chassepots[34] »...

---

33.   *Malemort*, p. 222.
34.   *Ibid.*, pp. 120 et 123.

Et plus loin :

> « Monsieur le Gouverneur entend ne plus tolérer ces désordres publics il faut que l'ordre règne allons finissons-en ils virent l'œil des mousquetons si c'étaient des mousquetons à pas même trois mètres de leurs têtes et ils s'étoilèrent en éclats ».

De même Silacier devinera-t-il quelque chose des mots véritables qu'il faudrait dire : « Je vais apprendre deux mots, dit-il. La foule des mots défila devant lui. Il voyait les mots en terre, les mots de roc, les mots papier ».

Par là, Silacier s'approche au plus près du langage recherché par le poète, ce langage dans lequel le mot et la terre se confondent. L'échec de Silacier n'en est que plus tragique. Il voit apparaître, non la terre, mais « Lanmisè. Un seul grand mot. Lanmisè se transforma. Lanmisé devint lanmin longé. Silacier entassait les mots ».

Ce que voit Silacier, c'est la misère, la main tendue comme perte de dignité, alors même que Silacier n'a eu de cesse, durant tout le récit, de trouver un travail, de brandir son coutelas pour une tâche virile et utile. La misère, la main tendue, défont tout langage :

> « Il n'y eut plus qu'un trou devant lui. Un trou blanc où tout se perdait. Il vit les jours passés tomber dans le trou. Ils disparurent ».

Dans sa prison, Silacier demeure enfermé, divisé, une partie de lui-même continuant d'errer sur la place, l'autre allongée dans son placard. Il ne peut plus atteindre son coutelas, symbole de l'outil et de la dignité virile, et passe sa main à travers les trous de la porte : « Sa main était bloquée à peu près à moitié des doigts. Et ainsi barré par la porte, à travers cette sorte de gant que lui faisaient les trous, il effilait doucement le coupant de son coutelas ».

Ce sont les derniers mots du livre *Malemort*, peignant dans une scène symbolique l'homme allongé, séparé de lui-même, et de son langage. Les « trous » de la porte rappellent les « trous » dans lesquels tombent les mots, béances voisines que creusent la misère, la mendicité. La « main bloquée » est métaphorique de la situation « bloquée » de la Martinique, derrière une porte, séparée de son langage et de sa terre.

Par conséquent, *Malemort* ne représente pas le langage neuf, objet de la quête dès les premières pages. Il en laisse deviner les prémisses, les formes utopiques et l'échec, dans un « trou blanc ». Ni Dlan, ni Silacier, ni Médellus ne réussissent à réaliser leur projet ou à véritablement inventer leur langage. Le grandiose « capitulaire de la terre et du travail », imaginé par Médellus et tout droit inspiré des idées fantastiques d'Évariste Suffrin, inventeur du Dogme de Cham, est l'occasion d'un véritable « Traité de Déparler », entre poésie, délire verbal et intuitions sublimes. Mais « les gens dis[ent] : Médellus est tombé fou ». Pourtant, assure le narrateur, « il comprenait l'invisible dans sa netteté, il voyait l'avenir inconnu rouler dans la pente entre les villas du lotissement ».

Le tracteur de la « Somivag » va déraciner son rêve et, par la même occasion, « les trois grands ébéniers » si précieux, près desquels Anne Béluse avait enterré son coutelas, dans *Le Quatrième siècle*, et qui entouraient donc, comme une enceinte sacrée, « la trace du temps d'avant ».

Il apparaît, par conséquent, que le langage à venir, que nous avons appelé un « Déparler », à la suite de Marie Celat, est un langage contourné, violent, « sans césure », un langage qui tire sa force de la terre elle-même qu'il nomme et retourne comme un soc. Il ne peut avoir la simplicité des fausses évidences, il innove et casse, contourne, retourne, fait cyclone et spirale. Il a plus d'un point commun, par là même, avec le « délire verbal », mais il choisit, parmi les formes du « délire verbal », les plus violentes et les plus novatrices. Il se tient du côté de Médellus, et s'il ne renie pas le baroque des Professeurs, il cherche son baroque ailleurs que dans l'archaïsme ou le maniérisme, explorant l'oral créole, les métaphores qui le rattachent aux éléments, terre, feu, eau, vents, plutôt qu'à des meubles de salon.

En effet, dans l'indétermination relative que provoque la généralisation des délires verbaux, il faut toutefois remarquer qu'Édouard Glissant a soin de distinguer les « formes élitaires » du

« délire verbal », dans lesquelles il estime que les formules sont figées, stéréotypées, banalisées, dans un « discours-standard » et les « formes populaires » qui sont créatrices, « dynamiques », basées sur l'accumulation, la prolifération, les formules symboliques, obscures mais intéressantes. *Le Discours antillais* évoque ainsi, à propos du « délire de communication » :

> « un pouvoir innovateur dans le langage [...] Le langage n'est pas figé en formules, mais procède d'une invention dont il serait d'ailleurs possible d'étudier les mécanismes. On retrouve la consécution d'exposé, l'accumulation, la définition imagée[35] »...

C'est pourquoi le style, sans être dénué d'ambiguïté, peut toutefois être l'indice d'un effort pour créer une alternative (poétique) au « délire verbal ». Ainsi, dans *Le Discours antillais*, Édouard Glissant commente la destruction de la maison étrange d'Évariste Suffrin, dans des termes qui ne sont pas sans rappeler le tragique épilogue dans lequel les tracteurs s'emparent *manu militari* du domaine où Médellus avait rêvé d'installer un « capitulaire de la terre et du travail » :

> « Aujourd'hui ces fantômes de planches, et le tuyau d'eau qui figurait les fonts du baptême, et la case qui était l'ONU des Nations, ont été balayées par les bulldozers. Sur ce versant de la route maintenant goudronnée il a bien fallu construire une cité, mais si tragiquement banale, au regard du rêve de M. Suffrin [...]. Ce saut qui nous déporte de la survie misérable et si magnifiquement imaginative au confort médiocre et à tout coup mortel, le voici donc fixé à ce coin de route, dans ce qui parait là aujourd'hui, et dans ce qui hante invisible notre mémoire[36] ».

Tel personnage, un Médellus, un Silacier, outre ses positions morales et/ou politiques, peut paraître se démener dans le langage, afin d'échapper aux pièges de la parodie, de la répétition ou de la fausse évidence. Monsieur Lesprit, citant *Le Cid* et s'armant de

---

35. *Le Discours antillais*, p. 374.
36. *Ibid.*, p. 388.

subjonctifs passés apparaît nettement, quant à lui, comme un perroquet savant, maniant un discours élitaire, idéologique et pervers. À l'inverse, Hermancia, dans *La Case du commandeur*, brandit un langage d'une forme inédite dont la violence ne peut que saisir le lecteur, même si le sens et la valeur sont là encore en suspens.

L'oralité créole et le « déparler »

La diatribe d'Hermancia, dans *La Case du commandeur*, peut être interprétée comme une autre alternative au « délire verbal coutumier », non plus dans une forme poétique, presque versifiée, telle le discours du narrateur de *Malemort*, mais dans une forme orale qui rappelle la parole du conteur. Toutefois, cet oral fortement empreint de créole n'est pas exempt de « délire verbal ». Dans le labyrinthe du langage exploré par l'auteur, les impasses sont nombreuses et l'on ne sait pas, avant de les avoir empruntées, quel est leur véritable signification. Ici, deux discours de femmes se rencontrent, s'opposent fortement, celui de la femme des plantations, Hermancia, et celui de la marronne, Liberté Longoué. Ils incarnent tous les deux des formes de résistance et tous les deux ont leurs séductions, l'un baroque, l'autre plus solennel et profond. L'entrelacs de ces deux discours, dans le même chapitre invite à les comparer, mais il n'est pas du tout certain que l'un discrédite l'autre. En particulier, le discours d'Hermancia, malgré ses affinités avec le « délire verbal », n'est pas dénué de force ; sa violence, son humour, son inventivité, en font le fleuron d'un discours populaire subversif, même s'il semble faire triompher de fausses valeurs.

Au moment où Liberté Longoué apparaît « comme un point c'est tout dans les histoires d'Anatolie », mettant fin à la fois aux récits innombrables et lacunaires qu'il racontait aux femmes de la plantation, et à ses innombrables conquêtes, Hermancia, amoureuse d'Anatolie « explos[e] ». Elle se révolte contre cette rivale qui prétend substituer au désordre vivant des aventures et des histoires multipliées une seule histoire, une seule origine, dans lesquels on reconnaît l'histoire de la traite et de la traversée :

> « elle lui confia ce qu'elle avait appris : la rivalité d'amour et le combat des deux frères, ou de ceux-là qui se considéraient tels ; le chemin du village indiqué par le traître ; la capture, la grande pirogue qui était devenue monstre [...] l'arrivée par ici et la fondation des ennemis[37] »...

On pourrait suggérer que la lutte entre Hermancia et Liberté représente une lutte entre deux langages, entre deux poétiques. Liberté Longoué connaît l'origine, elle « révèle » l'histoire, elle conduit Anatolie « dans un de ces vieux cachots à demi enterrrés qui avaient servi à mater les récalcitrants ». Dans ce « trou du passé », elle lui transmet un savoir qui vient des premiers marrons, de Melchior Longoué, un savoir qu'Anatolie n'apprécie pas, car il « préfère son manège auprès des femmes ». Il aspire à l'oubli, car l'histoire racontée par Liberté est pleine d'ombre, de trahison et de souffrance.

Hermancia, à l'inverse, est femme de la plantation. Si elle est la première à porter un enfant, on ne sait pas s'il est le fils d'Anatolie ou celui du colon dont elle est également la préférée. Elle est la première qui ait raconté au colon les bribes de récit que lui livrait Anatolie. Elle représente une forme de résistance, bien différente de celle de Liberté Longoué, la marronne, mais tout de même efficace, puisqu'elle aboutira à la désorganisation totale de l'habitation, à la folie de la « colonne », à une forme de confusion carnavalesque. En effet, elle a d'abord décidé de revenir aux champs, alors que « elle eût pu être installée à brosser ou à servir dans la Grande Maison ». « Elle dévirait ainsi son chemin pour tenter d'échapper aux énervements du colon[38] ».

Toutefois, celui-ci réussit à la retrouver dans les rangs de femmes en lignes. Elle décide alors, bientôt imitée par les autres

---

37. *La Case du commandeur*, p. 125.
38. *Ibid.*, p. 111.

femmes de la plantation, de raconter sa part de conte au colon qui se trouve « intoxiqué de ce hachis de nouvelles[39] ».

De la sorte, les histoires, dont elle est la dépositaire, circulent, prolifèrent. Anatolie en livre des extraits à chacune de ses conquêtes, qui, à l'exemple d'Hermancia, les raconte au colon qui les redit à sa femme. Par conséquent, histoires et femmes lient le colon et Anatolie, dans le monde baroque et loufoque de la plantation. La « colonne », elle-même, devient folle à force d'essayer de coller les bouts de récits en une tapisserie qui a remplacé, sur son pupitre, les recherches historiques et généalogiques qui l'occupaient jusqu'alors : « ainsi ces histoires cassées, commente le narrateur, avaient-elles chassé de son pupitre, l'Histoire[40] ».

On peut, par conséquent, interpréter cette anecdote burlesque en termes de résistance, les histoires d'Anatolie remplaçant l'histoire des colons, l'esthétique du « divers » déjouant les ambitions d'unité de la colonne. Si l'on observe les fragments incohérents raboutés par la colonne, on s'aperçoit qu'ils évoquent, de façon lacunaire et énigmatique, des morceaux d'une histoire de l'esclavage et de la traite : « elle avait coutume de chanter au plein du soleil, sans manquer un jour. Les deux frères s'approchaient, à tant que leurs ombres devinssent un seul corps ».

Si la colonne s'écrie : « Tout ceci n'a aucun sens [...] nos Nègres ne parlent pas de la sorte, vous me contez là sornettes », le lecteur, quant à lui, reconnaît l'histoire des deux frères qui étaient amoureux de la même femme, racontée par Ozonzo au début du roman, dans le conte du poisson-chambre, et rappelée par Liberté, un peu plus tard.

Enfin, lorsque la femme du colon se met à collecter tous les fragments déposés par le colon qui les tient de ses esclaves, le narrateur relève : « ce qui fait que la maîtresse de l'endroit tenait le compte des amours d'Anatolie, reflets anticipés des débordements du maître[41] ».

L'ironie, le renversement carnavalesque, font de cette situation un dispositif transgressif qui connaît son paroxysme lorsque

---

39. *La Case du commandeur*, p. 112.
40. *Ibid.*, p. 115.
41. *Ibid.*

Hermancia a un enfant dont on ne sait s'il est l'enfant du maître, qui s'en réjouit, ou d'Anatolie, ce qui semble plus probable, puisque chacun, sur la plantation « hasardait de demander pourquoi le produit de [l]a semence [supposée du maître] était si peu mulâtré[42] ».

Le maître est donc ridiculisé par Anatolie « l'historieur », il perd la face devant « les vantardises tranquilles d'Anatolie », tandis que la colonne devient folle : « La fièvre de coller bout à bout ses bandes de gros papier » l'emporte si loin qu'elle s'éloigne même de la religion, avant de mourir « sur un tas de vieux papiers de toutes les couleurs qu'elle s'était effrénée à découper au moyen de délicieux et minuscules ciseaux[43] ».

Ainsi, grâce à la provocation d'Hermancia, les colons trouveront la mort et la déréliction, dans la dérision et le « désordre » de la plantation. On peut être embarrassé par l'entrelacs, dans le même chapitre, de deux formes différentes de résistance, celle de l'héritière des marrons, Liberté Longoué qui révèle le sens des histoires et y met fin, conférant dignité et symbole à Anatolie et à son fils légitime, et celle d'Hermancia qui, à l'inverse, entre dans le jeu des histoires, de leur circulation, d'un désordre baroque qui déstabilise les colons.

On pourrait, en opposition au discours de Liberté, assimiler les histoires d'Anatolie, le manège d'Hermancia sur la plantation, à un « délire verbal » généralisé. Là où Liberté semble apporter un ordre et un sens, Hermancia, somme toute, fait basculer toute la plantation dans la déréliction. Pourtant, il ne fait pas de doute que les aventures d'Hermancia et d'Anatolie sont l'expression d'une jouissance libertaire, tandis que leur récit est associé à la jubilation du dire. À l'inverse, le récit de Liberté est « un point c'est tout », une coupure nette et frustrante qui, de plus, conduit à assumer une histoire sombre. En fait, c'est Hermancia qui vaincra, après l'Abolition, en 1848. On ne sait s'il faut se réjouir d'une victoire de la vitalité et de l'esprit créole ou déplorer le triomphe du « délire verbal ». Il est certain que le symbole apporté par Liberté Longoué représente, à l'inverse, un effort vers un ascétisme du langage et

---

42. *Ibid.*, p. 118.
43. *Ibid.*, pp. 115 et 129.

des coutumes, qui semble bien contraire à la belle liberté d'Hermancia l'anarchiste.

Lorsque Hermancia « explose », elle manifestc, en effet, une violence verbale et physique, une créativité langagière extraordinaires, dans lesquelles on reconnaît aisément les marques de la créolité[44] :

> « Hermancia cria d'un matin à la nuit sans arrêter (un dimanche bien sûr, les géreurs se saoulaient aux maisons des mulâtresses du bourg [...] enflammant l'alentour de son aboi de rage ».

Si l'on observe immédiatement que ce discours est « flamme », à l'instar de tous les discours inspirés, depuis Papa Longoué, depuis *La Lézarde*, on remarque également l'élan sans rupture qui manifeste la parole du conteur, parole « haletante » et « sans césure ». De fait, la diatribe d'Hermancia s'étale sur une demi-page, atteignant son sommet dans une cascade de propositions complétives séparées par des points et cependant liées thématiquement :

> « Provoquant Liberté en combat mort pour mort. Qu'elle avait collé Anatolie avec la bave de Satan. Que Ceci était le garanti détenteur de la Parole. Que toutes les sangsues du marécage dansaient en collier autour du cou de Liberté. Que qu'est-ce que c'était que cette avortée qui n'avait pas l'âge d'écarter les jambes à l'équerre et qui prétendait se faire monter par un étalon. Que sa mère avait coqué avec combien de mulets à trois pattes pendant que son prétendu père balançait là suspendu par ce qui aurait dû lui servir à autre chose. Que la patate de sa mère sentait tellement fort que le rejeton avait bouché son nez pour passer à la naissance. Que c'était pourquoi le nez de Liberté tombait sur les bords comme la

---

44. Le terme de « créolité » est rare chez Édouard Glissant, il l'emploie avec bien des réserves. Toutefois, la créolité n'est pas absente, comme marque d'un discours oral créole et d'un ensemble de référents socioculturels typiquement antillais.

dépente du Morne Larcher dans la passe du Diamant. Et ainsi de suite[45] ».

Cette parole relève, en fait, de la tradition antillaise du *laghia*, « combat mort pour mort », défi qui est d'abord lutte de mots, avant d'être affrontement à l'arme blanche. Le débit est précipité, la structure mêle les marques de l'écrit – la ponctuation indiquant des pauses – et l'oral qui transgresse les règles de la ponctuation. Les subordonnées se succèdent, en fait, sans principale. Sans tenir compte des points qui, d'habitude, définissent la phrase, celle-ci se continue logiquement, les points étant assimilables à de simples soupirs, des jalons par lesquels la phrase est relancée. La diatribe, compacte, sans paragraphes, sans tirets, semble une crue de mots qui dévalent à grande vitesse.

L'oral créole est également représenté, dans ce discours, par les mots « coquer », qui signifie « baiser » et « patate », qui désigne le sexe féminin, tandis que les référents socioculturels, « sangsues du marécage », « Morne Larcher » et « passe du Diamant », accentuent le caractère antillais de ce passage. Les allusions aux « mulets à trois pattes », à la « bave de Satan », rappellent les pratiques du « quimbois » et les croyances locales. Les images fortement sexualisées, dans un langage très concret, amplifient, par ailleurs, l'impression d'oralité créole : « écarter les jambes à l'équerre », « suspendu par ce qui aurait dû lui servir à autre chose », de même que l'évocation des sensations telles : « sentait tellement fort ». Le vocabulaire assez familier et l'accumulation des subordonnants, en particulier dans la proposition « que qu'est-ce que c'était que cette avortée qui n'avait même pas l'âge »... sont indéniablement du domaine de l'oralité (ou d'un écrit mimétique de l'oralité). On pourrait voir, enfin, la marque du conteur dans l'amusante étiologie du nez de Liberté, « tomb[ant] sur les bords comme la dépente du Morne Larcher dans la passe du Diamant ». Hermancia donne à ce nez des dimensions à la fois mythiques et bouffonnes puisqu'il n'aurait d'autre cause qu'une puanteur du

---

45.   *La Case du commandeur*, p. 122.

sexe telle que Liberté aurait « bouché son nez pour passer à la naissance[46] ».

Le narrateur n'est pas à distance du discours d'Hermancia qu'il ne distingue ni par des guillemets ni par des tirets, mais qu'il fond, au contraire à son propre discours. Il l'encadre, au reste, par deux passages qui relèvent du même style, décrivant d'abord la plantation dans un langage familier, puis Hermancia, avec des images si expressives et si hyperboliques qu'elles ne peuvent relever que du style du conteur.

Hermancia

> « se roula, dit-il, dans la poussière comme un taureau effréné, se frappa pendant des heures, arracha sa gaule de nuit, et même la touffe de crin qui lui servait à éponger ses affaires de femme, les piétina pendant deux ou trois autres heures, le sang lui coulant sur les cuisses et les jambes ».

Finalement, « [d]ans l'après-midi la sueur, la terre et le sang des menstrues lui avaient fait un épais vêtement durci. Elle fumait dans la chaleur ».

Ce contexte de « menstrues », dans un texte qui est, par ailleurs si pudique, manifeste un débordement du langage et de la vision qui emporte le narrateur. Sa langue rivalise, dès lors, dans ses images et son rythme, avec celle du personnage. Il emploie, ainsi, à l'instar du personnage, des mots et référents créoles ; par exemple, le terme « gaule », qui désigne une robe blanche. La transe de l'une est jubilation pour l'autre. Et le narrateur se prête sans réserves à ce déferlement qui rappelle, décidément, les « flam-

---

46.   En contrepoint à ce texte, Édouard Glissant écrit, en note, dans *Le Discours antillais* : « Le champ de l'injure quotidienne recouvre l'agression de la mère de l'injurié, par référence à ses organes sexuels. (...) L'injure est peu diversifiée, hors de ce cadre. (...) Ainsi concentré sur la fonction sexuelle (...) et sur le reniement racial de soi, le langage injurieux révèle, mieux que tout autre, la marge étroite du rapport libéré au réel qui est l'apanage du Martiniquais ». « Note sur le langage spécifique des injures en Martinique », *Discours antillais*, p. 355. On pourrait estimer que la tirade d'Hermancia est à la fois l'illustration et le démenti d'une telle note, car dans son « cadre » sexuel, elle déploie une inventivité et une forme de liberté assez remarquables.

boyances » d'un Thaël ou d'un Pythagore : « sans cesser une seule fois d'incendier les arbres et le ciel (et tout ce qui bougeait ou autour se figeait dans la mare du soleil) de ses hurlements ».

Le discours d'Hermancia est véritablement emporté, fantastique et vibrant d'un imaginaire original. L'humour, comme dans les contes créoles, la crudité des images, n'en sont pas absents, se conjuguant, sans contradiction, avec l'amplification épique. Comment ne voir là que « délire verbal » ou hystérie féminine ? Si les valeurs exprimées par ce discours sont effectivement sujettes à suspicion, la richesse, la verve d'une telle diatribe, son caractère si fortement antillais, tant par le langage que par l'imaginaire, en font, tout de même, un morceau de bravoure stylistique, voire un modèle de poétique antillaise.

Certes, les superstitions évoquées par Hermancia, le maniement des insultes à teneur sexuelle, la jalousie qui la porte à défendre la parole de « Ceci », son propre fils, opposés à la parole de Liberté, la malédiction qu'elle prononce contre sa rivale, font contraste avec la parole et les agissements très calmes de Liberté Longoué. En effet, de son côté, Liberté « s'activ[e] tranquille au travail de sa case », puis tâche de rencontrer Anatolie à qui elle « récit[e] les pans de mots (ni temenan kekodji konon) que Melchior lui avait enseignés[47] ».

Liberté apparaît comme une femme sereine, maternelle et maîtresse, tant d'elle-même que d'un savoir dont elle est la dépositaire. Elle connaît l'histoire depuis son commencement, en Afrique, et parle en « langage », ces bribes de langues africaines qui ont survécu au transbord de la Traite, et que l'on retrouve dans le culte vaudou, par exemple[48]. Elle représente bien cette lignée de marrons – les Longoué – qui a conservé un lien avec l'Afrique et la forêt primordiale.

Liberté « montr[e] [à Anatolie] le début et l'enchaînement de l'histoire rapiécée qu'il avait débitée avec tant de profit », dans une nouvelle diatribe, discours qui s'étend plus encore que celui

---

47. *La Case du commandeur*, p. 123.
48. Édouard Glissant donne en note l'explication suivante : « Ni tamanan dji konon, etc., traces d'une des langues du pays africain, probablement déformées, dont il ne vaut pas d'éclaircir le sens » (« Appendice », p. 248).

d'Hermancia, sur deux pages, cette fois, recourant aux mêmes subordonnées complétives en anaphore :

> « Que la terre, quand elle colle à la terre, sent monter du fond le même balan de chaleur qui traverse toute la terre. Là, Liberté révéla que l'histoire d'Eudoxie était double. Que nous n'en finissons pas de ne pas savoir reconnaître une histoire d'une autre. Qu'il y avait d'abord eu ce qui était arrivé au premier Négateur connu, lequel avait engendré Melchior ; et qu'il y avait eu, beaucoup plus avant dans ce qu'on dit être le temps, ce qui était arrivé à un autre Négateur, tellement semblable et différent qu'on ne pouvait pas même dire qu'il avait été le premier. Que le père de Melchior avait tout de suite connu l'histoire de cet autre Négateur, qu'il en avait senti les odeurs dans toutes les branches des traces, sans savoir décider s'il recommençait le même chemin. De sorte que quand on criait Odono, Odono, on ne devinait pas auquel des deux le nom s'adressait. [...] Qu'il valait mieux contempler ainsi le passé dans un fond de nuit, [...] etc.[49] ».

Il est toutefois manifeste que, malgré quelques expressions créoles, le vocabulaire, les images de Liberté Longoué sont beaucoup plus épurées, d'un registre plus soutenu et d'une poésie plus solennelle que ceux d'Hermancia. Une langue narrative et symbolique répond ici à la langue populaire, qu'il s'agisse pour Liberté d'évoquer :

> « la capture, la grande pirogue devenue monstre, poisson naviguant sur les hautes eaux, avec sa chambre de comptes et les enfers d'en dessous ; l'eau à l'infini comme une glace qu'il faut casser pour contempler ton image ; le fond des eaux où les boulets t'ont ensouché ; l'arrivée par ici et la fondation des ennemis »,

ou la mort des femmes, dans

> « un temps tout rond accroché comme la calebasse aux branches de la trace ».

---

49. *La Case du commandeur*, pp. 124-126.

Le narrateur n'est pas moins partie prenante du discours de Liberté qu'il ne l'était des hurlements d'Hermancia : il déploie et embellit ses propos, reprenant la même technique d'enchaînement des subordonnées, le même élan sans césure qui permet de dérouler toute une histoire, jusqu'à Odono, jusqu'au village de la traite et à la traversée. Il adopte, comme dans le cas d'Hermancia, un style en miroir, aux images et au registre mimétiques de ceux du personnage. La conclusion du discours et de l'épreuve initiatique offerts à Anatolie, par Liberté, fait en outre pendant au débordement d'Hermancia :

> « C'est à partir de ce trou débondé que déferla sur nous la foule des mémoires et des oublis tressés, sous quoi nous peinons à recomposer nous ne savons quelle histoire débitée en morceaux. Nos histoires sautent dans le temps, nos paysages différents s'enchevêtrent, nos mots se mêlent et se battent, nos têtes sont vides ou trop pleines[50] ».

Le narrateur-coryphée est ici pleinement intéressé au discours de Liberté et à la révélation, dans « le trou de nuit » d'un cachot, des histoires reconstituées. Le discours ne s'assèche donc pas tout à fait, bien que Liberté arrive « comme un point c'est tout ». D'une part, elle met fin au manège amoureux et littéraire d'Anatolie, manège aveugle qui ignore à la fois tout des véritables pères et du véritable sens, d'autre part, elle déroule une autre histoire, elle-même multiple : « l'histoire d'Eudoxie était double [...] nous n'en finis[sons] pas de ne pas savoir reconnaître une histoire d'une autre[51] ».

De la sorte, le lecteur ne peut véritablement départager les discours, même si le discours de Liberté est plus sage, moins cru, moins truculent, il a sa beauté, sa richesse, drainant de nombreux éléments narratifs qui ne demandent qu'à être dépliés. L'issue du *laghia* est donc indécise. À moins de supposer que le narrateur, en se manifestant directement sous les espèces du « nous », en commentant la rencontre d'Anatolie et de Liberté en des termes

---

50. *Ibid.*, p. 126.
51. *Ibid.*, p. 124.

solennels, donne la préférence à celle qui vient révéler le sens et l'origine des histoires. Le narrateur s'interroge, en effet, sur la signification de l'acte symbolique par lequel la parole lie Anatolie et Liberté, en ces termes :

> « que faisaient-ils, les deux, que hasardaient-ils, sinon retrouver avec des mots, puisque aucune autre manière ne poussait à leur entour, et façonner et échanger, les débris de beauté à quoi chacun peut prétendre et que nous ravinions partout dans le pays avec nos corps et nos cris, espérant sans le savoir que la beauté, par-delà toute misère et toute épreuve, nous unirait[52] ? »

En fait, on sait que l'histoire (ou la non-histoire plutôt) tranche : l'Abolition fait « ébullition » et un compromis est trouvé entre Liberté, fille de marrons et Hermancia qui, après une éclipse temporaire, réapparaît, tandis qu'Anatolie repart « à l'aventure, dans tous les coins de l'habitation », engendrant une nombreuse descendance. On peut être tenté d'interpréter cette fin en termes d'échec, comme le signe d'une désillusion, la ruine du symbole. Le narrateur nomme d'ailleurs Liberté « femme renoncée ». La déréliction qui s'empare de l'ensemble de l'habitation semble être le symptôme de cet échec, manifestant le triomphe du « délire verbal ».

Toutefois, il ne faut sans doute pas minimiser les forces de résistance et de vie d'une Hermancia, d'un Anatolie – historieur et géniteur prolixe – qui font régner un désordre, somme toute assez libertaire, sur l'habitation. Il semble que le monde antillais ne puisse volontiers renoncer à son chaos créatif, à son délire, fût-ce au prix de l'indépendance. La jouissance est l'enjeu d'une telle hésitation. D'un côté, Liberté offre le symbole, le sens, la complétude des histoires, mais également la césure (« un point c'est tout »), le renoncement (car Anatolie devient l'époux d'une seule femme, et le père d'un unique enfant légitime), l'austérité d'une histoire sombre à assumer (la trahison, la capture, le transbord). De l'autre côté, Hermancia offre le débordement du langage et du corps non symbolisé, hystérique, exhibé. Anatolie,

---

52. *La Case du commandeur*, p. 124.

par elle, ne symbolise pas son désir, ne devient pas le père, mais demeure géniteur obscur, en partage avec le colon. Il jouit de toutes les femmes, sans limites autres que physiques (qu'il repousse à l'aide de « bois bandé »), et de tous les récits comme bribes infinies : il est « incontrôlable ». L'illégitimité et la confusion ne font qu'accroître la jubilation, dans un désordre qui repousse toute castration symbolique. Comment renoncer à cette jouissance du corps et du langage[53] ?

Serait-il utile de faire observer qu'une telle jouissance engendre la mort et la déréliction ? Les derniers moments d'Anatolie, du colon, de Liberté sont, en effet, teintés de folie et d'abjection. Celle-ci « cède sur toute la ligne de l'existence », la colonne « explor[e] son galetas au triple galop de la bête qui tourneboul[e] dans sa tête », tandis que le « vieux » « enfl[e] » et est « pris de convulsions », après avoir jeté Anatolie dans un puits. Il n'est pas certain que la collectivité, ni le scripteur, n'aient le désir, pourtant, d'assumer la vérité énoncée par Liberté Longoué, de conquérir un symbole si difficile, une dignité si austère, au prix du renoncement à la jouissance, fût-elle morbide. Ainsi, le narrateur conclut, Liberté demeurant assise, après la mort d'Anatolie : « Liberté qui nous avait rassemblés en un, sans que nous ayons eu pouvoir de le proclamer », rappelant ce qui a manqué à la parole pour devenir réellement symbole.

« On la frotta de camphre, on la fouetta de branches de corossol mouillées, on l'aspergea d'eau bénite [...]. Elle ne bougea pas plus ni ne ferma les yeux jusqu'à sa mort, veillée par Melchior

---

53. Édouard Glissant pose la question en des termes bien proches, lorsqu'il se demande, dans *Malemort*, à propos des professeurs « tarabiscotés » : « Peut-être (quand il s'agit de crier une telle mort) renoncer à la fulguration et à l'extase de cette langue ? Peut-être avec Dlan Médellus Silacier fouiller l'ingrat langage à venir ? » (p. 158) Il décrit ceux qui comme lui, s'imposent un langage plus austère en ces termes : « nous, pâlis et dérivés, châtrés de toute somptuosité mais épurés aussi de ces excès de perdition où une volonté de résistance se révèle à elle-même ; ternes qui n'ont plus à accepter, pour ce que le choix n'est plus permis » (*ibid.*) Il est bien évident qu'Anatolie ou Hermancia sont ceux qui refusent d'être « châtrés ».

lui-même agonisant, étendue à travers tant d'espaces qu'elle avait dévalés, dont son seul regard mesurait le fond[54]. »

Les morts se succèdent, comme si l'épisode qui eût dû être fondateur s'achèvait sur des agonies sans deuil, dans une mélancolie qui annonce *Malemort*. La jouissance et la mort se mêlent, là où le symbole n'a pu être « proclamé ».

Il nous semble que le narrateur, parvenu à ce point, demeure dans l'hésitation, entre la déploration d'une occasion manquée et la jubilation de s'adonner à un langage « débondé » qui porte en lui-même les ferments d'une résistance. Le désordre ne se laisse pas vaincre aisément par la parole symbolique, car il regorge de vitalité et d'un imaginaire débridé. Il est, en outre, plus spécifiquement antillais, créolisé, alors que les symboles rapportés par Liberté renvoient davantage à l'origine africaine. La fin de l'épisode « Reliquaire des amoureux », superpose, par conséquent, les formes du « délire verbal » et du symbole, le langage châtié, solennel de Liberté marronne et le langage cru d'Hermancia, femme des plantations. Le « discours antillais » est le résultat de cette hybridité, de la tension entre ces deux extrêmes. Entre le dérèglement du langage et la règle trop stricte d'« un point c'est tout », comment trouver, en effet, « la loi d'expression » qui permette un « langage neuf » ? Lorsque ni les sujets, ni la symbolisation d'une histoire n'ont pu démêler les voix, départager les discours, le « déparler » peut être la quête d'un véritable croisement entre des résistances divergentes au « délire verbal », à moins qu'il ne cherche une troisième voie pour un discours véritablement inouï.

---

54. *La Case du commandeur*, p. 133.

5

Marie Celat

Malemort, 1975, *La Case du commandeur,*
1981, *Mahagony,* 1987, *Tout-Monde,* 1993.

On pourrait oser suggérer, par un jeu de mots, que Papa
Longoué, est mort sans descendance, puisque, après lui, il n'y a
que des descendus. Son fils, Ti René, est mort à la guerre 1914-
1918, et « les Longoué, seigneurs des hauts [so]nt taris », les arbres
généalogiques dessinés par le scripteur, à la fin de ses romans le
montrent bien[1]. Les derniers marrons, à l'instar de Thaël sont
« descendus des mornes », et tout un pays est représenté par cette
descente, par cette perte de transcendance. « La vie tomba, elle
s'enlisait », résume le narrateur du *Quatrième siècle.*

> « Mathieu voyait le véritable départ du quimboiseur, la réelle
> descente que papa Longoué lui avait si souvent décrite. [...] La
> longue descente commencée au mystère paisible de la case sous
> les acacias, finissait donc là dans ce bourg de chaque jour[2]. »

---

1. *La Case du Commandeur,* p. 286, et « essai de classification, sur les
   relations entre les familles Béluse, Targin, Longoué, Celat », à la fin du
   roman.
2. *Le Quatrième siècle,* pp. 275 et 280.

Désormais, le destin de la Martinique ne se joue plus entre la plaine et le morne qui agit comme un appel tout autant que comme un rappel du passé : les bourgs, la plaine, la Croix-Mission dessinent le nouvel espace.

> « Mais qu'était ce bourg ? [...] La monstrueuse, rampante, paradante, risible bêtise où se complairaient les petits pourvus, échappés de la canne, qui trousseraient leurs lèvres en savourant la Déclaration des Droits de l'Homme et en bénissant la Mère-Patrie[3] ».

Ainsi, la mort de Papa Longoué conduit immédiatement au « délire verbal », en gésine dans *La Lézarde*, et dont l'analyse s'est précisée dans les années 1975 à 1981. Les premières analyses de cette aliénation suivent de peu la publication de *La Lézarde* : tel article a été publié dans la revue *Esprit* en 1962, dans le numéro spécial, « Les Antilles avant qu'il soit trop tard », de nombreux passages du *Discours antillais* ont été élaborés à l'Institut martiniquais d'études et dans *Acoma*, à partir de 1968. L'intérêt d'Édouard Glissant pour les discours d'Évariste Suffrin, fondateur du Dogme de Cham, et modèle de Médellus, remontent, quant à eux, à l'orée des années soixante. En 1987, l'analyse du « délire verbal » est toujours d'actualité, et la Martinique se voit représentée, dans *Mahagony*, comme une réserve pour touristes, un musée de la colonie, protégé par une verrière.

Papa Longoué demeure donc un père sans fils, « papa » sans enfants, lorsque tant de géniteurs d'une nombreuse progéniture demeurent, à l'inverse, sans paternité. Ce décalage entre la paternité réelle et la paternité symbolique est l'un des points d'achoppement de l'œuvre et du vécu antillais. Ainsi en ont témoigné les études de Jacques André, que ce soit dans *Caraïbales*, spécifiquement dédié à l'analyse d'œuvres littéraires ou dans *L'inceste focal*, étude psychanalytique et sociale de la famille antillaise. Une forme de patriarche, à tout le moins, s'est éteinte, sans laisser d'héritiers. De nombreux auteurs ont senti que cette déshérence de la paternité, cette difficulté à symboliser le

---

3.   *Le Quatrième siècle*, p. 280.

père, à se situer dans le fil des générations, à figurer une autorité familiale et discursive n'était pas sans rapport avec la déréliction et le délire verbal[4].

Il n'est pas impossible, toutefois, qu'au-delà de la figure du marron ancestral ou du patriarche, d'autres paternités puissent être fondées. Mathieu ne sera-t-il pas le père d'une fille, Ida, tandis que d'autres pères apparaîtront dans *Tout-monde*, et *Traité du « tout-monde »*, en particulier le narrateur, père d'un certain « Mathieu » ? Il est certain, toutefois, que le legs de Papa Longoué demeure en suspens, même si la barrique des ancêtres marrons, dernier monument historique, est remise à Mathieu, après la mort de Longoué. Car cette archive est bien fragile, elle n'est que ruine, « débris » dont il ne restera bientot plus que poussière. L'héritage est bien peu de choses, presque rien :

> « Mathieu [...] fendit le gros sac de guano (sachant déjà ce qu'il renfermait) et en sortit l'écorce de bois sculptée *à l'effigie* du marron, la barrique rapiécée, la bourse de toile parmi les feuilles ».

Ce que voyant, Mycéa murmure, « contemplant ce déballage de vieux débris » : « Alors là, c'est la fin du monde[5] ».

Au-delà du vide laissé par la mort de Papa Longoué et du malaise produit par le manque de figure paternelle, une parole est morte. Nous l'avons vu, Papa Longoué est figure de père, de quimboiseur, de vieil Africain, mais il porte également le récit du passé, depuis la Traite jusqu'aux premiers débarqués, depuis la rencontre entre colons et marrons de la première heure, jusqu'à la naissance des cases mulâtres, la formation des premiers commandeurs. On peut s'étonner que nul ne prenne la suite de Papa Longoué, dans l'ordre du discours. En effet, après Papa Longoué

---

4. Les œuvres de Daniel Maximin posent également la question des paternités réelles et symboliques, de même que *Texaco* de Patrick Chamoiseau. Le « délire verbal » est tout aussi actif dans *Eau de Café* de Raphaël Confiant qui dépeint un monde social où les figures paternelles sont absentes. Ce tremblement de la paternité est une marque de la littérature antillaise, bien au-delà des œuvres les plus récentes. Le roman d'Alejo Carpentier, *Le Siècle des Lumières*, commence par la mort du *pater familias*. (*Cf.* notre essai, *Poétique baroque de la Caraïbe*, Karthala, 2001.)

5. *Le Quatrième siècle*, p. 274. Les italiques sont dans le texte.

règne le silence d'une part, la parole hachée d'autre part. Nul n'a la stature du quimboiseur, nul ne peut incarner la sagesse, la connaissance du passé, les mystères de l'initiation, même si plusieurs s'y essaient, se partagent les bribes de ce savoir prophétique. La lignée paternelle des Longoué, en s'interrompant, met également un terme à la parole des sages, au récit du passé. Si *Le Quatrième siècle* avait bien montré comment se transmettaient le don de vision, la puissance, du premier Longoué à Liberté puis à Melchior, et à Papa Longoué, la liste des prétendants est close. Nul ne semble, après 1946, en posture de reprendre le flambeau de la parole.

Mathieu Béluse, celui qui a écouté le vieux quimboiseur, et Marie Celat, sont pourtant les personnages qui semblaient en mesure de revendiquer l'héritage du quimboiseur. Après le vide de *Malemort*, ils tentent, chacun à son tour, et avec des méthodes différentes, de continuer la parole de Papa Longué ; Mycéa, plus particulièrement, dans *La Case du commandeur*, et Mathieu, dans *Mahagony*. On pourrait, certes, ajouter le narrateur de *La Case du commandeur*, puis le scripteur de *Mahagony*, « Celui qui commente », tierce voix qui, à son tour, pourrait relayer la voix du quimboiseur. De fait, désormais plusieurs personnages, ou plusieurs voix, font écho à celle de Papa Longoué, bien qu'aucune, sans doute, n'ait sa plénitude, sa légitimité, son caractère de vérité.

Mathieu Béluse et Marie Celat

Dès *La Lézarde*, les personnages de Mathieu et de Marie Celat, également nommée « Mycéa », sont liés, par une relation dont on ne sait si elle est exactement amoureuse (de même qu'on ne saura pas s'ils se sont finalement mariés) et qui durera tout au long de l'œuvre romanesque, bien que les deux personnages se soient séparés. Mathieu Béluse et Marie Celat ne sont pas seulement liés socialement ou psychologiquement, comme le couple central de l'œuvre, ils ont tous les deux écouté les récits de Papa Longoué et ils auraient pu également prétendre à être ses héritiers, et à continuer sa parole : « Le vieux quimboiseur faisait le trait d'union entre eux », commente le narrateur.

Leur relation est tout à fait singulière dans l'univers romanesque, car plutôt que de constituer un couple, de fonder une fiction amoureuse, avec ses rebondissements plus ou moins réalistes, ils s'éloignent l'un de l'autre, sans pour autant cesser d'être liés. Ils sont incompatibles et en même temps indissociables. Il ne s'agit pas tant d'amour, de psychologie, que d'une relation historique : ils cherchent tous les deux, en effet « *cela* qui s'était perdu : comment une population avait été forgée, à douloureuses calées de Nègres raflés et vendus [...] comment elle s'usait, pour tant d'outrages subis à oublier[6] ».

Déjà, dans *La Lézarde*, Thaël découvrait que Marie Celat,

> « la jeune amie de Mathieu [...] semblait ne vivre que de passion politique. Thaël découvrait avec stupeur qu'aucun lien, hormis cette commune ardeur militante, n'unissait Mathieu à Mycéa, et que ces jeunes gens voulaient repousser jusqu'à l'idée d'un amour possible - comme si la lutte qu'ils avaient choisi de mener leur imposait une austérité plus résolue encore et plus définitive que la solitude qui était leur quotidien partage. Car vivant dans la même maison, l'un et l'autre s'ignoraient avec patience, se fuyaient délibérément[7] ».

Pourtant, Mathieu nomme Mycéa « ma femme », et celle-ci le soigne lorsqu'il tombe malade, refusant d'aller se joindre à la liesse populaire en ces termes : « Jamais ! [...] Je suis près de toi, c'est pour toujours[8] ».

Dans un contexte très réaliste, le narrateur évoque la maison dont Mycéa a hérité, le « ménage » qui résiste aux démarches du curé pour régulariser sa situation[9]. Il ne fait pas de doute que Mathieu et Mycéa forment un couple. Le tableau récapitulatif du

---

6.   *La Case du commandeur*, p. 188.
7.   *La Lézarde*, pp. 25-26.
8.   *Ibid.*, p. 218.
9.   Cf. *La Lézarde*, pp. 232-233.

Quatrième siècle, intitulé « Datation », précise : « 1946. Mathieu Béluse et Marie Celat (Mycéa) se marient ».

Toutefois, les romans ultérieurs confirmeront le sentiment de Thaël, à savoir que ce couple est lié par des convictions, par une position identique, et non par une relation amoureuse :

> « Marie Celat et Mathieu Béluse, sans se le dire, allaient ensemble au fond de cet oubli. Mais à mesure qu'ils avançaient ils s'écartaient l'un de l'autre. D'où leur passion. [...] Plus Mycéa et Mathieu se trouvaient d'accord, plus ils s'estimaient insoutenables[10] ».

Le départ de Mathieu, la séparation, les deux fils que Mycéa concevra avec un autre homme qui demeure anonyme (dans *La Case du commandeur*), le retour de Mathieu, l'apparition d'Ida, fille du couple (dans *Mahagony*) constituent des accidents peu significatifs, dans une relation qui est philosophique, politique et symbolique plus que psychologique. À l'instar de Pythagore et de Cinna Chimène, les parents de Marie Celat, hommes et femmes ne peuvent, semble-t-il, vivre ensemble. Ainsi, Cinna Chimène est, un jour, partie, sans que ni elle, ni Pythagore ne se demandent « ce qui avait grandi entre eux comme un champ d'épines ».

Et le narrateur d'ajouter :

> « L'auraient-ils fait qu'ils n'eussent pour autant jamais deviné que le champ d'épines recouvrait le souvenir impossible [...] d'une catastrophe dont le nom Odono résumait l'écume frêle et irrévocable ; que leurs discours en apparence contradictoires signifiaient un identique malaise, et qu'ils avaient peiné à vivre ensemble pour la raison qu'ils ressentaient la même brûlure, portaient le même trou dans la tête[11] ».

On ne peut dire plus clairement que le « tourment d'histoire », qui génère malaise social et « délire verbal », est également à l'origine d'un différend entre les sexes qui, dans un accord

---

10.   *La Case du commandeur*, p. 189.
11.   *Ibid.*, p. 44.

paradoxal, ne peuvent se fréquenter, profondément affectés par les traumatismes de l'histoire et de son oubli, par un « trou dans la tête ». La formule qui pourrait le mieux rendre compte de cette situation est qu'une histoire commune, une quête identique ont comme aboli, ou recouvert, la différence sexuelle. Une relation dialectique, par conséquent, unit/sépare Mathieu Béluse et Marie Celat, les rendant à la fois proches et « opaques » l'un à l'autre. D'autant plus que, si hommes et femmes manifestent la même souffrance, leur langage diffère, leur quête prend des formes différentes qui les rendent encore plus distants.

Ainsi, Mathieu, d'après le narrateur de *La Case du commandeur*, « produisait en idées ou en mots ce que Mycéa gardait au plus intouchable d'elle-même et défoulait à grands balans de vie exagérée ».

Dans la même logique, Marie Celat ne supportait pas d'entendre « discuter ».

> « Elle déclarait craindre les théories bien plus que les fièvres[12]. »

Sa défiance à l'égard des mots la sépare nettement de Mathieu :

> « Elle en voulait à Mathieu. De ce qu'elle avait par elle-même compris et dont elle n'acceptait pas qu'il le traduisît en paroles[13] ».

Pourtant, les deux personnages sont beaucoup plus liés dans le langage qu'il n'y paraît à première vue. Chacun se tient dans une contradiction entre son attirance pour le langage flamboyant, les fièvres, et son désir d'un langage raisonnable, ou humble. Si Mathieu est davantage l'homme de la logique et de la recherche méthodique, il n'en est pas moins touché par la « flamme », tandis que Marie Celat, celle qui devient « folle », se tend de toute sa force vers un langage simple, élémentaire. Ainsi, les personnages se maintiennent dans l'opacité, et la distance, non parce que le langage les sépare, mais parce que, précisément, ils parlent le

---

12. *La Case du commandeur*, pp. 188-189.
13. *Ibid.*, p. 190.

même langage, ou plus exactement parce que tous les deux sont divisés par le langage, entre des postulations différentes. Ce qui ne signifie nullement qu'ils se comprennent, bien au contraire. Sans doute leurs paroles se font-elles écho, en miroir, comme une surface infranchissable, renvoyant chacun à soi-même et interdisant tout dialogue. Ainsi, dans *Mahagony*, Mycéa se représente souvent ce que va dire Mathieu : « Je l'entends déjà. Quand il veut, il vous prouve que vous êtes légende. Ou simplement crachat[14] ».

Elle imagine des dialogues avec l'autre, sans que jamais de véritables échanges ne se déroulent, en présence. Si des conversations, parfois âpres, sont encore rapportées dans *La Case du commandeur*, le dialogue n'est plus qu'imaginaire, de soi avec soi, dans *Mahagony*. Les deux faces du symbole ne peuvent plus s'assembler, sans doute parce qu'elles sont duelles, jumelles et non différentes, dialectiques. Valérie et Thaël, dans *La Lézarde* étaient davantage conçus à l'image d'un couple, d'un homme et d'une femme très différents qui pouvaient se parler, se rencontrer, dialoguer et se désirer. On peut mesurer, par là, tout ce que l'œuvre a perdu en passant du monde tragique et clivé, au monde confus du « délire verbal ». Hommes et femmes ne sont plus unis par la parole, mais séparés, en une division qu'illustre bien *La Case du commandeur*, dans l'apologue de *Reliquaire des amoureux* :

> « Nous étions séparés en deux. Une part qui reconstituait le conte, une part qui essayait de le deviner. Une parole toute en femmes, une oreille toute en hommes. Mais cette oreille n'entendait rien[15] ».

Marie Celat, une femme de la terre

Marie Celat n'est pas un personnage tout d'une pièce, et son langage n'est pas lui-même uni. Il n'est pas toujours aisé de

---

14. *Mahagony*, p. 182.
15. *La Case du commandeur*, p. 111.

reconnaître les symboles qui s'attachent à ce personnage dont l'image évolue au fil de l'œuvre. Dans *La Lézarde*, Marie Celat n'est qu'une jeune fille passionnée de politique, amoureuse de Mathieu qu'elle assiste et soigne. Elle en est le double féminin, et Mathieu d'ailleurs pense que « Mycéa et lui étaient trop proches ». « Il n'aimait pas Mycéa », lit-on, dans *La Lézarde*, ce qui signifie que leur relation, toute nécessaire cependant, est d'un autre ordre. Mathieu tombe d'ailleurs amoureux fou de Valérie qu'il assaille et qui le repousse. Il voit en Valérie « l'autre, l'inconnue, la patiente, [elle] était son rêve même, le miroir de sa violence, à lui ; [...] il attendait – oubliant ainsi Mycéa – le moment de se contempler en Valérie[16] ».

Mycéa, dans le premier roman d'Édouard Glissant, n'incarne pas encore nettement la femme inspirée qu'elle deviendra progressivement. Elle semble plus raisonnable que Mathieu, plus lucide. Sa parole tranche, dans les dialogues politiques avec Thaël. Pour le reste, son portrait se dessine sur un fond de réalisme. Elle est l'héritière d'une maison, et même lorsqu'elle s'enfuit chez Lomé, bouleversée d'avoir entendu Mathieu déclarer son amour pour Valérie, Margarita affirme que : « Mycéa était sérieuse, elle ne ferait pas de sottises[17] ».

D'ailleurs, il n'est dit nulle part, dans *La Lézarde*, que Mycéa ait connu Papa Longoué, ni même qu'elle en soit la descendante directe ou indirecte. Ses parents ne sont pas encore Pythagore Celat et Cinna Chimène, mais un couple assez conventionnel pour souhaiter que leur fille se marie, assez tolérant pour reconnaître qu'eux-mêmes ont conçu leur fille avant le mariage. Dans *Le Quatrième siècle*, le personnage est encore assez secondaire. Lorsque le narrateur évoque de nouveau la maladie de Mathieu, il dépeint une Mycéa « qui avait dépassé les poétiques enfantillages nés du vertige d'ignorance », et qui était devenue

> « une femme préoccupée du bien-être de son homme, le faisait exprès de marquer l'inconfort des jours, la quotidienne lutte, la prosaïque nécessité de boire et de manger. Elle devinait qu'il

---

16. *La Lézarde*, pp. 41-42.
17. *Ibid.*, p. 73.

fallait combattre en Mathieu non seulement la fièvre et la maladie [...] mais aussi la propension au dérèglement, à l'éclat incontrôlé[18] ».

Encore une fois, le personnage est attaché au bon sens, au réalisme. Elle n'est plus tout à fait le double de Mathieu, mais une femme un peu stéréotypée qui veille sur lui et le ramène à la réalité. Toutefois, le narrateur n'oublie pas sa passion politique et rappelle que la jeune femme n'est pas moins impliquée que son compagnon, même si elle semble incarner une sagesse un peu maternelle :

> « Ainsi Mycéa partageait-elle les emportements de Mathieu ; mais, connaissant aussi qu'au-devant d'eux, là dans le futur, d'autres tâches, plus concrètes, plus ardues, les attendaient, elle rompait le fil, repoussait loin en arrière l'éblouissement du passé, combattait à coups d'ironie ou de prosaïsme délibérés, l'espèce de vertige qui était en Mathieu[19] ».

Elle n'a pas consulté, elle n'a « rien su de la vie de Papa Longoué ». Toutefois, elle a peut-être une « intuition » :

> « sans être montée vers la case dans les acacias et sans jamais s'être trouvée face à papa Longoué – entendu la longue histoire, souffert le vertige de la révélation. Peut-être savait-elle, par une de ces intuitions qui soudain vous portent dans la nuit indescriptible pourquoi Marie Celat et Mathieu Béluse étaient, par-delà l'épaisseur quotidienne de l'existence, prédisposés l'un à l'autre[20] ».

La femme est donc liée à l'« intuition », à une vérité en deçà des mots, une révélation qui se fera dans « la nuit indescriptible », c'est-à-dire ineffable. Là est sans doute la spécificité de Mycéa, qui depuis *La Lézarde* se méfie des mots et des belles formules. Elle

---

18.   *Le Quatrième siècle*, p. 273.
19.   *Ibid.*
20.   *Ibid.*, p. 272.

est la femme d'une immédiateté. Lorsqu'elle court chez Lomé, le narrateur la décrit en ces termes :

> « elle marcha toute la nuit parmi les ombres affolantes [...] sans rien entendre qu'en son cœur un silence encore étonné, un silence qui avait pris corps et qui était maintenant l'âme sans âme de sa chair[21] ».

Elle rejoint en cela la parole de Papa Longoué, pour sa part de silence et de mystère. Elle communie avec la terre, avec les éléments, dans un rite poétique et sacré qui n'est pas sans rappeler les termes associés aux prédictions de Papa Longoué et de son ancêtre Melchior :

> « Les cathédrales souveraines de la nuit et de la terre s'ouvrent devant la jeune fille aveugle, elle monte par la nef des mystères, entre les lourds manguiers, la profusion des voûtes grimpantes, le hourvari du vent [...] vers l'autel du matin[22] ».

Mycéa est, en quelque sorte, initiée aux mystères sans parole, sans la médiation des mots ou d'une présence. Elle entre dans la « cathédrale » naturellement. Si elle est associée au vent, à la terre et à « la nuit indescriptible », Papa Longoué, est lui-même celui qui parle dans le vent, inaugural du *Quatrième siècle* : « Tout ce vent, dit papa longoué, tout ce vent qui va pour monter ». Il est également celui qui interroge le silence et le mystère, comme on peut s'en convaincre en relisant le chapitre *Carême à la Touffaille, IV.* Cette partie commence en ces termes :

> « Ah, je te dis.
> Puis le silence, alentour le carême, papa Longoué sans voix »...

Et c'est en plongeant dans ce « silence » et ce « mystère », réitérés au fil des pages, que Papa Longoué retrouve la trace du

---

21. *La Lézarde*, p. 62.
22. *Ibid.*

passé, « jusqu'à l'époque où le mystère et le silence s'étaient tout de bon retrouvés couverts par l'éclat et l'absurdité de ce vent[23] ».

En réalité, ce qui parle, en Papa Longoué, c'est le paysage lui-même. Aux questions de Mathieu, le vieux quimboiseur ne répond pas tout de suite :

> « Papa Longoué étendit les mains vers la plaine.
>
> Il voyait l'ancienne verdure, la folie originelle encore vierge des atteintes de l'homme, le chaos d'acacias roulant sa houle jusqu'aux hautes herbes, là où maintenant le bois éclairci de troncs allait laper jusqu'en bas la plaine nette et carrelée. Toute l'histoire s'éclaire dans la terre que voici[24] ».

Ailleurs, c'est Melchior, le grand-père de Papa Longoué qui fait

> « toucher l'indescriptible nuit, c'est-à-dire le côté où ce bois transparent se confondait avec la lourde forêt du pays là-bas, au point que leurs deux folles germinations, leurs deux poussées foudroyantes créaient sous les voûtes un même ciel pour des terres si éloignées l'une de l'autre[25] ».

Le texte du *Quatrième siècle* semble continuer directement celui de *La Lézarde*, reprenant les mêmes métaphores. À tel point que relisant le premier roman à la lumière du second, on comprend dans quelle « nuit indescriptible » entre Mycéa, quelle forêt l'abrite sous ses « voûtes grimpantes » : une forêt qui rappelle le « pays là-bas », l'Afrique originelle. Mycéa, dans sa marche littérale (plutôt que par une démarche logique), rencontre le pays, connaît la terre.

D'autres traits métaphoriques ou symboliques la rapprochent de Papa Longoué, en particulier la « fixité », caractère souvent associé à la case du quimboiseur, « bloc de boue et d'herbes figé au milieu du terre-plein[26] », ou au personnage lui-même, dont les paroles ont, pour Mathieu, « la fixité, le profond des vérités révolues qu'il

---

23.   *Le Quatrième siècle*, pp. 231-235.
24.   *Ibid.*, p. 47.
25.   *Ibid.*, p. 209.
26.   *Ibid.*, p. 12.

cherchait[27] ». « L'ombre d'en haut, dit le narrateur, la légèreté, la fixité, l'attiraient » vers la case de l'ancêtre.

Or, Marie Celat, dans sa course vers la forêt, est décrite ainsi : « C'était une fixité étrange dans la nuit[28]... »

Ce trait est véritablement constant dans les portraits du personnage, depuis *La Lézarde*, jusqu'à *La Case du commandeur*, où son regard fixe, son immobilité, effraient son père Pythagore :

> « il restait cassé pendant des heures de nuit à effiler le tranchant de son coutelas : parce que la petite fille de quatre ans l'avait regardé droit dans les yeux[29] ».
>
> « Il s'émerveillait qu'un être vivant pût rester à ce point immobile[30]. »

Pythagore, avec lequel elle a décidé de vivre, après le départ de Cinna Chimène, voit Mycéa « surgir, les yeux levés fixes vers le soleil[31] ».

Le portrait de Mycéa égrène à loisir tous les signes de cette fixité qui la prédispose à la voyance. Mais le personnage a trouvé une stature nouvelle. Il n'est plus seulement question de bon sens, de caractère prosaïque et raisonnable. Marie Celat incarne la vision du passé. Elle est devenue l'héritière de Longoué, voire sa descendante directe, si l'on en croit l'arbre généalogique proposé à la fin du roman. L'analogie imaginaire, élaborée progressivement, dans le texte, a induit une filiation biologique, confirmation des attributs symboliques. Dès lors le lecteur découvre que Mycéa a bel et bien consulté, connu le quimboiseur. L'œuvre revient ainsi sur ses propres traces et varie, élabore ses symboles au fur et à mesure.

Dans *La Case du commandeur*, le récit des « visites » de Marie Celat à Papa Longoué est détaillé : « [U]n peu livrée à elle-même », dit le narrateur, à la différence de Mathieu qui était allé chez le quimboiseur à la demande de ses parents, pour une

---

27. *Ibid.*, p. 257.
28. *La Lézarde*, p. 62.
29. *La Case du commandeur*, p. 20.
30. *Ibid.*, p. 34.
31. *Ibid.*, p. 45.

« affaire », elle « s'était retrouvée sur ces hauteurs » et avait demandé :

> « Qu'est-ce que c'était que l'Odono d'enfance dont elle se souvenait encore vaguement ? [...] Papa Longoué raconta l'histoire des Longoué, ou ce qu'il en savait, ou ce qu'il pouvait en raconter, ou ce qu'il pensait que Mycéa serait à même d'en comprendre[32] ».

Toutefois, Marie Celat

> « affecta de croire qu'elle n'avait pas compris le langage de papa Longoué, [...] Elle décida aussi que tous ces contes ne rimaient à rien, ce qu'elle savait n'être pas vrai. Et quand elle apprit que Mathieu lui aussi "consultait", elle cessa de monter sur le morne. Cet écart imperceptible, elle le creusa donc aussi par la critique de nos "paroles". "Ah là là" devint sa réplique favorite[33] ».

Marie Celat a donc une relation ambiguë aux mots, aux idées, à la « parole », fût-elle celle de Papa Longoué lui-même. Elle assume la filiation du quimboiseur, dans le comportement, la fixité, le silence mystérieux, non dans le récit, dans les mots. Elle conteste le discours de ses proches qui lui rappelle « la farine qu'on distribuait à l'hôpital, il fallait trier les mites avant de mettre à cuire[34] ».

Pourtant, il fut un temps où Marie Celat s'impliquait dans le combat politique, dans les discussions :

> « Disons qu'elle ne se taisait pas quand il s'agissait d'affaires sérieuses, les luttes des ouvriers agricoles en premier lieu. [...] Mycéa prononça une des premières conférences publiques sur l'organisation du syndicalisme paysan[35] ».

---

32. *La Case du commandeur*, pp. 175-176.
33. *Ibid.*, p. 176.
34. *Ibid.*, p. 189.
35. *Ibid.*, p. 177.

Est-ce incohérence, difficulté de l'auteur à construire un personnage de femme qui résume plusieurs postulations à la fois ? Qu'est-ce qui se dit finalement, à travers les contradictions du personnage ? Avec le langage, ou contre le langage, Mycéa représente la femme proche du pays, de la terre, des paysans. La conférence qu'elle prononce porte symboliquement sur « l'organisation du syndicalisme paysan ». On peut se demander ce qu'une jeune fille, sans formation intellectuelle ni expérience professionnelle, peut connaître du « syndicalisme paysan ». Mais il ne s'agit pas ici de juger sur le plan du réalisme, des actes de fiction qui ont plutôt valeur de symbole. Ainsi, dans *La Lézarde*, Mycéa fuit Lambrianne et son effervescence, mais également Mathieu et son inconstance, pour se réfugier chez Lomé, le paysan. Elle découvre alors « la misère accueillante », « le dur travail des campagnes », assiste à des veillées « familières, cocasses, terrifiantes ». Elle s'initie à la culture ancestrale du pays qu'elle vit avec ardeur et naïveté :

> « Elle prend parti pour les héros innombrables de la forêt, elle craint les sorciers toujours ressuscités, elle tremble lorsque s'élance un chien plus gros que la montagne[36] ».

Mycéa est, par conséquent, un personnage lié aux traditions, au savoir ancestral populaire, au conte, au monde paysan. Dans *La Case du commandeur*, on découvre qu'elle parle créole, un créole qui irrite ses institutrices qui « tentent de s'empêcher de la détester ». Elle est alors décrite comme une enfant douée qui, toutefois « ne criait que le créole (sauf bien sûr à l'école – c'est-à-dire, dans la classe même) ».

Elle rend jaloux les autres enfants « qui ne concevaient pas comment elle alliait un tel abattage du créole et une si rêche exactitude du français ».

Elle irrite le directeur de l'école car elle contredit ses théories, mêlant de réelles dispositions pour le savoir et des manières rudes, en particulier « le planté raide du poil de tête » :

---

36. *La Lézarde*, pp. 64, 106-107.

« Qu'on pût être de manière si manifeste doué pour les humanités en même temps que si imparablement sauvage, l'offusquait[37] ».

Bref, Marie Celat devient l'incarnation d'une antillanité profonde et « baroque », « sauvage », qui s'exprime dans le créole, et dans un langage qui tente de se situer en deçà des mots. Qu'elle tente de faire de la politique, Marie Celat vise alors les « actes » plutôt que les mots, la décision, plutôt que la discussion. Son intérêt pour les « syndicats agricoles » semble indiquer un engagement pratique et social plus que théorique. C'est ainsi, du moins, que l'on peut tenter d'expliquer son refus des paroles et discours enflammés de Mathieu et de ses camarades. Mais surtout, lorsqu'il s'agit du pays, Marie Celat est le personnage d'une intuition qui se passe de mots. Marie Celat ne peut continuer la parole du vieux quimboiseur, parce qu'elle exprime le mythe d'une vision qui saisirait le « réel » (agricole, social, terrien), sans le secours des mots. Elle privilégie le silence, la perception sensible, l'intuition ou l'« indescriptible ». À l'instar d'un poète, elle s'éloigne des discours, des paroles communes, afin de découvrir un langage qui serait plus élémentaire que verbal, sorte de réel, véritable matière capable d'appréhender la matière.

Reprenant le portrait de Marie Celat, dans la troisième partie de *La Case du commandeur*, le narrateur souligne qu'au moment où se formait « l'armée toute pacifique des beaux parleurs », des inspirés qui font grand cas de la culture et des « lettrés », Marie Celat « s'acassait dans un coin et débutait par une de ces mélopées des mornes auxquelles nous ne résistions pas, après quoi le reste du chanter suivait[38] ».

Marie Celat se rapproche ainsi de la figure du poète et du conteur. À l'instar de Papa Longoué, elle s'associe à la nuit, aux ombres, elle semble en transe, lorsque, « la gorge cassée, aux limites de l'exténuement », elle chante dans les « vidés d'élection ». Marie Celat est « en rupture », « en écart », elle se « retir[e] dans un ailleurs », car elle est « allée plus loin qu'aucun

---

37. *La Case du commandeur*, pp. 46-48. Les italiques sont dans le texte.
38. *Ibid.*, p. 172.

de nous, reconnaît le narrateur, dans quelque lointain qu'on imagine », elle « s'était arrêtée au bord de ce gouffre où nous avons jeté tant de roches [...] Peut-être regarda-t-elle plus loin qu'aucun de nous dans le gouffre[39] ».

Le personnage, dès lors relié à Papa Longoué par la généalogie et les entretiens sur Odono, sur le passé, cristallisant les traits de la fixité, de la nuit, du mystère et de la lucidité, fortement associé aux réalités paysannes, devient logiquement le plus apte à retrouver la « trace du temps d'avant ». Mais, cette trace, historique cependant, ne relève pas des mots. Mycéa cultive donc un langage qui n'est pas fait de mots, qui n'est pas une parole, et la sépare radicalement de Mathieu :

> « À mesure qu'elle subissait le pays, sa lente absorption dans la vie neutre et blême, elle quittait celui dont la voix résumait cette vie. Se rapprochant des arbres et des gens, comprenant leur longue usure et refusant ce déclin, elle répudiait sans le savoir le seul être alentour avec lequel elle eût pu partager ce refus[40] ».

« Arbres et gens » ne forment ici qu'une masse de réel, non humain, non social, non symbolisé. Marie Celat s'écarte de la parole sociale qui symbolise le réel, pour se confondre immédiatement au réel.

Elle devient celle qui éprouve « ce trou au-delà duquel nul n'étendait sa pensée ». Laissant Mathieu à son « rêve d'avant, fuligineux et incertain », elle plonge dans une autre vision. Ainsi, elle entend un vent qui n'est pas sans rappeler le quimboiseur :

> « Marie Celat n'entendait que ce vent qui battait dans sa tête. Ce vent venu du plus loin, qui déracinait les mots et fouillait le grand silence[41] ».

Plutôt que de parler – de théoriser à la façon de Mathieu, de raconter comme Longoué, de décrire à la manière du narrateur –

---

39. *Ibid.*, pp. 171-186.
40. *Ibid.*, p. 190.
41. *Ibid.*, p. 195.

Marie Celat littéralement « plonge », car sa vision est d'abord d'eau de mer, de fond d'océan. Elle rejoint ainsi une lignée de voyants, dans leur « traversée du milieu », « noyés pensifs » qui ne sont pas sans rappeler le noyé de Rimbaud, dans un « bateau ivre » qui n'est autre que le vaisseau négrier, et au-delà, l'océan tout entier. L'illumination, dans « les bleuités » de l'océan, est révélation d'un très ancien supplice qu'entrevoient ceux qui deviennent un peu fous, à l'instar de Silacier, dans *Malemort*, et d'Odono Celat, fils de Mycéa. Ce dernier mourra en faisant de la plongée sous-marine, comme s'il flânait, non pas noyé mais rêvant, semblant « nous attendre tous, dit le narrateur, pour nous montrer peut-être ce qu'il avait découvert, ou deviné là sur les fonds, que nous n'avions su repérer ».

De même, Marie Celat

> « voyait le fond d'une mer, le bleu sans mesure d'un océan où des files de corps attachés de boulets descendaient en dansant ; et quant elle fermait les yeux elle descendait avec les noyés dans ce bleu où pas une fente ne s'ouvrait, sa tête plus lourde qu'un boulet l'entraînant vers le bas[42] ».

L'illumination, dans ce contexte, n'est pas véritablement prise de conscience. La révélation demeure à mi-chemin, largement insue. De la sorte, le voyant rejoint l'objet de sa vision (« elle descendait avec les noyés », dit le narrateur), faisant corps avec les suppliciés. Marie Celat se fond dans sa vision, dans une image compacte, puisque « pas une fente ne s['y] ouvr[e] ». Elle revit le passage du milieu plutôt qu'elle ne le symbolise, car la vision reste en deçà des mots et de la conscience.

Enfin, Marie Celat se met à crier « que nous avions depuis toujours tué nos enfants, que les mères les étouffaient à la naissance, que les frères trafiquaient les frères[43] ».

Elle devient véritablement folle, selon le voisinage, et « commence de hanter les routes », avant d'être internée à l'hôpital. La parole de Papa Longoué s'est, par conséquent,

---

42. *La Case du commandeur*, p. 195.
43. *Ibid.*, p. 224.

continuée dans une vision, avant de revenir au cri. Ce que les autres prennent pour folie est révélation de « la Trace du Temps d'Avant » qui ne s'exprime pas de manière explicite, verbale, communicable :

> « Même du fond du cocon blanc qu'était l'ambulance Marie Celat sentit, plus qu'elle ne le vit, l'endroit où la route plongeait (montant cependant) aux vertiges sans fond de la forêt et dans son humidité primordiale : dans cela qui s'est noué, a traversé notre corps avec l'épais tumulte d'une cavalerie[44] ».

C'est bien au réel du corps, de la forêt humide, que se noue la sensation, en deçà des mots. « La Trace du Temps d'Avant », récit déployé, dans la parole de Longoué, survit comme vision, comme cri, en Marie Celat ; elle agit dans le réel de son corps et se voit dans le réel du pays, elle n'est plus symbolisée dans les mots. Pourtant, le moment paroxystique de la révélation, véritable épiphanie de la trace, passe par des formules énigmatiques et sacrées.

En effet, s'évadant de l'hôpital en compagnie de Chérubin, Marie Celat découvre

> « la case du commandeur, et, dans la nuit qu'éclaire la lune, le temps [...] descendit et les porta. Ils explorèrent le grand silence, rejoignirent l'autre côté de leur esprit ».

Quel est alors le langage de Marie Celat ? Elle chante « dans sa tête », en créole : « *Tifille tifille vini éti éti ou cé lannoncement* ».

Cette chanson naïve n'est pas sans évoquer une berceuse, et en même temps un hymne suggérant le temps merveilleux de « l'Annonciation ». Le « temps d'Avant » devient ainsi le temps de l'Avent, promesse de naissance et de renouveau, tout autant que retour du passé. À ce langage à demi profane et à demi sacré, qui emprunte le chant plutôt que la parole, répond une musique, « dehors » qui semble ranimer le paysage. Un langage qui n'est pas encore ou qui n'est plus tout à fait parole, chanson en créole,

---

44. *Ibid.*, p. 227.

musique de l'espace, à la fois familier et étrange, entre langue des
poètes et langue des hymnes religieux, semble seul apte à restaurer
l'unité du sujet et du monde : « le linge d'espace et de temps »,
donnant « de l'ardeur à tout ce qui alentour avait paru si morne et
si plat ».

La chaleur, le feu, l'ardeur, au sens étymologique caractérisent,
depuis *La Lézarde*, l'éblouissement d'une vérité, la force du pays
et du discours. Dans cette passion revenue, la musique semble
recoudre – Marie Celat s'est installée devant la machine à coudre
de Manzé Colombo – redonner matière et vie, à un pays que la
malemort avait défait :

> « La musique venue de si loin (non pas seulement dans le
> temps mais aussi dans le linge d'espace, cousu de tant de pays, qui
> s'ajustait là sur nos corps avec des replis si compliqués) qu'il était
> impossible de l'entendre, sauf quand on arrêtait le corps et que
> repartant on traversait la Trace primordiale guettée des innom-
> brables bêtes ».

Ce moment de nuit, que le narrateur décrit en des termes
étranges évoquant un passé originel et primitif, est celui d'un
Mystère, mystère de « l'annoncement » d'un « Traité du Déparler » :

> « Nous avons entendu le Bruit de l'Ailleurs, feuilleté toi et moi
> l'Inventaire le Reliquaire. Nous avons couru ce Chemin des
> Engagés, dévalé le Registre des Tourments ho il reste à épeler le
> Traité du Déparler[45]. »

Ces titres mystérieux, rappels d'histoire et témoignages du
passé, en des formules poétiques, ne sont-ils pas la preuve même
d'une symbolisation, dans le langage, des histoires et des
tourments passés ? Faire un « inventaire », conserver un
« reliquaire », et des « registres », c'est pleinement entrer dans le
langage du souvenir et les rites qui permettent à l'espèce humaine
de symboliser. Les formules énigmatiques renvoient également
aux titres des parties du roman, telles qu'elles se sont déroulées, en

---

45. *La Case du commandeur*, p. 235.

effet, au fur et à mesure de la lecture. Ainsi, la littérature, le texte, se désignent, dans une auto-référence, comme symbolisation solennelle de la « Trace ». Toutefois, Marie Celat ne définit pas le « Traité du Déparler » comme un discours. Elle définit ce dernier comme « le mot mis dans la terre que vous retournez [...] avec un doigt crochu dans chacune de tes mains ».

Elle en atténue, par conséquent, la dimension abstraite et symbolique, faisant du mot une graine qui peut être littéralement plantée, enfoncée dans la terre et cultivée à deux mains. Dans cet épisode, les récurrences du mot « corps », et de termes qui matérialisent, telle la métaphore « linge d'espace, cousu de tant de pays », tendent, dans la même logique, à susciter l'image d'un langage concret, poétique, directement palpable, dans lequel le mot est assimilable à une chose, une *physis*, la graine. Le langage devient mythe, en ce qu'il est totalement réel, sans qu'une fissure, une absence, un manque, puissent s'insinuer entre le mot et la chose. Reposséder la terre, c'est planter un mot, et parler, nommer le pays, n'est peut-être pas autre chose que creuser, semer. Marie Celat, qui atteint ici sa dimension véritablement mythique, « rit doucement dans l'épais de la case, sentant grandir comme une explosion dans son corps, la lumière qui pointait au fond de la nuit. Sa tête et sa pensée s'élargirent au long des branches ».

Le personnage s'étend aux dimensions du cosmos, se mêlant aux éléments, faisant corps avec la forêt et avec la lumière ; elle est transfigurée. Elle est signe, par tout son corps, de même qu'est signe une constellation, une lumière. Le texte a donc déplacé le personnage du monde humain de ceux qui parlent et interprètent, au monde cosmique, élémentaire, des signes en attente[46]. Dans le langage du poète, les signes se relaient, se font signe les uns aux autres, sans que quiconque les décrypte nécessairement (si ce n'est

---

46.   On observe exactement le même cheminement dans *Le Siècle des Lumières* où le héros, Esteban, se fond dans le cosmos, signe parmi les signes. Dans sa nudité primordiale, il entre en résonance avec le buccin, la spirale, les signes que l'univers a produits depuis tant de siècles, sans que quiconque ne les déchiffre. L'homme n'est plus le décrypteur des signes, il est lui-même mystère, son dénué de sens. Il rejoint l'universel concert des formes et des choses énigmatiques dont le chant peut être entendu, dans un *Te Deum*. (Cf. *Le Siècle des Lumières*, chapitre III, 1, pp. 233-243 et notre essai, *Poétique baroque de la Caraïbe*.)

l'éventuel lecteur). Ainsi, dans le jeu des métaphores et des séquences du texte, Marie Celat se rapproche, en cette transfiguration, du premier des marrons, Aa, dont la mort est racontée au centre du même roman, dans l'épisode intitulé « Mitan du temps », « Actes de guerre ».

Au bout de sa course, Aa tombe aux mains de ses poursuivants qui le torturent. Le récit qui est fait de ses derniers moments est tragique et bouleversant. À la fin, « Aa pouss[e] un hurlement » et raconte son histoire, celle des premiers débarqués, celle des deux jeunes gens qui, près de la mare, avaient aimé la même jeune fille, l'histoire fondatrice d'Odono. Mais il ne raconte cette histoire à personne :

> « Disant que ce qu'il confiait là, il l'avouait aux seigneurs des bois qui du haut des feuillages roux et mauves se penchaient sur sa mort ; aux ombres et à la nuit qui l'avaient tant protégé naguère et qui aujourd'hui préparaient son passage : aux ancêtres restés dans le pays là-bas[47] ».

De telle sorte que la parole, confiée aux branches, aux bois, « aux feuillages », « aux ombres et à la nuit », ne peut être déchiffrée que par les poètes, par ceux qui voient les branches, les bois, ceux qui fréquentent les ombres, à l'instar de Papa Longoué et de Marie Celat, et retrouvent la trace de l'histoire. La parole est poème, évocation du pays et du paysage, car c'est dans la matérialité même de la terre que s'est réfugiée la trace. C'est pourquoi, à l'extrême, la parole n'est pas nécessaire, parce qu'elle se matérialise directement dans les branches, dans la nuit. Marie Celat se fond dans la nature, dans cette parole qu'est le pays, par une fusion qui abolit toute différence entre l'imaginaire, le symbolique et le réel.

Pour le poète, le poème est dans la terre elle-même, dans les ombres. C'est pourquoi il développe plutôt une voyance qu'un discours. Marie Celat retrouve, sur les branches et les ombres, les histoires qu'y a laissées Aa, dans un paysage qui, en quelque sorte, parle pour eux, permet le passage des esprits. La parole du passage

---

47.   *La Case du commandeur*, p. 166.

ne peut être que poétique, car elle s'ouvre au paysage, à la terre, qui transmettent les histoires. Le discours exprime un point de vue, la parole poétique inscrit une trace qu'elle entend, voit et recueille. Le premier des marrons, Aa, meurt dans une explosion de feu dont les étincelles éclaireront désormais les visionnaires comme Pythagore ou Marie Celat :

> « le tourment se répandit alentour, s'alentit et dormit pendant des temps, rejaillit avec des éclaboussures de lumière et d'ardeur, disparut encore pour flamber à nouveau dans une poitrine ou une tête ou une foule exaspérée[48] ».

On reconnaît là le « tourment » qui caractérise ceux que l'histoire vient hanter et qui se postent à la Croix-Mission, porteurs d'une éclaboussure de vision, d'un « débouler de feu ». Ils sont, à l'instar de Marie Celat, en train de chercher le « traité du déparler » qui permet de retrouver la « trace du temps d'avant ». Toutefois, ils n'accèdent pas à la parole, à la conscience de la trace. Ils sont possédés, vécus par la trace et ne la connaissent pas. Elle agit, dans le réel, à leur insu, d'autant plus qu'ils ne peuvent la symboliser. Ironiquement, les persécuteurs d'Aa font cesser le récit. Ce que le narrateur rapporte sèchement :

> « "Allons, c'est assez, mettons fin à ces discours enflammés", et il lui planta un brandon dans la bouche ».

Est-ce à dire que le « discours enflammé », qui de Thaël à Pythagore, caractérise les visionnaires et les poètes n'appelle à lui que le feu dévorant ? Soudain le réel devient trop réel, le feu réel dévore le feu métaphorique des paroles. Il n'est pas exclu que le narrateur indique par là ce qui fait la grandeur et la limite tragiques d'un tel discours que nul n'entend et qui s'attire les « foudres » de la répression ou de l'asile. La flamboyance n'est pas la lucidité mais l'éblouissement, elle n'est pas conscience qui « dénombre », mais inconscient, insu qui jaillit violemment. C'est pourquoi, on s'en souvient, le narrateur plaidait pour une autre poétique, plus

---

48. *Ibid.*

humble et plus collective. Marie Celat, quant à elle, fera semblant d'être comme tout le monde, « support[era] ce que tout le monde supporte », afin de ne pas retourner à l'hôpital psychiatrique, inventant une forme nouvelle de résistance qui consiste à taire la vérité dévoilée.

Une poétesse

Dans *Mahagony*, toutefois, Marie Celat est de nouveau mise en scène, dans une représentation assez conforme à l'image de *La Case du commandeur*. Elle parle aux herbes, décrit le paysage qui l'entoure, dans un monologue intérieur où elle mêle les images maritimes et les images terriennes : « je navigue la nuit en plein dans les bois [...] je navigue sur les flamboyants les fromagers[49] ».
Son langage est de plus en plus proche du chant, du poème :

> « zebcouresses zebcouresses, avez-vous changé votre peau dans la peau de la bête longue ? [...] Quand je me réveille, la nuit me fait courir. À ce moment je sens la cadence qui frappe à ma tête, depuis quelque temps je pense en rythme, zebcouresses zebcouresses, comme si les grands plants commençaient à dévaler dans les herbages déracinés pour m'obliger à danser la polka, peut-être même marcher au pas ».

Marie Celat serait-elle en train d'épeler le « traité du déparler » ? Toujours est-il que son langage, assez surréaliste, rythmé, aimant « la cadence », les répétitions chantantes, les images étranges qui rapprochent les longues herbes sauvages du serpent (« bête longue »), tend vers le poème. Dans la suite de ce monologue, la disposition typographique est celle de versets, les images et les jeux de sonorités et de rythmes se multiplient. Marie Celat se défend d'être folle :

---

49. *Mahagony*, p. 169.

« ils vont encore délibérer Marie Celat est pintinting
pas grand pinting ni tipinting mais pintinting ».

Car elle semble plutôt jouir des rythmes et des fantaisies qu'elle
invente :

« quand vous avez la cadence quatorze quinze seize
votre tête fait un orchestre qui bamboule sur le devant ».

Si le sens n'est pas immédiat, il n'est pas pour autant absent :
« pourtant ma parole pousse à tant que vous trouvez le sens[50] »,
à charge pour le lecteur de décrypter le poème, par conséquent.

D'autres passages sont de véritables poèmes dont l'enjeu est
sans doute, encore une fois, de se substituer à la parole raisonnable
qui n'est que « délire verbal » et folie ordinaire. Ainsi, lorsque
Marie Celat évoque les diverses apparences du désordre, le
« désordre d'un musée », elle oppose à cet ordre illusoire qui n'est
que le masque d'une « colonisation réussie » et cependant
aberrante, un langage à la fois cassé et lyrique. Assez étrangement,
ce poème raconte le rêve du géreur que rêve Mycéa. C'est donc un
texte en quelque sorte voyant, par lequel se transmettent des
fragments d'histoire. Certes, à l'opposé du délire verbal et des
fausses évidences, ce langage est déchiré, troué de blancs. Les
phrases parfois s'interrompent, comme s'il s'agissait d'un
parchemin lacunaire, dont nous ne pouvons donner une idée très
exacte en le citant. Ce ne peut être qu'un « déparler », en effet, qui,
raconte « le rêve d'un rêve », avec lyrisme et violence, évoquant
toutefois avec force la nature et l'histoire du pays. Dans ce langage
neuf, le personnage n'hésite pas à inventer des mots, tel le verbe
« flécher », et des images étranges, tels les « lumignons en bas
comme du riz dans du café », ou à emprunter au créole une
chanson : « bakala rélé bakala rélé » :

« le mahogani monte à la corée du ciel !
Le bois craque les branches flèchent
chiens lapidés

---

50. *Ibid.*, p. 170.

> il va plus vite que le sang qui déborde de la balle
> (...) je chavire
> pousse avec le plant mes yeux tombent au firmament
> vois les lumignons en bas comme du riz dans du café
> il monte je suis plus grand qu'un soleil il monte »...

En fait, dans le rêve du rêve du géreur, Marie Celat continue la révélation de la « case du commandeur ». Cette illumination qui fut la sienne, dans la case d'Euloge, lui a laissé l'histoire du commandeur en partage, histoire qui se prolonge en celles de Maho, commandeur d'une nouvelle génération, de Gani et de Mani, dont la résistance est narrée dans *Mahagony*.

Il n'est pas aisé de reconstituer l'histoire ou le propos tenu par Marie Celat, car il s'agit d'un discours haché, dont la logique d'associations et d'images, les contradictions issues d'un dialogue avec soi-même engendrent une certaine opacité. Sans doute Marie Celat est-elle folle. Cependant, l'auteur lui-même hésite, notant dans sa « Chronologie » : « 1979 Marie Celat revient à raison ».

En sorte qu'on ne sait s'il faut lire les pages de *Mahagony* comme témoignages de délire ou de « raison ». Quoi qu'il en soit, tout délire a sa logique, peut s'entendre (à défaut de se comprendre), si l'on veut bien y déceler les associations, les réseaux de signifiants qui peu à peu trament une signifiance là où les significations linéaires échappent[51].

Dans *Mahagony*, Marie Celat a du moins la lucidité de contrôler son langage, consciente qu'on va la prendre pour folle :

> « ils vont encore proclamer que je décline dans la folie
> pas un ne comprendra le mécanisme le tempo[52] ».

En fait, elle justifie son langage rythmique qui lui impose sa loi : « le rythme qui vous démène », parce que « Marie Celat ne marche pas au pas ». Elle suit le rythme des herbes et des mots caressants « zebcouresses zebcouresses », dans une forme de résistance. Le discours de Marie Celat est « parabole », récit du

---

51.   *Cf*, par exemple, Jean-Claude Maleval, *Logique du délire*, Masson, 2000.
52.   *Mahagony*, p. 170.

marronnage de Mani, de Maho ou de Gani, qui s'enroule autour d'une réflexion sur le désordre. Qu'est-ce que le désordre, en effet ? Le Code Noir, les musées de la Colonie, lorsqu'une île entière est devenue un lieu aseptisé, protégé par une « verrière », où les touristes sont tout « excités[53] ».

Le langage de Marie Celat hésite entre le rythme, la danse où l'entraînent les « grands plants », et les « mots carrés ». Les grands arbres, tel le mahogani ou le fromager, symbolisent le pays dans son héroïsme, dans ses mystères, comme une langue noble et tragique. À l'inverse, les herbes ont la modestie d'une résistance quotidienne, humble : « Ces herbes-là me font pleurer, dit Marie Celat, tellement elles sont têtues à vivre[54] ».

Elle aspire à « raconter tranquillement », afin de s'ancrer dans la réalité matérielle :

> « Je vais barrer ma tête pour m'empêcher de retomber dans la cadence, dans les phrases jolies. Je vais m'entêter pour mettre un mot bosco sur chaque barreau de cette grille, sur chaque assiette où on mange, sur chaque tombeau qu'on fleurit. Sur toutes les choses sans grandeur ni vanité[55] ».

L'esthétique de l'humilité, recherchée par Marie Celat, n'est nullement éloignée de celle assumée par Thaël, dans *La Lézarde*, louant un langage de la confusion en une même terre. Si bien que l'œuvre semble tout entière partagée entre les aspirations au langage flamboyant et le désir d'un langage modeste, « bosco », dont la robuste simplicité s'accrocherait à la réalité.

Marie Celat associe enfin, dans une création linguistique, « un mot une herbage. Un herbage une parole ». Elle redistribue le féminin et le masculin, selon une loi qui n'est plus celle de *la* langue, mais de *son* langage, de sa formule propre, dans un équilibre poétique manifesté par le chiasme et l'alternance. Elle

---

53.   *Ibid.*, pp. 178-181.
54.   *Ibid.*, p. 185.
55.   *Ibid.*, p. 184. « bosco » signifie costaud, robuste, rude, frustre. Il est associé au « bagarreur », selon le dictionnaire Ludwig-Montbrand.

unit, en même temps, le « mot » et la « parole », c'est-à-dire, pourrait-on suggérer, l'écrit et l'oral.

En effet, Marie Celat s'exprime dans un langage qui ne cesse de passer de l'oral à l'écrit. Son monologue a largement recours aux signes de l'oral : syntaxe familière, sans inversion du sujet – « A quelle personne il a conté qui m'a conté ? » –, interpellation du destinataire – « vous ne pouvez pas m'accuser de sortir du sujet » –, réflexions à l'inverse plus personnelles, telle : « je me demande comment il a fait pour avoir son baccalauréat », phrases nominales : « Toujours en course en ville », référence à la parole qui se tient dans le présent et corrections spontanées du locuteur : « Je me rappelle (par façon de parler : comment oublier en effet ?) celui qui ne finissait pas de pousser au ciel, il n'avait ni père ni mère, alors il grandissait vers le firmament ».

Toutefois, ainsi qu'il apparaît dans cette image, le langage de l'héroïne cultive les métaphores et des tournures plus savantes, des termes du registre soutenu tel « offusqué », des constructions en anaphore ou des reprises tels « Odono entrait sortait », page 172, puis page 177. Mais surtout, la disposition typographique, signalant des poèmes ou une déclamation particulière, n'a de sens que dans un système scriptural. Par deux fois, Marie Celat interrompt son monologue par de telles déclamations où la disposition versifiée donne le rythme et parfois les rimes :

> « Votre tête fait un orchestre qui bamboule sur le devant
> derrière vous volez plus colibri que le grand vent[56] ».

Dans « le rêve du rêve du géreur », les exclamations et répétitions lyriques, les termes rares, les images précieuses, la disposition à trous, font largement référence à un style écrit. Pourtant, l'emploi du créole « corée », qui signifie peut-être limite, fermeture du ciel, ou de la chanson en créole « bakala rélé bakala rélé », les référents culturels antillais très nombreux font tout autant appel au monde de l'oral. L'absence de ponctuation, remplacée le plus souvent par un rythme interne assez précipité relève également d'une oralité.

---

56. *Mahagony*, p. 170.

En effet, la particularité de ce langage est de ne pas se limiter à la répartition traditionnelle entre domaines de l'oral et de l'écrit. Si nous essayons de repérer, à gros traits, ce qui ressortit plutôt à l'un qu'à l'autre, afin de montrer l'hybridité du discours, il ne faut pas en tirer la conclusion d'un passage de l'un à l'autre, comme du récit au dialogue, par exemple, ou du prosaïque au poétique, du registre familier au registre soutenu. À l'inverse, le discours entrelace de façon inextricable l'oral et l'écrit, créant, dans l'un comme dans l'autre, une perpétuelle transgression, une innovation constante.

Loin de séparer terme à terme oral-écrit, familier-soutenu, prose-poème, situation de parole-situation scripturale, signes de ponctuation, marques typographiques et flux non marqué, par exemple, le discours de Marie Celat est toujours à la fois oral et écrit, créateur de syntaxe et d'images, tout autant que de rythmes. Il n'est jamais stéréotype d'oral qui chercherait à créer l'illusion réaliste. Les exemples sont innombrables. Ainsi, dans tel paragraphe : « Mais comment je rêve avec la tête du gércur, dites-moi, d'où vient je rêve ? À quelle personne il a conté qui m'a conté ? Est-il possible il m'a parlé, dans quel côté ? »

La syntaxe est inédite, négligeant ici un subordonnant, là un subjonctif, pratiquant des raccourcis saisissants. Un tel paragraphe crée, non pas une impression de familiarité (comme dans un langage familier/oral) mais d'étrangeté, de distance.

La suite est tout aussi inventive : « Quand je me réveille, les grands plants sont disparus mais le rêve est là, sans manquer. Sans manquer une seule fois. A tant que je l'appelle mon essuie-matin ».

On attendrait plutôt « ont disparu », à la place de « sont disparus », mais peut-on interpréter cet écart comme une faute imputable à un oral populaire ? Dans le contexte d'une expression maîtrisée, qui choisit ses répétitions, crée ses néologismes, le lecteur percevra davantage une volonté d'innovation, une liberté dans le langage, plutôt qu'une erreur, fût-elle le signe du réalisme. Édouard Glissant ne manipule pas le langage des personnages en fonction de signes, d'étiquettes à interpréter. Il leur confie bien plutôt la tâche d'expérimenter un langage neuf.

Même dans les dialogues qui pourraient recéler le plus de réalisme linguistique, à la manière d'un Maupassant, le langage est décalé, réinventé :

> « Ma fille Ida veut raconter tout ça.
> – Je lui dis : "Ida vous n'aurez pas la force. Pensez, dans cette maison trois sur quatre qui dansaient résonnaient vivaient sont partis, sans compter Patrice"[57] ».

À d'autres moments, la poésie s'insinue dans la prose, avec ses métaphores, ses rythmes :

> « Les hommes sont toujours partis. Je ne recense pas la couleur de sa peau ni la hauteur de sa voix. Comme si mes garçons étaient enfants de zombie ? Mais non. C'est parce que ce temps-là était bienheureux. Vous vous rappelez les petites choses du bonheur, mais vous en oubliez les petits hommes. Ce temps-là était bienheureux, une légèreté d'herbage, bien avant la nuit des bois. J'ai grandi avec Patrice, Odono, nous avons plané ensemble, le vent n'a gardé trace que pour nous[58] ».

Au cœur d'un langage qui rappelle la parole, avec ses interrogations, ses réponses brèves, ses interpellations vivantes, avec des mots simples et des répétitions, comme celle de l'adjectif « petit », « petites », se glisse une véritable élaboration poétique où la répétition devient effet, refrain lyrique, où les images progressivement envahissent le texte et confèrent un mystère inattendu à l'évocation de ces moments de « petits bonheurs ». La phrase parfois sèche, constituée d'une courte proposition, s'enfle progressivement, dans un rythme binaire, puis ternaire. L'ultime décalage qui fait passer de « le vent n'a gardé trace que de nous » à « n'a gardé trace que pour nous », introduit l'incertitude. Soudain, l'expression attendue glisse, se dérobe, on n'est plus sûr de

---

57. *Mahagony.*
58. *Ibid.*, p. 177. Cette prose poétique entre langage quotidien et opacité dense des images rappelle le langage de Bernard Koltès qui ne saurait, quoique déclamé au théâtre, être caractérisé ni comme écrit, ni comme oral, mais se tient dans l'écart constant, et l'invention de son propre langage.

comprendre tout à fait. De quelle trace s'agit-il ? Que dit exactement Marie Celat, dans ce qui pourrait ressembler à un lieu commun, et qui soudain se teinte d'une « inquiétante étrangeté » ?

Dans un langage qui a recours aussi bien à l'oral qu'à l'écrit, les écarts créent une opacité émouvante et signifiante. Le personnage soudain fait entendre quelque chose de neuf, qui déstabilise le lecteur habitué au flux un peu automatique de la langue et soudain perçoit une étrangeté, une singularité du langage. Dès lors le « parler » se défait en « déparler » et devient poétique de résistance, d'opacité, créant un « écho neuf ». Il ne s'agit pas de « folie », ni de « délire verbal », mais de l'invention d'une langue poétique dans laquelle l'oral et l'écrit se mêlent, selon les vœux de l'auteur qui s'interrogeait sur sa poétique, dans *Le Discours antillais* :

> « Qu'avions-nous dit des techniques orales, de la poétique créole, par exemple ? Le ressassement, la tautologie, l'écho, tout le dicible amassé. Oserons-nous appliquer cela, non à un discours déclamé aux flambeaux, mais à des livres qu'on corrige, qu'on triture, qu'on soigne ? Ou alors quitterons-nous le livre, et pour quoi ? »

L'enjeu, on le voit, était celui-là même, posé dès *La Lézarde*, quant aux discours de la « flamme », du « flamboyant », que devait relayer une poétique de l'humble, de la terre dénombrée, dite dans l'oral (non seulement créole). Comment continuer à écrire des livres, des romans, qui ne se stérilisent pas dans la rigidité du scriptural, et des poèmes qui donnent à connaître la durée, « le paysage qui se multiplie » ? Le poète-philosophe tente une réponse : « Mais si l'écriture créole conciliait ce qu'il y a de régi dans la littérature et ce qu'il y a de foisonnant et d'irrépressible dans l'"oraliture" ? »

C'est vers quoi, sans doute, Marie Celat s'achemine, dans un langage qui n'est pas sans rappeler celui de l'auteur qui décrivait son propre discours en ces termes :

> « À la conjonction de l'oral et de l'écrit, ce discours sur le discours a tenté d'adapter sa manière à son propos. Il s'est dit en

moi comme une mélopée, s'est repris comme un plain-chant, a
stagné commme un gros tambour, et parfois filé comme l'ardeur
grêle des ti-bois en fond de caisse[59] ».

Plus qu'Hermancia ou Silacier, Marie Celat invente un langage
neuf, qui n'a plus les ambiguïtés du « délire verbal ». Elle a eu
accès à la « Trace du Temps d'Avant », elle incarne parfois la
délirante qui répète « Odono » sans qu'on sache ce que cela
signifie, mais, dans *Mahagony*, elle a la dimension d'une véritable
créatrice, elle allie intelligence des analyses, prescience politique et
visions poétiques, récit cohérent des événements et réflexion sur
son propre langage. Elle devient personnage de synthèse, indice
d'une poétique neuve. Toutefois, elle n'est pas seule sur cette voie
du « déparler créateur », car Mathieu, personnage-narrateur, mais
également le narrateur-scripteur l'accompagnent dans cette
démarche. En fait, *Mahagony*, est tout entier un « traité du
déparler » qui déconstruit le langage, le reconstruisant à sa
manière.

---

59.   « L'Avenir antillais », « Voix », « 91, Sur la littérature », in *Le Discours
antillais*, p. 452.

6

Mathieu Béluse et le scripteur

La Lézarde, 1958, *Le Quatrième siècle*, 1964, *Mahagony*, 1987, *Poétique de la Relation*, 1990, *Tout-monde*, 1993, *Traité du Tout-monde*, 1997, *Sartorius*, 1999.

Un langage divisé

On aurait pu penser que Mathieu Béluse, plus encore que Marie Celat, était désigné pour succéder à Papa Longoué. Jeune homme, il avait recueilli le témoignage du quimboiseur et son métier d'historien le prédisposait à continuer le récit du passé. Or, si Mathieu représente effectivement une part de l'héritage, il ne parvient nullement à dérouler le passé à la manière d'un Papa Longoué. Il n'incarne ni le quimboiseur, ni le conteur, ni l'écrivain, ni même l'historien, encore qu'il leur soit à tous un peu contigu. Personnage fragile (la fièvre l'empêche de poursuivre ses recherches, depuis *La Lézarde*), il n'est que le légataire putatif de Longoué et ne parvient pas à imposer sa parole ni à la commuer tout à fait en écrit. Peut-être n'a-t-il pas su forger son langage propre. Papa Longoué l'accueille, au début du *Quatrième siècle*, songeant : « C'est déjà la force et le demain, celui-là ne fera pas comme les autres, c'est un Béluse mais c'est comme un Longoué, il va donner quelque chose[1] ».

Toutefois, l'écart contenu dans ce « comme » se maintiendra. Mathieu ne sera jamais tout à fait un Longoué, car avec Papa Longoué, une certaine tradition, un type de discours est mort. Mathieu ne peut pas incarner la position de Papa Longoué. S'il en approche le vertige, dans *La Lézarde*, ou *Le Quatrième siècle*, il succombe à sa propre fièvre, s'alite, renonce à ses recherches. Entre la méthode du quimboiseur, qui consiste à « deviner, prévoir le passé », et les datations méthodiques, l'enchaînement des causes, Mathieu ne choisit pas, demeure dans la contradiction, finalement abandonne. Il est d'ailleurs parti, quittant la Martinique, à la fin de *La Lézarde*. Absent du récit de *Malemort* ; sa présence est assez insignifiante, dans *La Case du commandeur* où il figure, pour Marie Celat, celui qui « continue le rond de son discours », ou celui qui est absent.

Toutefois, dans *Mahagony*, Mathieu, de retour, à la fois dans la fiction et dans le pays, reprend ses recherches, enquête sur l'histoire de trois marrons, Mani, Maho le géreur et Gani, dont la trace, semble-t-il, le ramène à trois ébéniers qui pourraient tout aussi bien être mahoganis, acajous voire acacias.

Mathieu incarne, en fait, celui qui continue l'enseignement de Papa Longoué, non plus comme récit, mais comme questionnement sur le récit, non plus comme parole, mais comme quête de la parole. Entre le quimboiseur/conteur et Mathieu, une véritable mutation culturelle s'est produite, qui conduit ce dernier, non plus à dérouler les récits mais à s'interroger sur leur disparition, sur le discours qui pourrait leur succéder, la trace qui ramènerait à l'histoire. À l'instar de l'auteur, Mathieu analyse, dans *Le Quatrième siècle*, la « descente » d'une société qui « s'enlise ». Toutefois, il lui arrive également de voir, en d'intenses moments de révélation, quelque chose de cette histoire que lui racontait Papa Longoué. Dans la mesure où le récit lui-même a disparu, que les

---

1.   *Le Quatrième siècle*, incipit.

archives et les témoignages manquent, il faut bien que le chercheur se fasse visionnaire.

On pourrait faire l'hypothèse qu'en Mathieu, deux voix se font entendre, à la place de la voix unique du quimboiseur. Simultanément, il est l'intellectuel qui cherche, interroge, analyse, et le jeune homme fiévreux qui entre dans le maelström. Ainsi, la voix s'est divisée, jusqu'au cœur du sujet, relayant des « discours » qu'elle réfléchit ou déconstruit, pour une part, se mêlant à des « paroles » pour une autre part. Une parole unique qui synthétisait miraculeusement le savoir et la prophétie, le dire et la vision, n'est plus possible. Discours, paroles, visions, prophéties, écrits, réflexions et récits se scindent en de multiples ramifications, à l'image d'une vérité qui ne serait plus toute. Deux postulations se rencontrent ainsi en Mathieu, faisant à la fois sa richesse et sa faiblesse.

On se souvient que dans *La Lézarde* déjà, Mathieu était à la fois celui qui « classe », « sépare le jour et la nuit », ordonne, tente d'appliquer une méthode logique, et en même temps celui en qui Thaël voyait « la flamme ». De même, dans *Le Quatrième siècle*, il doute, refuse la version des faits selon Papa Longoué, s'écriant : « C'est des mensonges. Ils n'ont pas pu détacher les chaînes. » Ou encore : « Ce n'est pas vrai[2] ».

Il convainc parfois le quimboiseur, l'obligeant « à suivre le sentier "du plus logique", [à raisonner] en *que*, en *donc*, en *après* et *avant*, avec des nœuds de *pourquoi* dans sa tête, noyés dans une tempête de *parce que*[3] ».

Toutefois, Mathieu n'est pas seulement un intellectuel : il « a les yeux », dit le quimboiseur, découvrant en cet enfant de neuf ans, puis en ce jeune auditeur passionné une promesse : « Il a les yeux. Oui, le pouvoir. Il peut faire des choses. Ses yeux parlent pour lui, j'ai vu[4] ».

Le jeune homme a donc une sorte de pouvoir qui lui permet d'approcher le quimboiseur et sa vision : « Tu es fâché, dit le vieillard. Heureusement tu as les yeux. Si tu n'avais pas les yeux,

2. *Ibid.*, pp. 36-37.
3. *Ibid.*, p. 47.
4. *Ibid.*, p. 14.

personne ne pourrait supporter. Si tu n'avais pas les yeux, je ne serais pas bien avec toi[5] ».

Mathieu n'est donc pas seulement un historien froid et méthodique, homme d'archives et de datations. À la fin du *Quatrième siècle*, selon le narrateur,

> « il voyait entrer le bateau transparent qui naviguait dans les terres. Il entendait le bruit des chaînes qu'on manœuvrait, les *oué* en cadence, les cannes qui craquaient sous l'hélice, dans le soleil, oui, dans la grande saison chaude – c'est la fièvre c'est un monde le monde et la parole enfonce la voix grossit la voix brûle dans le feu fixe et il tourne dans la tête emportant balayant mûrissant – et qui n'a ni fin ho, ni commencement[6] ».

Il est donc visionnaire, autant que théoricien, sans doute aussi attiré par le « traité », expression d'une réflexion, que par le « déparler », déconstruction du discours et de la parole, dans un langage neuf. C'est en réunissant les deux pôles, dans une sorte d'oxymore, liant la théorie construite et la parole défaite, qu'il pourrait véritablement engendrer une poétique inédite. En quelque sorte, l'œuvre, à travers son personnage principal, tenterait de retrouver l'unité du discours, perdue depuis la mort de Papa Longoué, dans une nouvelle forme qui unirait dialectiquement des pôles tout à fait opposés.

Dans *Mahagony*, le langage de Mathieu est ainsi parfaitement hybride. Il emploie, dans les passages dont il est le narrateur, « déclamateur », des expressions aux allures assez théoriques. Il doute, enquête, questionne, comme le signalent les nombreuses phrases interrogatives. Son expérience parmi les traces du passé, les témoignages qu'il a tenté de recueillir, évoquent à la fois l'enquête policière et la recherche théorique : « Je choisis d'aller au bout de leur logique » dit-il, ajoutant plus loin : « J'obtins confirmation de l'aventure du vieux houeur[7] ».

---

5.   *Le Quatrième siècle*, p. 120.
6.   *Ibid.*, derniers mots. Les italiques sont dans le texte.
7.   *Ibid.*, pp. 74-75.

L'enquête est ainsi jalonnée de réflexions et d'analyses, de rapports presque policiers dans lesquels Mathieu se fait lui-même l'effet d'un ethnologue en situation d'observation, interrogeant ses « informateurs ». Il conduit son investigation selon les méthodes du savoir contemporain :

> « Je ne pus établir si ce vieux houeur avait eu le goût naturel de confesser son sentiment dans la langue créole – auquel cas on devrait imputer à mes informateurs l'adaptation dont j'avais eu connaissance et dont, tel un ethnologue en terre d'étude, j'avais tâché de respecter la lettre[8] ».

Les scrupules de véracité, d'exactitude, sont aux antipodes de la vérité reconstituée par Papa Longoué. Si Mathieu contestait les épisodes racontés par le quimboiseur, intervenant pour souligner que Béluse ou Longoué n'avaient pas pu dire cela ou que les premiers débarqués n'avaient pas pu faire telle ou telle chose, à son avis, le vieux conteur l'emportait toujours dans la certitude d'une vérité qui n'était pas d'exactitude mais de signification. Le récit, à grands pans déroulait ses scènes et ses dialogues, sans qu'il fût souci d'archive. La vision était prophétique, la vérité devinée, le passé « prévu » ; cela ne contredisait pas à leur vérité historique.

À l'inverse, la méthode de Mathieu est d'abord respect d'une « lettre », d'une exactitude. Il n'a plus accès à une vérité globale, ontologique. Il ne peut non plus prétendre que sa parole recouvre toutes les paroles et répond d'elles, à la manière d'un Longoué faisant parler à sa guise (en romancier averti) les Laroche et les Senglis, le capitaine du bateau ou les esclaves. Pour Mathieu, la parole n'est plus une, et sa parole s'appose à d'autres paroles dont il rend compte respectueusement, sans les fondre dans son propre discours. Ses scrupules sont ceux d'un intellectuel honnête.

Il engage également des discussions avec son auteur, au cours desquels il « objecte », puis développe des pensées philosophiques dans lesquelles on reconnaît aisément les théories d'Édouard Glissant :

---

8. *Ibid.*, p. 75.

> « Ces passages, de temps ou d'espace, légitiment le chan-
> gement, le constituent en permanence. S'il n'y a pas eu passage, ce
> qui demeure ne mérite pas de durer. Un pays d'île ne se trouve
> pas, s'il n'y a d'autres îles. La terre-île ne serait pas, s'il n'y avait
> d'autres planètes[9] ».

Ce n'est pas sans ironie, au demeurant, que Mathieu se reconnaît philosophe : « Alors le personnage de livre que je suis pour un bref instant redevenu, qui philosophe ainsi, se précipite [...] dans l'avenir de l'humanité[10] ».

Il continue toutefois à théoriser sur les « peuples qui furent réputés découvreurs », les « peuples transgresseurs », les « peuples immobiles » et sur le « tout-monde ».

Cependant, s'entrelacent à ce discours, à ces formes théoriques, des récits assez amples qu'assume Mathieu, comme sa part de narration, des visions, des expressions d'un langage beaucoup plus poétique et parfois ésotérique. Ainsi le roman s'ouvre sur ces propos du personnage :

> « Les arbres qui vivent longtemps sécrètent mystère et magie.
> [...] Un arbre est tout un pays, et si nous demandons quel est ce
> pays, aussitôt nous plongeons à l'obscur indéracinable du temps,
> que nous peinons à débroussailler, nous blessant aux branches,
> gardant sur nos jambes et nos bras des cicatrices ineffaçables ».

La synthèse étrange qui s'opère ici entre le temps et l'espace, dans une métaphore filée qui fait des notions abstraites du « temps » ou du « pays » des réalités si concrètes qu'on s'y aventure comme en des ronces où l'on se « blesse », relève d'un discours à la fois poétique et philosophique.

Mathieu est celui qui se confronte à « l'obscur », à l'« embrouillamini », au maelström. « Tourment » et « chaos » jalonnent sa quête, et non seulement les dates et les repères spatiaux ou lexicaux. En fait, sa méthode est loin d'une pure enquête historique :

9.   *Le Quatrième siècle*, p. 220.
10.   *Ibid.*, p. 217.

« [Je] n'établissais pas relation entre ces arbres, les habitants pour le moment invisibles et le temps grondant qui avait passé sur ce pays. Mais j'en avais, je l'ai dit, une sorte de bienheureuse prescience[11] ».

Il est à l'écoute d'un cri :

« Mais à la vérité, ce qui flottait au ras de l'herbe argentée par le vent ou entre les souches pourrissantes qui cadraient la mousse sous les ébéniers, c'était la clameur tue, rentrée non seulement dans la gorge et l'épaule éventrées de Liberté Longoué mais plus à fond dans la terre elle-même, jusqu'à éparpiller aux quatre coins du pays les fourmis-folles, habitantes des profondeurs. C'était le cri et le murmure étouffés dans la nuit des cases[12] ».

Les sensations visuelles, auditives, se mêlent dans une perception synthétique, de telle sorte que la « clameur », le « cri », peuvent être devinés dans la contemplation d'un paysage. Celui-ci est, en outre, décrit dans un langage qui réunit les dimensions extrêmes de préciosité (« herbe argentée ») et de laideur (« souches pourrissantes »), de profondeur (« au fond de la terre ») et de surface (éparpillées", « flottait »), qui communiquent.

Mathieu est un poète, à l'écoute du monde naturel, le vent, qui inspirait Papa Longoué, lui fait signe : « Je me laissai chavirer dans la grande houle qu'on m'avait si bien préparée [...]. Le vent glissant sous les acacias me toucha de sa parole timide[13] ».

Peut-être a-t-il découvert peu à peu que l'enquête méthodique doit céder le pas à la vision. Ainsi, l'un de ses derniers monologues fait une large place au « rêve de Gani », rapporté de « place en place, d'âge en âge[14] ».

Mathieu, en position de narrateur, évoque ensuite le « rêve du "tout-monde" », puis répète, anaphoriquement : « Imaginer », « J'imagine cette halte », « J'imagine ce passage ». La vision se

---

11. *Ibid.*, p. 18.
12. *Ibid.*, p. 19.
13. *Ibid.*, p. 33.
14. *Ibid.*, p. 213.

greffe à la théorie, renouant avec la méthode de Papa Longoué, c'est-à-dire devenant une « vision prophétique du passé ». Le personnage lui-même est parfois embarrassé par la dimension visionnaire d'un langage qui décrypterait les mystères du cosmos ; il ne sait s'il faut se défier d'une telle « prescience » ou la légitimer.

Dès lors, s'il évoque le langage des lis qui, « soulevé par le vent, est une écriture durable, qu'il vaut de déchiffrer », il se défend toutefois, de s'adonner au mysticisme ou à une quelconque kabbale : « [n]'allez pas conclure que j'en appelle à des forces primordiales ; ce serait, de ma part, ingénuité ou dérision », avant de nuancer cependant : « Mais ne déclarez pas – comment le sauriez-vous ? – qu'elles ne sont pas là enfouies, dans les plis indépliables du temps[15] ».

De la sorte se mêlent de nouveau le mystère et la rationalité, la prudence lucide et la reconnaissance d'un savoir qui, selon Longoué, est plus grand que nous[16]. Mathieu est finalement l'homme qui tente la synthèse entre le savoir méthodique et la prescience, entre les mythes et l'histoire, entre la contemplation du paysage et la connaissance du passé. Il unit dans une double lecture le temps et l'espace, nous invitant, dans une formule assez paradoxale, à nous rendre au pied du mahogani : « Il vous recevra en légende, pour la plus exacte recension de réalité[17] ».

Ainsi se trouvent réunies, en une formule oxymorique, « légende » et « réalité », « exactitude », histoire « recensée ». L'histoire est moins récit que paysage, arbre, en quoi elle se « recense » dans la matérialité de l'espace et du mahogani qui en sont le monument. C'est pourquoi Mathieu nous conduit d'un savoir à un voir, d'un discours à une description sensible, et inspirée.

> « A la fin, les dates servaient à quelque chose. L'odeur du vent tournait au matin. Je rassemblais le lieu. Les cosses du mahogani

---

15. *Le Quatrième siècle*, p. 249.
16. C'est également le sens d'un proverbe créole : *Sa pitit pa vwè, gran pasé yo* : « ce que les petits ignorent est plus grand qu'eux ».
17. *Ibid.*, p. 249.

s'écrasaient au sol ; sur l'une d'elles jadis, un vieux houeur avait peut-être gratté son nom[18] ».

Rien ne lie logiquement les « dates » recueillies par l'historien et « l'odeur du vent » perçue par un promeneur. Entre les « dates » et le « vent », entre le « lieu », l'arbre et le « nom », trace du passé historique, Mathieu établit la relation, dans un paragraphe qui juxtapose des propositions aux thèmes en apparence très hétérogènes que son discours passe en revue. La structure syntaxique laisse les éléments à leur diversité, sans les coordonner grammaticalement, tout en « rassemblant » sensations et archivage, regard et mémoire, hasard de l'instant et enquête têtue. Le « passage » qui associe ces éléments, sans aucunement expliciter sa logique, vaut comme exemple de la « relation » glissantienne, dans laquelle le regard, le discours, passent d'un élément à l'autre plutôt qu'il ne joignent ou subordonnent. La « relation » n'est pas hiérarchisation grammaticale mais déplacement par contiguïté ou analogie. C'est pourquoi elle est mouvement et se poursuivra, très logiquement, dans l'arpentage du « tout-monde ».

Par conséquent, Mathieu est beaucoup plus proche de Mycéa qu'on ne l'aurait pensé *a priori*, du fait de leur séparation et d'une position assez différente quant aux mots. Au-delà, ou en deçà de leur opposition déclarée, leur langage divisé, est identiquement déchiré entre des aspirations contradictoires, vers le discours méthodique et vers la vision, vers l'éclat fulgurant et vers la modestie grossière. Si les déclarations de principe s'éloignent, les formes linguistiques et discursives se font écho. Tous les deux, somme toute, reconnaissent que seule la vision du paysage donne accès à l'histoire, à la mémoire. Ainsi l'écrivait, en écho, Édouard Glissant :

> « De même que c'est en notre mémoire que le poème se commue, de même est-ce en la mémoire (en l'histoire) du pays antillais, inscrite dans les roches et la terre offensée, que la beauté perçue par un seul irradie à la fin en connaissance partagée[19] ».

---

18.   *Ibid.*, p. 34.
19.   *Le Discours antillais*, p. 443.

En fait, non seulement la connaissance est « partagée », irradiant à partir d'une perception solitaire, mais progressivement, la perception elle-même devient fragmentaire et multiple. Il ne saurait être question qu'un seul détienne la vérité, puisse déceler, à lui seul, la trace. La mémoire est collective. Si elle s'inscrit dans « les roches et la terre », elle n'est déchiffrée que par le relais de voix dont la multiplicité est de plus en plus manifeste dans l'œuvre. Mycéa, entre l'observation des grands plants et le langage des herbes, Mathieu, « méditant » sans fin le mahogani, interrogeant la trace entre les ébéniers ou les acacias, le narrateur reprenant à son tour la « mélopée », se font écho :

> « À la croisée des vents, écrit Celui qui commente, le bruit des voix accompagne les signes écrits, disposés en procession pathétique sur la cosse ou le parchemin ; le dessin gagne encore. Mais ce qui parle, c'est l'écho infini de ces voix[20] ».

Narrateurs, scripteurs, voix multiples

Dès *La Lézarde*, un personnage apparaissait, dans l'ombre du récit, le narrateur. Les protagonistes lui demandaient de témoigner :

> « On te confie l'écriture. C'est ça.
> – Fais une histoire, dit Mathieu. Tu es le plus jeune, tu te rappelleras[21] ».

C'est donc la voix de ce jeune narrateur anonyme qui assume le récit, dans l'ensemble du roman, plus ou moins omniscient et surplombant, selon les épisodes. Parfois très proche des autres personnages et vibrant d'émotion, il se décrit, au cœur de l'action :

---

20.   *Mahagony*, p. 230.
21.   *La Lézarde*, p. 237.

« Tu étais là, assis sur le rebord de terre, près de la maison. Et tu n'osais pas partir, mais tu tremblais[22] ».

Il se parle souvent à la seconde personne, laissant une distance s'insinuer entre le narrateur témoignant ultérieurement et le personnage ayant vécu les événements :

> « tu avais trop couru, trop crié, tu étais trop emporté pour bien suivre le sens des mots. [...] (Je me parle ainsi, revoyant par images rapides et sèches la fin de ce jour...)[23] ».

Le personnage de l'historien, Mathieu, est donc doublé par un narrateur-personnage qui est tout aussi présent, dans l'action comme dans l'interprétation.

Ce narrateur s'est fait plus discret dans *Le Quatrième siècle*, disparaissant en tant que personnage, se réduisant à une instance narrative omnisciente et anonyme, qui laissait souvent Papa Longoué conduire lui même le récit. Dans *Malemort* et *La Case du commandeur*, il resurgit, assez proche, somme toute, du narrateur de *La Lézarde*, en tant que témoin privilégié, enfant de la collectivité, choryphée d'un « nous » qui raconte.

Dans *Mahagony*, cependant, Mathieu devient, à son tour, narrateur, prenant la parole d'une manière très paradoxale, afin de prendre ses distances à l'égard de « celui qui [l'] avait [...] portraituré » et « fait solidaire de personnages », dont il devient le rival[24]. Il tente de « relayer ce chroniqueur », reconnaissant qu'il aspire à corriger sa vision des faits :

> « Peut-être ai-je aussi rêvé d'élire à mon tour cet auteur en personnage de mon cru, en protagoniste de ce qui n'allait pas être ma quête mais un procès-verbal : relation tranchante et documentée de la même matière qu'il avait en tout sens chahutée[25] ».

---

22.   *Ibid.*, p. 222.
23.   *Ibid.*, pp. 230-231.
24.   *Mahagony*, pp. 25-26.
25.   *Ibid.*, p. 27.

Ainsi, le personnage devient, par un retournement fantastique, narrateur qui prend pour personnage son auteur. Il aspire à remettre en ordre le chaos représenté par son auteur, grâce à une méthode plus rationnelle et au langage plus dépouillé du « procès-verbal ». Il est potentiellement auteur à son tour, se définissant de façon complexe : « homme, auteur, et parabole dessinée à la fois ». Il est simultanément « habitant du lieu », « créature de fiction », « conteur possible[26] ».

Le vertige engendré par une telle mise en scène du discours n'est pas pour déplaire à l'auteur qui « commente » en ces termes la duplicité des instances et des voix qu'il a mises en œuvre :

> « En sorte que la course, du personnage que fut Mathieu à l'homme d'écart qu'il devint à l'auteur lui-même, gagné en vitesse par cela qui lui était opposé, n'a cessé de s'écheveler. Qu'à la fin ni l'informateur ni l'auteur n'eussent pu se reconnaître l'un à part l'autre ; et que le lecteur attentif ne saurait non plus, du moins sans vertige, les distinguer[27] ».

Il résulte d'une telle confusion que Mathieu ne devient pas tout à fait narrateur-auteur, puisque même dans la fiction, une autre voix se fait entendre pour « commenter », qui se prétend auteur, ou « signataire de ce récit », et que Mathieu se reconnaît créature, fiction, personnage d'un « auteur ». L'un aurait fait une confidence, déclamé un récit que l'autre aurait entériné, non sans « ajouter à la parole dudit déclamateur ou la pervertir par endroits, comme il y était d'ailleurs invité, ou y mêler son propre sentiment des choses[28] ». Et Mathieu reconnaît, avec quelque amertume : « J'étais un paroleur parmi d'autres, saturé d'un suc dont je n'étais pas capable de peser la teneur[29] ».

En fait, ni Mathieu ni le scripteur ne peuvent revendiquer le récit, ils demeurent dans un entre-deux, ne souhaitant plus assumer la totalité de la fiction ni la plénitude de la voix narrative. La figure

26. *Mahagony*, pp. 31-32.
27. *Ibid.*, pp. 228-229.
28. *Ibid.*
29. *Ibid.*, p. 31.

simple du narrateur-conteur qu'était Papa Longoué est donc irremplaçable. Après le quimboiseur, aucune instance n'a légitimité à dire le récit, ni un protagoniste, ni un narrateur unique, ni l'auteur. De cette béance naît la figure du « marqueur de paroles », personnage bien dessiné dans l'œuvre de Patrick Chamoiseau, et dont on retrouve des épigones chez Raphaël Confiant, Gisèle Pineau, Ernest Pépin[30].

Mathieu Béluse et « celui qui commente » sont les ancêtres conjoints du « marqueur de paroles », voix démultipliées qui prennent le relais d'une parole unique. Ils sont les avatars d'une autre parole, voix, parmi d'autres voix, porte-parole, personnages qui vacillent entre le monde de l'oralité et celui de l'écriture, entre la filiation au conteur et la nécessité d'écrire dans le monde contemporain, pour faire l'histoire/les histoires. Continuer le conteur en transcrivant sa parole, c'est le trahir ; se faire écrivain, c'est se trahir, renoncer à une tradition singulière, à son identité propre. Le « marqueur de paroles » tente, par conséquent, de réunir deux mondes, de se faire traducteur, interprète, « scribouilleur de l'impossible », selon le narrateur de *Solibo Magnifique*[31]. Un tel paradoxe était déjà synthétisé par Édouard Glissant, dans *Le Discours antillais* :

> « Nous posons donc la question de l'écriture, nous posons une question à l'écriture, et c'est à chaque fois par un livre. Traînant ainsi en queue notre propre discours sur l'oralité. Inventerons-nous jamais ces modes d'expression qui quitteront le livre, le transformeront, l'adapteront[32] ? »

Sans « quitter le livre », l'œuvre tente, par conséquent, de transformer celui-ci, en tâchant de conjoindre l'écrit à l'oral. Toutefois, cette relation ne va pas de soi, elle requiert d'inventer la figure oxymorique d'un écrivain qui n'écrit pas, se contentant de « déclamer » ou de « ratifier » une parole, ou le paradoxe d'un

---

30. *Cf.* notre essai, *L'auteur en souffrance, essai sur la représentation de l'auteur dans la littérature antillaise contemporaine*, PUF, 2000.
31. *Cf.* Patrick Chamoiseau, *Solibo Magnifique*, pp. 222-226.
32. « Voix », « Sur la littérature », in *Le Discours antillais*, p. 451.

personnage devenu son propre scripteur et qui interpelle son auteur. Selon cette deuxième perspective, l'ambiguïté s'inverse, car si Mathieu prétend avoir pratiqué l'écriture, ce ne sont plus deux voix qui se relaient, mais également deux scripteurs qui rivalisent, revendiquant le même texte. Mathieu, en effet, a collationné des

> « "contes opaques [...] des bribes de prophéties, [...] des relents balbutiés de savoir que les vieilles gens des campagnes laissent traîner autour d'elles". Il a "grapill[é] des souvenirs [...] encore accrochés aux branles des vérandas ou au frais des grands manguiers"[33] ».

Il a également retrouvé des « parchemins déchirés, [...] des chiffons et des écorces » sur lesquels le « vieux nègre [...] macérait sa parole », aux environs de 1830. Tous ces fragments, tant oraux qu'écrits sont juxtaposés, formant une étrange « procession » que Mathieu tente de dérouler :

> « Je me raccrochai, dit-il, à la procession de moments de parole puis de consignation écrite qui se relayaient pour finir par s'emmêler, je me pris à la passion de cet emmêlement[34] ».

Il est devenu l'« amarreur » de ces bribes, et revendique, sinon l'invention, du moins la transcription de ces paroles :

> « Relayant ce vieux houeur, comme l'amarreur pas à pas suit le coupeur, et il assemble et lie de feuilles sèches mêlées aux feuilles vertes les bouts que celui-ci a taillés, ainsi amassai-je bruits et rumeurs tombés de la fin de cette histoire, en quantité suffisante pour m'y perdre. [...] Aussi m'exerçai-je répertoriant les cosses du passé, à une tranquillité d'écriture qui garantissait à mes yeux la seule liberté vraie par rapport à tout auteur possible[35] ».

---

33.   *Mahagony*, pp. 74-75.
34.   *Ibid.*, p. 21.
35.   *Ibid.*, p. 76. La figure de « l'amarreur » sera reprise par Patrick Chamoiseau dont le narrateur, dans *Texaco*, recueille des témoignages oraux, relie, scotche des « cahiers », se compare à « l'amarreuse » qui lie les bottes de

De la sorte, les textes proposés dans *Mahagony* pourraient avoir été écrits aussi bien par Mathieu que par « celui qui commente », sans qu'on puisse les départager, tandis que, à l'inverse, des chapitres demeurent sans statut, en particulier les récits que constituent les chapitres symétriques « La descente » et « Remontée ». Leur narrateur omniscient et anonyme renvoie-t-il à l'instance du scripteur « qui commente », ou du personnage-narrateur qu'est Mathieu ?

Outre les passages nommément narrés par Mathieu, puis le chapitre « Un coq à Esculape » que l'on peut vraisemblablement attribuer à ce personnage, le roman se compose de monologues qui existent par eux-mêmes, revendiqués par de nombreux personnages qui ne sont pas nécessairement écrivains. Si Hégésippe, houeur sur une plantation, au XIXe siècle, écrit, ce n'est le cas ni de sa compagne Eudoxie, ni de Marie Celat, de Lanoué, de Longoué ou d'Adélaïde. Comment leur déclamation s'est-elle transformée en texte ?

---

canne. Ce narrateur n'est plus celui qui raconte mais celui qui est transversal, tangent aux objets et personnages du récit, tel que l'avait déjà conçu Gilles Deleuze, dans *Proust et les signes*, PUF, 1964. Bien avant les « agencements collectifs d'énonciation » que devaient conceptualiser Deleuze et Guattari, dans *Mille Plateaux* (1980), le modèle structural d'un roman tel que *Tout-monde*, serait à rapprocher de celui qu'analyse Gilles Deleuze dans *À la recherche du temps perdu* : « dans un monde réduit à une multiplicité de chaos, c'est seulement la structure formelle de l'œuvre d'art, en tant qu'elle ne renvoie pas à autre chose, qui peut servir d'unité (...). Mais le problème est de savoir sur quoi repose cette structure formelle, et comment elle donne aux parties et au style une unité qu'ils n'auraient pas sans elle. Or nous avons vu (...) l'importance d'une *dimension transversale* dans l'œuvre de Proust : la transversalité. C'est elle qui permet dans le train, non pas d'unifier les points de vue d'un paysage, mais de les faire communiquer suivant leur dimension propre, dans sa dimension propre, alors qu'ils restent incommunicants d'après les leurs. (...) Tel est le temps, la dimension du narrateur, qui a puissance d'être le tout *de* ces parties sans les totaliser, l'unité *de* toutes ces parties sans les unifier », *Proust et les signes*, pp. 201-202. Les italiques sont dans le texte.

Le temps, à travers l'œuvre d'Édouard Glissant, est également la dimension qui fait communiquer des parties, des fragments, des expériences non communicants qui, grâce au « passage » incessant des personnages et des narrateurs comme voix de plus en plus nombreuses, sont rapprochés, mis en « relation », dans les « lieux-communs » glissantiens.

Le dispositif narratif reste donc largement problématique, fantastique et transgressif. Il n'est pas à prendre pour le fonctionnement véritable d'un texte qui continue d'être écrit et régi par l'auteur, même s'il se dérobe, imaginairement. Il n'en reste pas moins que, symboliquement, le discours tenu dans le roman n'est plus celui d'un seul mais celui de plusieurs personnages, renvoyant à des instances diverses (scripteur, auteur, narrateurs, personnages) qui revendiquent également le droit de parler. Et quand bien même Mathieu, ou Celui qui commente réussiraient à prendre consistance, il leur faudrait retrouver une trace à demi-effacée, enfouie non plus sous une seule parole, mais sous une multiplicité de témoignages.

Ainsi, tandis qu'une voix seule pouvait témoigner d'un savoir ancestral qui s'était transmis de Longoué en Longoué, de quimboiseur en quimboiseur, la parole contemporaine s'est divisée, a éclaté en bribes, en fragments dont personne ne possède la clef et que nul discours, nulle écriture ne sauraient réunir en une seule pièce. Dès lors, loin de devenir narrateur unique en face d'un auteur unique, par un simple renversement, Mathieu n'est plus qu'une voix parmi de multiples voix qui se font entendre. La parole s'est donc répartie, brisée, sans qu'un narrateur ou un personnage prétende, en toute légitimité, la monopoliser. De son côté, le narrateur omniscient qui s'abritait encore derrière les voix de *Malemort* ou derrière le « nous » de *La Case du commandeur*, s'est démasqué. Dans *Mahagony*, il assume sa part de discours, sans revendiquer la totalité du texte.

De nombreux monologues se succèdent, en effet, sans qu'on puisse en attribuer l'écriture ou la « déclamation » à Mathieu ou au scripteur. À l'inverse, il s'agit de voix autonomes comme celles du vieux houeur Hégésippe ou de sa compagne Eudoxie, de fragments de textes retrouvés sur des écorces, de « reportages amateurs » empruntés ou de la « consignation écrite » d'entretiens.

C'est ainsi que surgit, dans *Mahagony*, une dame Adélaïde qui propose sa version des faits, nous offre son portrait d'un des personnages : Artémise. Dans *Tout-monde*, une certaine Anastasie fait irruption dans le livre et le bureau du narrateur-scripteur pour lui révéler ce qu'il ignore de Marie Celat :

« Regardez-moi, je voulais raconter mon histoire, comme ça.
[...] Je vais vous avouer le secret de Mycéa, si elle ne vous a pas
confié. Oui, c'est vrai, c'est vous qui l'avez connue, c'est vous qui
racontez son histoire, mais moi je suis allée là où elle est allée, mes
yeux ont vu ce qu'elle a vu ».

Ce personnage pirandellien revendique de prendre la parole,
mettant en doute la légitimité du narrateur-scripteur :

« Parce que vous avez écrit la chose même que je voulais.
Peut-être, vous êtes mon voleur de parole ! [...]
Permettez-moi, monsieur, je sais bien que vous avez essayé de
comprendre. Mais qui parmi vous peut comprendre ? »

Elle reprend, par conséquent, les passages de l'œuvre, extraits
de *La Lézarde* qu'elle cite et commente, interprétant à sa manière
les personnages qu'elle semble avoir connus, déclarant : « Et là,
vous pouvez dire, Mycéa, c'est moi, monsieur[36]... »
Le temps n'est plus où l'auteur parlait au nom de tous, d'un
peuple, ou d'un « nous », voire de ses personnages de prédi-
lection : le roman prétend, dans son dispositif narratif donner
directement la parole aux uns et aux autres, ou du moins les laisse-
t-il envahir l'espace d'habitude géré et distribué par le scripteur ou
le narrateur. C'est en quoi l'auteur refuse d'être à son tour
« géreur », « commandeur » de son texte, préférant donner l'image
d'un processus sans sujet : « l'auteur relève qu'une vérité gonfle
dans la masse des événements, contés ou transcrits, sans qu'elle ait
été sollicitée par déclamateur ni chroniqueur ». Dans une sorte de
mouvement spontané, immédiat, « le fond du temps remonte[37] ».
D'une certaine façon, ce partage des voix libère le narrateur
qui, n'ayant plus à charge la totalité du discours, en assume
davantage sa part. Il ne fait plus semblant de parler en tant que
choryphée d'un « nous » qui n'existe pas, n'a pas pris forme. Il
assure le relais des voix dont il se fait « le pacotilleur », dira-t-il,

---

36. *Tout-monde*, pp. 194-202.
37. *Mahagony*, p. 229.

dans *Tout-monde.* Il prend la position que Mathieu définissait pour lui-même, à la fin de *Mahagony,* en ces termes :

> « Ainsi ai-je couru la courbe de ce récit aux voix mêlées. Je le dévoue à mon auteur et biographe, qui n'y retrouvera pas sa manière. [...] nos paroles valent d'autant qu'elles se relaient ».

La collectivité (« peuple », puis « nous »), a laissé la place à la pluralité des voix, dont la forme ultime se réalisera dans *Tout-monde*, comme roman de la conversation. Dans cette mesure, *Mahagony* puis *Tout-monde* accomplissent le deuil de ce « peuple », qui n'avait pas survécu à l'échec de l'Acte, dans *La Lézarde*, et que l'œuvre appelait de ses vœux. Tandis que *Le Quatrième siècle* s'engageait dans une déploration que devaient prolonger *Malemort* et *La Case du commandeur*, regrettant que jamais ce « nous disjoint » n'en vienne à « former, final de compte, ce corps unique par quoi nous commencerions d'entrer dans notre empan de terre ou de mer violette alentour », *Mahagony*, réitérant cette « agonie », convertit radicalement le « nous ».

En effet, on peut estimer que s'opère, dans ce dernier roman, une transmutation du « nous ». Le référent de ce « nous » n'est plus le peuple virtuel à « rassembler », la collectivité qui est demeurée une « énorme question », sans réponse, mais les voix multiples qui se relaient, témoignant tour à tour de la trace. Dans *La Case du commandeur*, le « nous » s'opposait à celui qui soudain proférait, à la Croix-Mission, quelque prophétie du passé :

> « Mais si un seul campe dans sa passion et confusément crie qu'il entrevoit cet antan [...], nous n'accompagnons pas son geste ni de déchiffrons ce cri. Nous feignons qu'il se moque ou que la folie du cyclone a détourné sur lui son œil fixe, ou que le soleil a pointé dans sa tête[38] ».

À l'inverse, les narrateurs de *Mahagony* ne sont plus partie prenante de ce « nous ». La collectivité de référence, dans ce roman, est constituée de ceux qui parlent, de ceux qui écrivent,

---

38. *La Case du commandeur*, p. 17.

« dans le relais infini des voix singulières ». L'œuvre d'Édouard Glissant, semble avoir fait son deuil du « nous » collectif tant désiré jusqu'à *La Case du commandeur*. Elle assume, au moins au niveau de l'énonciation, la « singularité des voix », son mode d'énonciation privilégié est devenu le « je ». Si un « nous » advient, il se définit par un « je » plus « il », ou par une pluralité de « je ». Ainsi, Mathieu désigne par « nous », « Mycéa et moi » ou « Raphaël et moi ». S'il évoque un « nous » en ces termes : « Parfois, nous perdons la trace » ou encore « nous méditons ensemble ce mahogani », le contenu de ce pronom, sans définition précise, renvoie cependant à ceux qui ont entrepris la quête de la trace. Il ne saurait avoir pour référent le type de communauté populaire compacte, confinée dans le « délire verbal » par ses dénis et ses aveuglements, tel qu'il apparaissait dans *La Case du commandeur* ou dans *Malemort*. L'œuvre a pris le parti des déparlants, des marrons, de tous ceux qui, à un moment ou à l'autre, ont crié « au long de la trace ».

Un « traité du déparler »

On peut suggérer, par conséquent, que *Mahagony*, puis *Tout-monde* réalisent un véritable « déparler », d'une part, en substituant à l'écrit d'un seul les paroles de beaucoup, d'autre part, en juxta-posant des textes de statuts différents – monologues, narrations émanant de narrateurs instables, datations – sans les recoudre linéairement. Ces romans privilégient un style décousu, un discours déconstruit, qui constituent une nouvelle poétique, dans laquelle la singularité des sujets est désormais reconnue.

Si Mathieu n'est pas l'héritier de Papa Longoué, c'est parce que l'œuvre d'Édouard Glissant prend acte d'un saut culturel, se situe dans un écart symbolique et poétique entre la parole d'un ancêtre, comme unité transcendante, et les paroles ou les écrits multiples qui sont possibles après sa mort. Dans une culture où la trans-mission, du conteur à l'écrivain, de la parole unique à l'écrit assumé par un auteur n'a pas eu lieu, le discours ne peut être que morcelé, tendu entre l'oral et l'écrit, entre les versions multiples d'histoires sans commencement ni fin, ou « digenèses ».

Ainsi « agonise » une culture, une parole, en quoi « ma agonie » ne fait que redire la mort du quimboiseur. Mais au-delà de cette disparition, c'est également l'auteur qui agonise, la première personne du titre ne pouvant guère se référer qu'à la voix unique d'un scripteur-narrateur qui célèbre sa propre mort. Mais « tandis qu'agonise » cette figure, naissent de multiples voix, celle de Mathieu le narrateur qui écrira bientôt un « traité du "tout-monde" », celle d'Hégésippe ou de Lanoué, de Marie Celat et de nombreux autres personnages qui viendront témoigner de leur parcellaire mais néanmoins irremplaçable expérience de la trace. Paradoxalement « ma agonie » est naissance du « je », comme si le moi (ou le nous) de l'auteur laissaient place aux sujets divers qui sont susceptibles de se faire entendre dans l'œuvre. Cette mort n'est donc plus tout à fait « male mort », elle donne à l'œuvre un nouvel horizon. Dépassant la mélancolique déploration, le texte se tourne vers l'avenir d'un sujet, ainsi qu'en témoignent les derniers mots de *Mahagony* : « Véritablement je m'appelle Mathieu Béluse. [...] je vivrai encore longtemps ».

Le titre *Mahagony* lui-même ne peut pas s'interpréter tout uniment, comme celui de *Malemort*, car si l'on entend « agonie » dans *Mahagony*, force est de constater que le mot est d'abord essentiellement neuf. Il déconstruit le mot « mahogani », en inverse les voyelles, pour faire apparaître autre chose, un ensemble de signifiants qui vont évoquer de multiples personnages du livre : Mani, Maho, Gani, Marny, mêlés de façon inextricable dans le titre. L'esthétique de la déconstruction, par conséquent, conduit à reconstruire une réalité linguistique inédite, un néologisme fécond dans lequel l'œuvre résume toute sa matière narrative. Le « mahogani », arbre symbolique, dont la trace fait repère dans la totalité de l'œuvre romanesque, contient, comme ensemble de signifiants, toutes les histoires, tous les personnages. Le roman joue assez constamment sur cette capacité d'un signifiant élu, à se rétracter et à se diffracter, dont l'aboutissement est l'écriture de *Sartorius*.

En effet, on pourrait suggérer qu'à force de tourner autour de ses signifiants majeurs que sont la traite, les premiers débarqués, le premier marron, l'œuvre s'est cristallisée sur le personnage d'Odono, qui, plus encore que Longoué, a symbolisé l'histoire, depuis *La Case du commandeur*. « Odono, Ki Odono ? », « Odono, quel Odono ? » sont les interrogations qui jalonnent *La Case du commandeur*, reprises par des approximations : « Dorono », « Rodono », et la répétition du prénom au fil des générations, à tel point que personne ne sait plus de quel Odono on parle, lorsque le prénom est évoqué. « Odono » devient la trace extrêmement ténue, d'une histoire dont se transmettent des bribes : la mare auprès de laquelle se retrouvent deux jeunes gens, amoureux d'une même jeune fille, la trahison d'un frère, la capture, le vaisseau négrier où les deux frères et la jeune fille se retrouvent, également enchaînés, l'arrivée en terre étrangère.

Si l'œuvre explore d'autres signifiants, plus attirée dans *Mahagony* par le [i] et le [a] de « Marny », « Maho », « Mani », « Gani », « Annie-l'amie-des-marins », déplaçant le « o », de « mahogani », et le décentrant, précisément, dans le titre « Mahagony », le roman *Sartorius* redécouvre ce signifiant nodal, véritable magma et matière première de la fiction. Le « o » d'Odono, n'est plus seulement phonème, mais centre, cercle, forme circulaire rappelant la mare, rond, mot qui tourne en rond, se referme sur ses « o » – à l'instar d'Ozonzo, dans *La Case du commandeur* –. Son [o] qui se répète, est structure linguistique dans la langue des Batoutos ; il est devenu le signifiant acoustique et graphique essentiel autour duquel enfle le texte, comme une pâte travaillée par le levain.

Ainsi, le narrateur commente les noms de ses personnages en ces termes :

> « Dans ce pays, vous vous en êtes étonné déjà, "mais sans rien savoir encore", les noms des personnes se terminent par un *o*, qui est double au féminin. Odono pour ce garçon, Odonoo pour sa sœur, du moins selon nos façons actuelles de transcrire ».

Le « o » est donc morphème, indice grammatical qui assure la distinction masculin/féminin. Mais il est également sonorité chantante, dont la répétition « donnait du rythme, de l'assonance cadencée, aux palabres ».

Une philosophie du « o » est également explicitée, tendant à établir que le son, en correspondance avec une forme n'est pas plénitude du cercle mais trou, « béance », interprétée comme modestie d'un sujet qui ne se veut nullement « régisseur » du monde, et comme déploration, à la fois sonore et significative d'une condition :

> « Ce son terminal des noms propres ne supposait aucune prééminence des personnes sur les choses et la terre et les bêtes, mais comme une béance à la fois claire et profonde, par quoi chacun s'établit sans régir et se nomme sans prétendre à dominer. Il n'y s'agissait pas de l'absolu de la lettre *o*, qui ne se faisait pas entendre, comme telle, ni de sa sorte de comble fermé sur lui-même, mais de la lamentation tranquille qu'un tel son prolongeait entre les gens parlants ».

Dans ce poème en prose, on le voit, les correspondances sont parfaites, qui nous font passer du son à la forme de la lettre et à la signification symbolique du cercle. L'exemple donné par le narrateur prolonge ces jeux poétiques :

> « Quand Onoko crie sur Odono, Okoo soupire et tombe tout en eau, énonçaient-ils à propos d'une faute pour laquelle il était demandé miséricorde[39] ».

Ainsi, le passage de la lettre au son, dans le signifiant « o », permet de jouer sur l'homophone « eau », qui semble d'autant plus justifié que la situation mise en scène évoque le « soupir », la faute, les larmes, peut-être. Le « o », rond de la mare et « eau », surdétermine un certain nombre d'images et de thèmes, par conséquent. C'est ainsi qu'une partie de *Sartorius* s'intitulera « L'eau de la mare ». Qu'il ne soit pas associé à la perfection, à

---

39.   *Sartorius*, p. 40.

l'absolu du cercle, mais à la « béance », au trou, justifie également un certain nombre de situations, une histoire, une coloration mélancolique. Enfin, l'*o* comme signifiant minimal est la cellule de base d'innombrables noms et associations d'idées qui forment la matière sonore et thématique du roman, dans un vaste rhizome dont le principe est de démultiplication, de diffraction, dans tous les sens. Précisément, après avoir rendu hommage à Gilles Deleuze, promoteur avec Félix Guattari du modèle de type rhizome contre le modèle arborescent, privilégié dans le *logos* occidental, le narrateur de *Sartorius* évoque tout ce qu'il aurait pu englober dans son discours :

> « Nous aurions pu commenter le roman de M. Jean-Louis Baggio'O, vous vous souvenez [...] dont il me suffit de dire ici que l'arbre qui y est représenté, qui rassemble les personnages de cette histoire, dont les noms commencent tous par un O', n'est pas dit généalogique, mais signalétique. Bonheur d'échapper à la chaîne de filiation, pour relater enfin dans les cinq directions en même temps[40] ».

Depuis *Mahagony*, la poétique d'Édouard Glissant s'est donc engagée dans la recherche d'un langage qui ne fût pas de développement chronologique et de filiation, mais d'association, de « relation », de plus en plus libre à partir des signifiants. La déconstruction du discours et du récit, commencée dans *Malemort* et *La Case du commandeur* a trouvé son aboutissement, non dans la reconstruction symbolisée d'une filiation, d'une nouvelle organisation logique, mais dans la liberté d'associations, à partir de cellules minimales qui peuvent graviter, tourbillonner, se joindre, dans des histoires parcellaires, multiples, discontinues, qui constituent désormais la trame très lâche de romans comme *Tout-monde* et *Sartorius*.

Il est sensible que la mélancolie prégnante de *Malemort* à *La Case du commandeur* s'est transmuée progressivement en jubilation, dans une œuvre qui prenait conscience de l'infinie liberté que lui laissait le langage, une fois abandonné le projet de

---

40. *Ibid.*, p. 308.

refondation symbolique. La vitalité des associations, « dans les cinq directions », à partir de signifiants détachés de la chaîne syntagmatique et historique, libérés de la logique discursive, compense la perte de mythe fondateur. Le texte se fonde sur lui-même, trouvant son origine dans ses propres signifiants, Odono ne surgit que du « o », et l'eau de la mare n'a pas d'autre lieu que cet « o » qui en est la source. Dans son immanence, le « déparler » multiplie les relations et signifiances possibles, bien au-delà de ce qu'un discours construit pourrait prétendre signifier. Le roman se libère des chaînes narratives et discursives, empruntant, en quelque sorte, son principe génétique à la poésie qui, depuis toujours, se déploie dans tous les sens, d'une image à un son, d'une lettre à un signifiant et à une multiplicité de significations.

Mahagony et les romans ultérieurs échappent à l'ambiguïté de *Malemort*, dans la mesure où la déconstruction y est davantage assumée comme renouvellement de la forme et du discours. En effet, *Malemort* demeurait extrêmement mélancolique, comme si le deuil ne pouvait être conduit à terme et que la déploration ne pouvait s'achever. Le « déparler » ne s'y détachait pas du « délire verbal », et la possibilité même du sens devenait douteuse. Les derniers chapitres de *Malemort* sont d'une tristesse profonde. Medellus voit les bulldozers dévaster le terrain du « Capitulaire de la terre et du travail », tandis que Silacier, totalement divisé psychiquement, agresse le chauffeur de Monsieur Lesprit, avec lequel il se bat. Il se retrouve en prison, pour une part, « l'autre moitié de Silacier cour[ant] toujours dans la foule », séparé de lui-même et de son coutelas, dont « il effil[e] doucement le coupant », à travers les trous de la porte. Le langage à inventer ne s'est pas découvert, dans *Malemort*, et les personnages sont vaincus, par les « Monomag », « Somivag », et autres institutions organisatrices de la consommation néocoloniale, par le « délire verbal », par la « malemort ». Les mots tombent dans le « trou blanc » de la misère « où tout se per[d] ».

Dans *Mahagony*, certes, une inquiétude continue de se distiller. Le sens est en suspens ; dans le « maelström » et « l'embrouillamini », le vertige prend le lecteur tout autant que Mathieu. Il n'est pas aisé de repérer la trace, d'entendre le témoignage des uns et des autres. L'histoire des trois marrons, Gani, jeune homme qui s'est enfui, au XIXe siècle, Maho le géreur jaloux qui a voulu se venger d'un béké, en 1936, Marny, le délinquant qui, dans le monde contemporain peut incarner une forme de résistance violente, sont également trois vaincus, traqués et finalement rattrapés par les soldats ou les policiers. Toutefois, leur résistance, comme la complicité des femmes qui les ont nourris, posant des vivres dans des « caches », tout au long de leur errance, échappent à la déploration pour devenir les symboles d'un héroïsme populaire. Mais surtout, des voix s'élèvent pour témoigner, manifester d'autres formes de résistance, comme celle du vieux houeur, Hégésippe qui, à l'orée du XIXe siècle, réussit à apprendre à lire et à écrire, dérobe la gazette des maîtres et gratte sur des écorces et des toiles le journal de sa vie, tient sa propre gazette de la plantation.

Il faut enfin souligner combien les parcours de Mathieu et de Mycéa se distinguent de la « descente » de Dlan Medellus Silacier dans la dérive commune. En effet, si Mycéa « revient à la raison », et conquiert un langage poétique et transgressif, d'une grande lucidité, Mathieu quant à lui, ne renonce ni à retrouver la « trace », aussi emmêlée soit-elle, ni à revendiquer son identité. Alors que *Malemort* s'achevait dans la déréliction, *Mahagony* finit en des termes qu'on pourrait presque qualifier de triomphants :

> « Véritablement je m'appelle Mathieu Béluse. Selon la loi du conte qui est dans l'ordre des arbres secrets, je vivrai encore longtemps ».

L'affirmation de l'identité, du nom et de la vérité de ce nom, est solennelle. Le roman prend l'allure du mythe et s'achève en épilogue, empruntant au conte, auquel il se réfère, formules consacrées et énigmes. Le langage, loin de tomber en miettes, de s'évanouir dans un « trou blanc », se fortifie et fait « loi ». L'avènement du personnage si fragile de Mathieu, entre fiction et réalité, est un nouvel acte de résistance, coup de force contre le scripteur, peut-être, et plus encore résistance du scripteur lui-même contre le réalisme et les lois de la vraisemblance.

Au mépris des catégories raisonnables du discours, un personnage s'affirme en tant que personne, tout en assumant sa vérité de conte. N'est-ce pas encore une fois transgresser l'ordre établi du *logos*, afin d'inventer un nouveau langage, de créer des catégories nouvelles, entre fiction et réalité, des créatures de discours qui auraient cependant force de réalité[41] ?

Ainsi, l'œuvre mêlera de plus en plus ses propres personnages aux personnes réelles. Dans *Tout-monde*, les uns et les autres coexistent, à la même échelle. Le narrateur discute avec ses personnages, tandis qu'apparaît un jeune Mathieu qui n'est plus Mathieu Béluse mais le fils de l'écrivain[42]. Dans *Traité du Tout-monde*, l'auteur reviendra sur « le nom de Mathieu », qui lui fut donné en baptême, avant de devenir le prénom de son personnage et enfin celui de son plus jeune fils[43]. Dans *Sartorius*, enfin, se rencontrent très librement personnages réels, littéraires ou historiques et personnages fictifs, issus de l'œuvre de Glissant ou de celle d'autres auteurs, à l'instar de ce Wilhelm Sartorius qui deviendra le Sartoris de William Faulkner. Les Batoutos se mêlent aux amis : l'écrivain islandais Thor Wilhjalmsson ou Pietro, l'Italien ; Albert Dürer, Marie Celat, Cheikh Anta Diop partagent le même espace que Lam et Matta ou Cárdenas, tandis que l'auteur

---

41.   Sans doute est-on très proche ici de ce que Gilles Deleuze et Félix Guattari appellent « agencements collectifs d'énonciation ». Ces auteurs définissent le livre-rhizome comme « agencement [qui] met en connexion certaines multiplicités prises dans chacun de ces ordres ["un champ de réalité, le monde, un champ de représentation, le livre, et un champ de subjectivité, l'auteur"] si bien que le livre n'a pas sa suite dans le livre suivant, ni son objet dans le monde, ni son sujet dans un ou plusieurs auteurs. Bref, il nous semble, écrivent-ils, que l'écriture ne se fera jamais assez au nom d'un dehors. Le dehors n'a pas d'image, ni de signification, ni de subjectivité. Le livre, agencement avec le dehors, contre le livre-image du monde », *Mille Plateaux*, Éditions de Minuit, 1980, p. 34. « Le livre, agencement avec le dehors » peut intégrer, à la façon des œuvres d'Édouard Glissant, des éléments et personnages du « dehors », les mêler à la fiction, confondre les niveaux. Discours et récit, champs de la fiction et du social interfèrent, au moins dans l'imaginaire de l'œuvre, trangressant les frontières, établissant des connexions nombreuses, dans une immanence qui nie les hiérachies et les classes logiques.
42.   Cf. *Tout-monde*, p. 463.
43.   « Le nom de Mathieu », *Traité du Tout-monde*, p. 77.

continue son dialogue tant avec le petit Mathieu qu'avec le « Mathieu de la Lézarde ».

Véritable « déparler », par conséquent, l'œuvre n'en renonce pas pour autant à être un « traité ». C'est-à-dire que tout en déconstruisant le discours, en récusant les catégories traditionnellement reconnues dans une rhétorique classique, l'œuvre s'estime théorie du discours, réflexion philosophique sur son propre « déparler ». Ainsi s'allient la correspondance poétique, le rhizome, à un langage souvent théorique, dense, qui réfléchit sa pratique. Que l'œuvre soit tout entière traité du discours, cela semble une évidence, tant la question du discours, du langage des uns et des autres est au centre, qu'il s'agisse, depuis *La Lézarde*, et *Le Quatrième siècle*, de raconter le passé ou, à partir de *Malemort,* de trouver le « langage neuf » qui permettra de nommer le pays, de reposséder la terre. Depuis la critique du « délire verbal », jusqu'à l'invention des Batoutos, la question du langage, la réflexion sur le discours (« antillais », en particulier) n'ont cessé de préoccuper le narrateur et les personnages.

L'expression « traité du déparler » a ceci de paradoxal cependant, qu'elle allie la théorie raisonnée au délire, l'écrit par excellence, à l'expression orale (parler) la plus libre (dé-parler). Comment peut-on écrire un « traité du déparler », comment peut-on faire du « déparler », ou du délire une théorie du langage ? C'est dans cet oxymore que les romans se déploient, se faisant la théorie en acte d'un langage neuf. *Mahagony* réalise ainsi le déparler, dans un langage éclaté, lacunaire, de l'emmêlement, tout en se faisant théorie du marronage, réflexion sur le « peuple des plantations » et sur la trace. On pourrait citer de nombreux aphorismes, émanant des personnages ou du narrateur, des passages philosophiques telles ces réflexions de Mathieu :

> « Ceux-là qui sont remontés du gouffre ne se vantent pas d'être élus. Ils vivent simplement la relation, qu'ils défrichent, au fur et à mesure que l'oubli du gouffre leur vient et qu'aussi bien leur mémoire se renforce. Voilà pourquoi le peuple des Plantations, s'il

n'est hanté par la nécessité de la découverte, se trouve doué pour l'exercice de la relation[44] ».

Inversement, dans le « Traité du "tout-monde" de Mathieu Béluse », cité dans *Traité du « tout-monde »*, des passages de récit et d'énonciation lyrique alternent avec les énoncés plus philosophiques :

> « 2- "Assez de lamentos ! Osons plus avant. Descendons le récit dans notre présent, poussons-le dans demain ! Creusons dans les souffrances que voici, pour prévenir celles qui vont paraître."
> J'en suis d'accord. Oh ! oui, d'accord. Mais prenons garde que notre récit ne s'embarrasse pas à cette ligne. Les récits du monde courent en ronde, ils ne suivent pas la ligne, ils sont impertinents de tant de souffles, dont la source est insoupçonnée. Ils dévalent en tous sens. Tournez avec eux ! »

Les métaphores, les interjections et la disposition typo-graphique, le jeu du dialogue entre paragraphes en italiques et paragraphes en caractère romain, les soudaines généralisations de style théorique, font un continuum dans lequel on passe souplement des idées aux sentiments et des images aux réflexions. La théorie, qu'il s'agisse de récit ou de relation, en effet, tisse les concepts du type « peuple des Plantations », « relation », « mémoire », « présent », « récits du monde » aux métaphores telles « remonter du gouffre », « défricher », « descendre le récit dans notre présent », « récits qui courent en ronde », « souffles », « dévaler ». La réflexion se fait drame, mettant en action, dans une représentation tout en mouvement les notions examinées : « osons », « descendons », « poussons », « prenons garde ». Les « récits du monde », quant à eux, à l'image de génies ou de forces cosmiques « courent en ronde, ils ne suivent pas la ligne, ils sont impertinents de tant de souffles, [...] Ils dévalent en tous sens ». D'où l'injonction théâtrale : « Tournez avec eux ! » La formulation poétique discrédite-t-elle la valeur théorique des propos ? Ne faut-il pas plutôt reconnaître que la philosophie d'Édouard Glissant,

---

44. *Mahagony*, p. 216.

aussi bien en ce qui concerne la « relation » qu'en ce qui concerne l'histoire ou le récit, emprunte un langage imagé, poétique, sans pour autant cesser de théoriser son langage et sa conception du monde ? La « relation », loin d'être une théorie pure est « exercice », « imaginaire », de même que la théorie du récit comme « digenèse », par exemple, telle qu'elle est énoncée dans *Faulkner, Mississipi* ou dans tel essai de poétique, est mise en pratique dans *La Case du commandeur, Mahagony* ou *Sartorius*.

Ainsi, la notion même de « *Tout-monde* » n'est pas d'abord apparue dans un contexte théorique. *Poétique de la Relation*, paru en 1990, qui porte à la connaissance du public des textes écrits ou des conférences prononcées durant la décennie 1980-1990, ne fait aucune mention de « tout-monde ». Si *Poétique de la Relation* a souvent recours aux termes « monde », « chaos-monde », « écho-monde », « Relation », « baroque mondialisé », « totalité ouverte », « totalité (relationnelle, dialectique) », « univers », cet ensemble ne fait jamais allusion au « tout-monde ». Même dans *Barque ouverte*, conférence prononcée en 1986, à Louvain, c'est-à-dire contemporaine de *Mahagony* publié en 1987, et qui contient certaines phrases du roman, mot pour mot, le texte n'a pas recours au terme « tout-monde[45] ». C'est donc dans le roman *Mahagony* que cette expression apparaît pour la première fois. La première occurrence de « tout-monde » naît ainsi dans le texte fictif du vieux houeur Hégésippe, esclave qui réussit à lire la gazette dérobée à ses maîtres et à écrire sur des écorces. Il note dans son journal, en 1815 : « En de tels moments, penser au "tout-monde", à tant de si-loin qui vous font un grand cri[46] ».

Dans cette langue énigmatique qui est la sienne, il est, semble-t-il, le premier personnage qui, avant le narrateur, et avant Mathieu, emploie cette expression. C'est dire que l'esclave sur l'habitation, loin de s'absorber dans sa propre image, a déjà prescience du « tout-monde », c'est conférer à l'expression un passé ancestral et une aura de mystère. L'expression suggère une unité (« tout-monde », « un grand cri »), résultant d'une multiplicité (« tant

---

45. Il s'agit des pages 215 à 218 de *Mahagony*, et des pages 17 à 21 de « Barque ouverte », in *Poétique de la Relation*.
46. *Mahagony*, p. 42.

de »), elle évoque des souffrances venues de lointains innombrables qui convergeraient en un seul cri. Mais s'il faut décrypter
l'expression, étrange dans sa concision poétique, son usage
étonnant des adverbes substantivés, il convient également de
considérer comme signifiante la forme, dans son opacité même. Le
« tout-monde » se manifeste dans un parler baroque, contourné,
dans un langage poétique et inventif. De la sorte, coïncident, dans
l'apparition de l'expression, une idée nouvelle et une formulation
singulière. Il n'est pas de « tout-monde » sans invention
langagière, sans écart stylistique, sans « déparler ».

Le « tout-monde » n'est donc pas initialement objet de théorie,
concept défini dans un essai de poétique. L'une des premières
occurrences de l'expression appartient au récit, à un personnage
qui, dans une distance temporelle et linguistique, définit la notion
comme synonyme de « tant de si-loin qui vous font un grand cri ».
Plus tard, l'auteur Édouard Glissant reprendra l'expression pour en
faire un concept qu'il définira :

> « J'appelle Tout-monde notre univers tel qu'il change et
> perdure en échangeant et, en même temps, la "vision" que nous en
> avons. La totalité-monde dans sa diversité physique et dans les
> représentations qu'elle nous inspire : que nous ne saurions plus
> chanter, dire ni travailler à souffrance à partir de notre seul lieu,
> sans plonger à l'imaginaire de cette totalité[47] ».

Les deux usages de l'expression ne se contredisent nullement,
dans une formulation qui est à la fois proche et différente. Le
langage d'Hégésippe est plus étrange, plus concis, tandis que celui
d'Édouard Glissant emprunte à l'énoncé d'un axiome son mode
affirmatif et conceptuel. Cependant, la définition ne laisse pas
d'évoquer le chant, les souffrances de la vie quotidienne, dans une
expression raffinée et poétique : « nous ne saurions plus chanter,
dire ni travailler à souffrance », dans laquelle le groupe introduit
par la préposition « à » produit un écart stylistique.

Théorie et récit se complètent, se font écho, comme si le roman
expérimentait un imaginaire (donc des images) que le discours

---

47.   *Mahagony*, p. 176.

théorique intègre et systématise, sans nullement renier cet « imaginaire » qui demeure à la base de la poétique : il s'agit de « plonger à l'imaginaire » du « tout-monde », et non de se contenter de définir, théoriser, faire des axiomes. Conformément à ce que Édouard Glissant proclamera dans des écrits ultérieurs, entretiens et conférences, le roman est le « laboratoire » de la poétique et de la théorie : « L'acte poétique est un élément de connaissance du réel[48] ».

Ou encore :

> « On s'apercevra que la poétique n'est pas un art du rêve et de l'illusion, mais que c'est une manière de se concevoir, de concevoir son rapport à soi-même et à l'autre et de l'exprimer[49] ».

Il n'est donc pas réservé à Mathieu Béluse d'user d'un fondu-enchaîné entre théorie et récit, idées et exclamations poétiques. Édouard Glissant, dans son propre *Traité du « tout-monde »*, passe d'articles et de conférences à des poèmes, exposant, ici, sa théorie de la relation, là, sa conception du rhizome, réfléchissant sur l'écriture ou les savoirs contemporains, reprenant ailleurs des articles de critique littéraire ou de poétique, esquissant encore des bribes de récit. Ainsi peut-on citer tel début de poème en prose :

> « Villes, gros bourgs de rien ! Vrais lieux du Tout ! Avez-vous égaré vos Xamaniers et vos arapes ? Le bout du soir, ce qu'il en reste de nuage, a filé sur les acacias[50] ».

Tandis qu'un article plus théorique commence ainsi :

> « Filiation et légitimité ont tissé la toile de la durée. Elles ont garanti qu'aucun discontinu ne viendrait rompre la certitude ni corrompre les croyances[51] ».

---

48. « Créolisations dans la Caraïbe et les Amériques », in *Introduction à une Poétique du Divers*, Gallimard, 1996, p. 26.
49. « L'écrivain et le souffle du lieu », entretien avec Lise Gauvin, in *Introduction à une Poétique du Divers*, p. 135.
50. *Traité du Tout-monde*, p. 124.
51. *Ibid.*, p. 81.

Il serait toutefois aussi artificiel que vain de séparer ce que le livre, précisément a conjoint. En réalité, le texte entrelace avec fluidité les aperçus théoriques et les images, dans un style qui ne renonce pas aux métaphores et aux jeux poétiques dans la théorie, tandis que la poésie se fait lourde de significations philosophiques. On pourrait citer :

> « C'est le rhizome de tous les lieux qui fait totalité, et non pas une uniformité locative où nous irions nous évaporer ».

La formule est presque versifiée, et rimée, le rythme est progressif, faisant alterner une précision concentrée qui correspond à la densité du « rhizome », et une proposition plus étendue qui suit le mouvement de la dispersion, évoquée métaphoriquement. Pourtant « rhizome », « totalité », « uniformité locative », font appel aux réflexions théoriques de Deleuze et Guattari para-phrasées ici par Édouard Glissant, et à des concepts philosophiques traditionnels (« totalité ») ou originaux (« uniformité locative »). Cette dernière expression ne manque pas d'intriguer. La substan-tivation de l'adjectif, l'inversion entre le nom et celui-ci, confèrent une densité abstraite à l'idée de « lieu unique », ou de « lieu uniforme » qui lui est sous-jacente. On comprend que l'auteur préconise une « totalité » faite de connexions multiples et mobiles, à la manière du « rhizome », plutôt qu'une totalité faite d'unicité, constituée d'un seul lieu. S'agit-il de théorie ou d'images, de jargon ou de véritable philosophie[52] ?

Tel fragment de récit prend, à l'inverse, l'allure d'une réflexion, se détachant d'un paragraphe un peu théorique qui commence en ces termes : « On revient au lieu, tout comme on s'évade du conte ». Pour laisser place à un dialogue entre l'auteur et son fils « Mathieu, celui qui n'est pas Béluse », avant de revenir au personnage :

> « Mathieu Béluse consulte une branche d'à-tous-maux, il en figure la chose à venir. Il apprend de Marie Celat cet art impossible : de fréquenter l'imprédictible. Il entre en archipel ».

---

52. *Traité du Tout-monde*, p. 177.

C'est le texte tout entier plutôt que le personnage qui entre en
« archipel », dessinant un vaste labyrinthe où la réflexion, le traité,
s'ouvrent à la poésie, au récit, aux analyses littéraires et aux
souvenirs. L'œuvre jetant dans le même creuset tous les langages,
et toutes les formes, est donc devenue un véritable « traité du
déparler ». Le récit s'y défait en « digenèse » et en rhapsodies où
s'entrelacent discours, récit, paroles et chant, tandis que la théorie
se fait « absence, obscure et propice », selon l'étrange définition de
Poétique de la Relation.

Théorie et exercice, récit et discours, oral et écrit, délire et
raison, telles sont quelques-unes des oppositions binaires que le
« traité du déparler » tente de réunir dialectiquement, c'est-à-dire
de maintenir dans un écart différentiel tout en les mettant en
« relation ». La relation n'est nullement synthèse, fusion plus ou
moins idéale, entre homme et femme, oral et écrit, théorie et
parole. Elle est bien davantage mise en jeu, au sens où elle explore
le jeu entre les pièces, et le mouvement possible entre les éléments
du puzzle. Le « passage » dont il était question dans *Mahagony*
devient le principe même de ce discours labile, polyphonique et
dynamique :

> « Ces passages, de temps ou d'espace, légitiment le chan-
> gement, le constituent en permanence. S'il n'y a pas eu passage, ce
> qui demeure ne mérite pas de durer. [...]
> Le rêve de Gani, ajoute le narrateur-Mathieu, était insu, notre
> passage[53] ».

Ainsi se justifie pleinement que le discours devienne totalement
nomade, déplacement, passage permanent dans le « tout-monde ».

---

53.   *Mahagony*, p. 220.

7

L'imaginaire du « tout-monde »

Malemort, 1975, *Mahagony,* 1987, *Poétique de
la Relation*, 1990, *Tout-monde*, 1993, *Sartorius*,
1999.

Pré-histoire du « tout-monde »

Le « tout-monde » n'est pas une dimension récente de l'œuvre
d'Édouard Glissant, bien que l'expression, sous cet aspect,
n'apparaisse qu'à partir de *Mahagony*. L'œuvre a toujours ménagé
une ouverture, un appel vers le monde, vers les pays, un désir de
départ. Dès *La Lézarde*, le monde est une nécessité pour qui n'a
pas de « pays réel » ; mais il n'est sans doute qu'exil et douloureux
détour. Progressivement, à partir de *Mahagony*, s'affirme dans
l'œuvre, en contrepoint d'une « malédiction », d'une fatalité des
errances, un éloge du chaos et du « tout-monde ».

Dans *La Lézarde*, Raphaël, pourtant homme de la montagne,
passionné par la maison de la source qu'il désire posséder à son
tour, tout absorbé, à l'instar de Mathieu, par le projet d'une « terre
à conquérir », s'écrie :

> « Je sens, je sens qu'avec nous tous j'irais partout dans le monde. Nous pourrions louer des bateaux, une flotte énorme, nous voilà, nous venons vous dire bonjour, comme ça, en voisins, c'est si près la Chine, le Brésil, et le Congo, ah ! le Congo, nous venons embrasser la terre par ici, accueillez-nous le chemin fut long, et pénible, pénible[1] ».

Toutefois, pour l'essentiel, le théâtre reste étroit, les lieux principaux demeurent la Martinique et la France où les jeunes gens vont partir étudier, porteurs de messages :

> « Dis que nous vivions à Lambrianne [...] Dis-leur que nous aimons le monde entier. Que nous aimons ce qu'ils ont de meilleur, de vrai. Que nous connaissons leurs grandes œuvres, que nous les apprenons. Mais qu'ils ont un bien mauvais visage par ici. Dis que nous disions : là-bas le Centre, pour dire la France ».

Le « monde entier » n'est guère, en l'occurrence, qu'une périphrase pour désigner le monde occidental et surtout la France avec qui des comptes sont à régler, à qui des explications sont à donner : « nous voulons d'abord être en paix avec nous-mêmes. [Dis-leur] que notre centre il est en nous[2] »...

Sans vouloir minimiser les termes « monde », « monde entier », les évocations lyriques de la « Chine » ou du « Brésil », sorte de préhistoire du « tout-monde » dans l'œuvre, on peut cependant relever que les oppositions majeures, dans ce premier roman, sont entre « ici » et « là-bas », c'est-à-dire la France, ou entre « ici » et le Congo, voire l'Afrique, lorsque l'agonie de Longoué, par exemple, rappelle celui-ci vers ses origines et ses ancêtres. Le monde se limite, par conséquent aux pays ou continents immédiatement impliqués dans l'origine du pays. Du point de vue de l'œuvre, le seul vrai lieu, toujours à nommer et à conquérir, est la Martinique, ainsi qu'en atteste *Le Quatrième siècle*.

Entre « La Pointe des Sables », « Roche Carrée », « La Touffaille » et « La Croix-Mission », les chapitres de ce second

---

1.   *La Lézarde*, p. 203.
2.   *Ibid.*, pp. 240-241.

roman énumèrent des lieux parfaitement singuliers et circonscrits. Ce sont en outre les lieux mêmes qui structurent le roman, les personnages sont déterminés par ces lieux qu'ils découvrent, habitent, créent, qui les limitent et qu'ils nomment[3]. La case, la maison, l'habitation, la forêt, les mornes et la « terre rouge », la mer qui les entoure, sont les références majeures, le « réel » qu'il convient de « dénombrer », conformément au projet initial exprimé dans *La Lézarde*.

Toutefois, Raphaël Targin, qui réapparaît de façon éphémère à la fin du roman, symbolise un destin qui va de la case au monde. En effet, si l'histoire des Targin et de leur maison à la Touffaille est retracée, on sait que Raphaël « avait tout simplement quitté la maison où, dernier des Targin, il avait espéré prendre souche. Il était parti lui aussi ».

Il a dû quitter la maison de ses ancêtres, dont la fondation et la refondation en mémoire sont l'un des objets du roman et du discours de Longoué, « parce que la terre » a pris « un air d'irréel et de chose suspendue en l'air ». En quelque sorte, l'homme du morne est obligé de quitter la case ancestrale parce que « le désespoir et la solitude s'établissaient », parce que « l'incommode et l'incertain dégénéraient en tragique stérile ».

Le drame de *La Lézarde* « où deux chiens étaient à même de donner la mort, où un vieux quimboiseur, dernière branche d'une souche énorme, mourait presque à la sauvette », est évoqué comme véritable émanation de la terre elle-même qui, « de n'être véritablement à ceux qui la travaillaient, ni à ceux qui la possédaient », « couv[e] des recoins » où se produisent ces tragédies obscures et « stériles », qui ont été rapportées dans le roman inaugural. Ainsi, le départ de Thaël, quittant sa case puis le pays, est la conséquence directe du problème politique. L'exil, de la maison vers le monde, est le destin de l'homme dont la terre est aliénée. Le drame moderne n'est en fait que la continuation d'une originelle dépossession. La tragédie de la Traite et de la déportation, qui s'est

---

3.   *Cf.* « À ce moment, [Anne Béluse] s'installa définitivement sur la mince bande de terre qu'on appela ensuite Roche Carrée (peut-être à cause de la configuration du Morne tout proche, peut-être aussi parce que La Roche avait poussé ses terres en carré jusqu'au bord du Morne) »... *Le Quatrième siècle*, p. 142.

perpétuée dans la non-histoire des Antilles, ne peut que créer un appel vers le monde. C'est pourquoi Raphaël Targin

> « dont l'arrière-grand-père s'était installé dans cette maison des hauts (espérant ainsi prospérer à l'écart), à son tour devait recommencer : la quête, le choix, la maison à bâtir, la vie à ordonner ».

Il est véritablement l'homme du voyage que Mycéa imagine au loin, puis de retour :

> « "Thaël, on le verra bientôt, c'est par ici qu'il a retourné la terre, il viendra vérifier si elle a jauni."
> Et dans sa certitude, il y avait le monde enfin ouvert, et clair, et peut-être si proche. Les pays qui de partout accouraient et te parlaient avec leurs sables, leurs boues rouges, leurs fleuves à l'infini, la clameur de leurs habitants. [...]
> Et qu'importait l'endroit où, dans le pays, Raphaël Targin s'installerait et recommencerait ? La difficulté serait partout la même. Et puis, il n'était pas de lieu élu[4] »...

Mycéa ne semble pas envisager ici de véritable déplacement hors du pays, et si elle formule déjà l'un des principes qui deviendront essentiels dans la poétique d'Édouard Glissant : « il n'était pas de lieu élu », elle ne lui donne pas encore la dimension planétaire qui deviendra la sienne. Le passage n'est encore que d'un lieu à l'autre du « pays », même si « le monde [est] ouvert ». Le mouvement est centripète, Raphaël ne peut que revenir, les pays « accour[ent] et parl[ent] » à la terre d'ici.

Par conséquent, le personnage expérimente un univers en négatif, une perte de la terre, devenue « irréelle », une « dépossession » qui se manifeste par un exil, ici et ailleurs. L'errance se justifie par un appel du monde en opposition avec le « pays » devenu « irréel », « comme suspend[u] en l'air ». Le monde peut donc apparaître, dans ce premier temps, comme une réserve de « réel » où il faudrait puiser quand le pays est épuisé. La terre est

---

4.   *Le Quatrième siècle*, p. 286.

devenue « irréelle », du fait de la dépossession, de l'aliénation, de la non-histoire. Dans le monde, il faudrait aller chercher de l'histoire, des histoires, afin de se situer non plus dans une unique « non-histoire », mais dans la Relation à la multiplicité des histoires. Cependant, Raphaël découvrira un monde bien différent de ce que Mycéa pouvait imaginer sous les traits de « pays qui de partout accouraient et te parlaient avec leurs sables, leurs boues rouges, leurs fleuves à l'infini ».

Le monde s'avérera désert, universel dessèchement, pourrissement. Raphaël déclarera, dans *Mahagony*, au retour de ses errances dans « le monde » :

> « Je me suis appuyé contre le mur du monde, ça laisse des traces. [...]
> – Trop de souffrances, dit-il. Trop de malheurs en chapelet, trop de massacres, trop de misères[5] ».

En réalité, monde et pays ne sont que « boue empoisonnée » que le narrateur, dans *Malemort*, déjà, décrivait en ces termes : « Nous n'avons que cette manière de venir au monde : par le dessèchement qui pourrit[6] ».

Du monde au « non-monde »

En effet, le monde n'est pas absent, dans *Malemort* et *La Case du commandeur*, romans du « délire verbal » qui se déroulent essentiellement dans l'univers singulier d'une Martinique en état de déréliction. Mais il n'apparaît guère que comme l'image inversée d'une croyance humaniste en l'universel. Il ressemble davantage à un vide généralisé, étendu à l'univers, qu'à un « tout-monde ». Ainsi, face à la folie d'universel des professeurs

---

5.   *Mahagony*, pp. 240-241.
6.   *Malemort*, p. 186.

idéalistes qui ne reconnaissent que « ce qui mérite de durer, l'Empire l'Union », le narrateur dessine une nouvelle conception :

> « Nous entendons peut-être le monde, non plus tel qu'on nous le fait rêver, mais tel qu'il balance entre ses pôles, [...] à tant que voici au monde maintenant le drame du monde : cataclysmes, sauvages grandeurs de ceux qui se battent meurent et ressuscitent dans les yeux de leurs enfants, mais aussi, agonies méconnues et s'il se trouve confortables de combien de peuples tassés dans le déni, de combien d'îles prises dans la molécule monde en quête de sa masse et comme argile douce pétries de renoncement[7] ».

Le monde, bien loin de l'idéal néocolonialiste qui revendique une assimilation civilisatrice, ou encore de la réserve de « terres rouges et de fleuves à l'infini » imaginée par Marie Celat, devient universelle déréliction, comme si la rencontre avec l'autre et avec les autres pays n'était qu'apocalyptique :

> « C'est notre relation ; n'est-il pas vrai que partout au monde la terre est ainsi menacée, l'eau si complètement tarie : de sorte que par là au moins nous partageons quelque chose avec l'univers[8] ».

En quelque sorte, la civilisation destructrice qui a colonisé l'Afrique et l'Amérique, organisé la traite et l'abomination, finit par se détruire elle-même, inversant sa conquête de la terre en universel anéantissement[9]. Le discours militant déplorant la « malemort » de la Martinique, s'étend aux « îles » et aux « peuples » qui semblent voués à ce que *Le Discours antillais* a nommé ironiquement une « colonisation réussie ».

Aussi, est-ce au moment où cet état de déréliction paraît à son comble, lorsque la Martinique est imaginée comme une île sous sa

---

7.   On peut entendre l'expression « sauvages grandeurs de ceux qui se battent meurent et ressuscitent dans les yeux de leurs enfants » comme une réminiscence de *Malemort*, si ce n'est une allusion au chapitre « 1788-1974 » de ce roman, pp. 115-133.
8.   *Malemort*, pp. 166-167, puis 186.
9.   Ce néant est peut-être ce qu'on peut appeler le « réel » du monde, dans l'acception glissantienne du mot « réel ».

« verrière de protection », livrée à l'excitation des touristes, c'est-à-dire dans *Mahagony*, que l'expression « tout-monde » apparaît et devient une dimension essentielle de l'œuvre. Le lieu « incontournable » est-il en même temps devenu insoutenable ? S'agit-il de chercher une véritable « ligne de fuite » qui permettrait de se libérer de l'étouffement et de la mélancolie[10] ? N'est-ce pas plutôt que la quête du « lieu vrai » a entraîné Mathieu et Mani, ainsi que Marie Celat, dans un abîme, un « gouffre » qui confine au « non-monde », au fond duquel ils découvriront le « tout-monde » ?

Mathieu, à la fin de sa quête a atteint ce gouffre, Marie Celat, dans *Remontée*, creuse un trou, « à l'entrée du gouffre », descendant « au fond du vertige », Mani « plonge dans la case comme dans un gouffre, c'est la ruine qu'il vient trouver[11] ». Tous entrent alors dans un univers de « passage », Mycéa arrache une petite plante qu'elle lance, de façon symbolique, en disant : « À la fin je vous déracine, [...] mais je sais bien que vous allez repousser n'importe où, vous allez voir ».

Le vertige, au bord du trou, au bord du « gouffre » qui se manifeste sous de multiples avatars, dans la terre même, dans les cases ou dans les traces, conduit « loin, bien loin », dans le « tout-monde ».

En cherchant à retrouver les traces des marrons Gani, Marny ou Mani, au plus près des mahoganis ou des ébéniers qui, dans le pays, témoignent de leur passage, Mathieu est conduit, en effet, à la suite du « chroniqueur » à « descendre en spirale, le plus à fond possible, dans le tohu-bohu du temps ».

Il découvre enfin « que plus nous descendions, jusqu'à ce premier bateau qui déversa dans Malendure le premier d'entre nous, plus nous apprenions à connaître le monde[12] ».

En réalité, dans *Mahagony*, Édouard Glissant met en relation la « malemort » d'une « colonisation réussie », et « le gouffre » du négrier, évoqué dans *Poétique de la Relation*, et dans le roman

---

10.   Dans le système du rhizome, les territoires sont déterritorialisés, la ligne de fuite permet le déplacement nécessaire. Il faut fuir, sortir du territoire, quitte à refaire territoire ailleurs, afin de déplacer à l'infini les limites, sans cesse construites, sans cesse défaites. Cf. *Mille plateaux*.
11.   *Mahagony*, pp. 216, 222, 234.
12.   *Ibid.*, p. 214.

écrit à la même époque. Le « gouffre » où furent précipités les Africains arrachés « au pays quotidien, aux dieux protecteurs, à la communauté tutélaire », est la matrice de toute la non-histoire antillaise. L'histoire informulée de la Martinique, en 1987, ne fait que reproduire ou continuer le « gouffre » de la traite.

En fait, une « colonisation réussie » ne peut aboutir qu'à un « non-monde », un « non-lieu ». *Mahagony* met en scène un point paroxystique de la destruction, un anéantissement de toute « histoire », après quoi il n'y a plus rien. Ainsi que le déclare ironiquement Mycéa : « Les gens heureux n'ont pas d'histoire. Fermez la verrière ».

Sous sa verrière aseptisée, en effet, la Martinique est devenue un musée : « Le Musée de la Colonie. [...] On filtre l'air du dehors, pour que les microbes n'envahissent pas. Les passagers débarquent dans le paradis[13] ».

Ce « paradis », en fait véritable « désordre » qui « vous déracine le ventre », selon les termes de Marie Celat, est une réserve de morts-vivants, un lieu vide où règne le silence, une manifestation du « gouffre », si l'on en croit la métaphore employée par Marie Celat : « les voyageurs tombent dans le pays ». Il faut considérer, en effet, qu'une « colonisation réussie », la « dépossession », la déréalisation du pays, et la mondialisation des « cataclysmes » aboutissent à un « non-monde » généralisé, dont la formulation apparaît dans *Poétique de la Relation* et *Mahagony*, en face du « tout », puis du « tout-monde » qui lui fera réponse.

Du « non-monde » au « tout-monde »

Le « non-monde », est initialement ce qui advient dans l'expérience du « gouffre », épreuve originelle des « ténèbres », dans la traversée qui emporte les « Africains » vers « l'inconnu », dans d'« incroyables géhennes ». En effet, dans *La barque ouverte*,

---

13. *Mahagony*, pp. 178-180.

en 1986, Édouard Glissant a représenté le gouffre de la Traite en ces termes : « Le ventre de cette barque-ci te dissout, te précipite dans un non-monde où tu cries. Cette barque est une matrice, le gouffre-matrice[14]. [...] »

Édouard Glissant, dans *La barque ouverte*, puis Mathieu, dans *Mahagony* reprennent presque exactement les mêmes termes, se demandant ici :

> « Cette barque ne vogue-t-elle pas en éternité aux limites d'un non-monde, fréquenté de nul Ancêtre ? »

Et là :

> « Cette barque voguera-t-elle en éternité aux limites du non-monde, fréquenté de nul ancêtre[15] ? »

C'est cependant au plus profond de ce « non-monde », dans l'expérience du gouffre et de cet « inconnu absolu » que « les peuples qui se constituèrent alors », ont découvert le « Tout », puis le « tout-monde ». Si les deux textes, en effet, ont en commun le terme « non-monde » qui a constitué un jalon essentiel dans la création du mot « tout-monde », ils divergent, en revanche, lorsqu'il s'agit de formuler ce qui, au fond du gouffre, se révèle.

L'expression privilégiée par Glissant, dans la conférence de Louvain, est celle, philosophique, de « Tout » :

> « Et ainsi l'inconnu-absolu, qui était la projection du gouffre, [...] à la fin est devenu connaissance.
>
> Non pas seulement connaissance particulière, appétit, souffrance et jouissance d'un peuple particulier, non pas cela seulement, mais la connaissance du Tout, qui grandit de la fréquentation du gouffre et qui du Tout libère le savoir de la Relation ».

---

14. « La barque ouverte », *Poétique de la Relation*, pp. 18-19.
15. *Ibid.*, et « Le tout-monde », in *Mahagony*, p. 216.

Mahagony achève sa méditation parallèle sur le gouffre
(« ventre de la barque », « abîme marin », inconnu « en avant de la
proue du négrier »), par un paragraphe qui commence en ces
termes :

> « Rêver le "tout-monde", dans ses successions de paysages
> qui, par leur unité, contrastée ou harmonieuse, constituent le
> pays[16] ».

Par conséquent, on peut supposer que la connaissance qui
émane du « gouffre » comme « non-monde » se transmue en
« tout » puis en « tout-monde » – notion qui lui est exactement
inverse et symétrique, et que seul le texte de *Mahagony* formule à
cette époque. Aussi peut-on suggérer que la notion appartient
effectivement davantage à Mathieu qu'à Édouard Glissant, qu'elle
fut en quelque sorte créée et expérimentée dans un roman, avant
d'être largement divulguée par les conférences et essais ultérieurs.
Si des textes théoriques se sont emparés de cette expression, la
décontextualisant et lui conférant des sens nouveaux, il est
toutefois essentiel d'observer que cette notion de « tout-monde »
est introduite dans l'œuvre en réponse au « non-monde », dans le
contexte d'une des évocations du « gouffre ». Au néant répond un
« tout », à ce « non-monde » correspond un « tout-monde ».

L'histoire des Antillais, comme peuple qui, « en matière de
voyage, [...] en connaît un bout », devient histoire d'errance,
itinéraire, passage, inscrits dans l'inaugural voyage de la Traite. La
barque est « une matrice, le gouffre est une "matrice". C'est
pourquoi le peuple des Plantations [...] se trouve doué pour
l'exercice de la relation[17] ». Dans *La barque ouverte*, Édouard
Glissant l'exprimait en ces termes :

> « L'expérience du gouffre est au gouffre et hors de lui.
> Tourment de ceux qui ne sont jamais sortis du gouffre. [...] Mais
> leur épreuve ne fut pas morte, elle s'est vivifiée dans ce continu-
> discontinu : la panique du pays nouveau, la hantise du pays

---

16.   *Mahagony*, p. 218.
17.   *Ibid.*, p. 216.

d'avant, l'alliance enfin avec la terre imposée, soufferte, rédimée. La mémoire non sue de l'abîme a servi de limon pour ces métamorphoses[18] ».

Par conséquent, la notion de « tout-monde » lie inextricablement, originellement, le pays et les pays, l'ici et le monde. Le « tout-monde » ne s'oppose pas au pays, par conséquent, ainsi que l'aurait fait le « monde ». Au contraire, le « tout-monde » se révèle dans le pays même, comme unique réponse au gouffre de la Traite, du « non-monde », de la plongée dans « l'inconnu » et « l'abîme marin ». Il ne faut pas s'étonner, dans cette perspective que, dans *Mahagony*, les noms de lieux qui, de même que dans *Le Quatrième siècle*, ont inspiré les titres des parties (« *Le Trou-à-Roches* », « *Malendure* ») laissent place à l'expression « *Le Tout-Monde* », titre de la troisième partie.

La quête de Mathieu, rentré en Martinique pour plonger dans le maelström des histoires, aboutit logiquement au « bord du monde ». La recherche minutieuse et entêtée, entre trois ébéniers et un mahogani, des traces de trois marrons, est à la fois ancrée dans un pays, voire un paysage spécifiques, et ouverte sur le monde. En effet, si « la clameur [...], le cri et le murmure étouffés dans la nuit des cases », « flott[ent] au ras de l'herbe argentée par le vent », Mathieu reconnaît cependant que « les paysages du monde sont tous inscrits dans celui-ci, soudain ».

Il est allé visiter le monde, mais a découvert que « l'art d'éprouver un ailleurs peut aussi bien s'exercer en plein ici ».

« Le mahogani et les ébéniers », à l'inverse, « [l]'avaient suivi au loin ». Il les avait reconnus ailleurs, et « revenai[t] vers eux, ne les ayant jamais quittés[19] ».

Le roman s'inscrit d'emblée, par conséquent, dans cette dimension du « tout-monde » qui est d'être à la fois ici et ailleurs : « Rêver le "tout-monde", dans ses successions de paysages qui, par leur unité, contrastée ou harmonieuse, constituent un pays ».

---

18.   « La barque ouverte », *Poétique de la relation*, p. 19.
19.   *Mahagony*, p. 24.

Loin de s'opposer au pays, le « tout-monde [...] constitu[e] un pays ». La diversité, la pluralité des paysages qui relèvent d'une perception du tout, sont, en fait, présentes dans l'un du pays. Cette formulation synthétique et paradoxale, dans laquelle s'annulent les contraires, rappelle le texte de *Poétique de la Relation* :

> « Et ainsi l'inconnu-absolu, qui était la projection du gouffre [...] à la fin est devenu connaissance.
>
> Non pas seulement connaissance particulière, appétit, souffrance et jouissance d'un peuple particulier, non pas cela seulement, mais la connaissance du Tout, qui grandit de la fréquentation du gouffre et qui dans le Tout libère le savoir de la Relation ».

Cela signifie clairement que l'expérience du gouffre donne prescience du monde, que ceux qui ont « plongé » au fond de cet abîme ont par là même « connaissance » des autres, des « souffrances » et des « jouissances » des peuples du monde entier. Le « tout-monde » est ce « Tout » qui est né de la Traite et du gouffre, nouvelle genèse (ou « digenèse » selon l'auteur) qui ouvre à toutes les histoires, qui met en relation avec tous[20].

Il n'est pas vain de rappeler, en effet, que le mot « tout-monde » est polysémique. S'il a une acception géographique que l'œuvre explore dans la dimension de l'errance et du voyage, il a également une acception humaine. Expression formée sur le moule du créole « tout moun », elle s'entend tout aussi bien comme « tout le monde » que comme « monde entier ». Le « tout-moun » serait donc à la fois l'humanité toute entière, pressentie dans les affres du

---

20. La digenèse est définie par Édouard Glissant dans le chapitre « La Trace », in *Faulkner, Mississipi*, pp. 148-205, par exemple et dans *Traité du Tout-monde*, pp. 35-37 : « La mise en contact de ces cultures ataviques dans les espaces de la colonisation a donné naissance par endroits à des cultures et sociétés composites, qui n'ont pas généré de Genèse (adoptant les Mythes de Création venus d'ailleurs), et cela pour la raison que leur origine ne se perd pas dans la nuit, qu'elle est évidemment d'ordre historique et non mythique. La Genèse des sociétés créoles des Amériques se fond à une autre obscurité, celle du ventre du bateau négrier. C'est ce que j'appelle une digenèse », « Répétitions », *Traité du Tout-monde*, p. 36.

maelström et du chaos, et monsieur-tout-le-monde, dans son anonymat, dans sa banalité.

C'est pourquoi l'œuvre romanesque et les personnages vont faire l'éloge du « lieu-commun » tout autant que des lieux les plus divers. Raphaël Targin, à la fin de *Mahagony* estime ainsi que :

> « Tout le monde a les mêmes idées en même temps. On pratique les mêmes analyses partout, on tente les mêmes synthèses, à partir de matériaux divers. Mais je trouve qu'on n'étudie pas assez les banalités, qu'on ne rassemble pas assez les lieux-communs pour fouiller dedans[21] ».

Toutefois, il ne faut pas confondre les « lieux-communs » dont il s'agit, avec ceux du « délire verbal coutumier », abondants dans le discours de bon sens, discours des *média* ou des représentants, dans *Malemort* ou dans *La Case du commandeur*. En effet, Raphaël fait allusion d'abord aux souffrances, aux « malheurs en chapelet », aux « massacres » :

> « Chaque jour de pire en pire. Vous êtes là, en spectateur. Vous ne pouvez ouvrir un journal, écouter une nouvelle. Nous naviguons dans tout ça. D'ordinaire on passe. Un jour on s'arrête. Je me suis arrêté, j'ai été paralysé ».

À l'inverse de la presse rassurante et des « représentants », hommes politiques et « chargés de mission » qui annoncent que : « tout sera fait dans le sens de l'amélioration radicale[22] », Raphaël est un homme lucide. Il sait que le gouffre est devenu universel, si l'on en croit la métaphore : « nous naviguons dans tout ça ». S'il tient à « être banal, à défaut de porter remède », c'est pour rencontrer les autres : « Quand vous restez dans votre coin, à l'abri du reste, qu'est-ce que vous connaissez ? Vos lieux-communs ne rencontrent pas les autres, qui courent ailleurs. »

Les « lieux-communs » sont une des expressions du « tout-monde », l'émanation des « maladies universelles, c'est-à-dire nées

---

21.   *Ibid.*, p. 241.
22.   *La Case du commandeur*, p. 244.

du contact universel et universellement propagées par contagion ». Ainsi, Raphaël Targin, homme de la Relation, est « *affecté par le monde*[23] ».

Le « lieu-commun » n'est donc assurément ni un déni, ni un préjugé moral, social, culturel, tel que la plupart du temps, le « délire verbal » le plus ordinaire les véhicule. Le « lieu-commun » ne saurait être conformiste ou confortable, il rappelle bien plutôt une universelle détresse.

L'imaginaire du « tout-monde »

Plus profondément encore, le déplacement essentiel qui s'effectue à la fin de *Mahagony*, est celui qui conduit de l'espace géographique limité du pays, à un espace intérieur qui contient tout le pays et tous les pays. Il s'agira, selon Mathieu de : « Trouver en soi, non pas, prétentieux, le sens de cela qu'on fréquente, mais le lieu disponible où le toucher[24] ».

Le « tout-monde » est ce lieu intérieur, ce point ou moment de la relation qui permet de découvrir, dans sa propre expérience, comme dans toutes les expériences, des « lieux-communs ». Il n'est donc pas surprenant que Papa Longoué s'écrie :

> « Mais le monde n'est pas le Tout-monde. [...] Parce que le Tout-monde, c'est le monde que vous avez tourné dans votre pensée pendant qu'il vous tourne dans son roulis[25] ».

Le « tout-monde » n'est donc nullement réalité géographique objective, réalité du voyage, cosmopolitisme, échange à l'échelle de la planète[26]. S'il peut passer par certaines formes du voyage, de

---

23.   *Mahagony*, p. 241. Les italiques sont dans le texte.
24.   *Ibid.*, p. 218.
25.   *Tout-monde*, p. 177.
26.   *Cf.* « Ce qui fait le Tout-monde, ce n'est pas le cosmopolitisme, absolument pas le cosmopolitisme, qui est un avatar en négatif de la Relation. Ce qui fait le Tout-monde, c'est la poétique elle-même de cette Relation qui permet de

l'échange culturel, des diverses manifestations de la « créolisation » mondiale, il est d'abord le « monde que vous avez tourné dans votre pensée », c'est-à-dire un monde subjectivé, reconnu, problématisé. Il est également le monde « qui vous tourne dans son roulis », parce que la pensée ne peut plus prétendre objectiver le monde, l'arpenter et le classer dans un système positiviste[27].

Le monde est un chaos dans lequel le penseur est également pensé : loin d'être posé en face de son objet, sujet face au monde, le penseur du « tout-monde » est tourneboulé, pris dans le « maelström », le chaos vivant qu'il essaie de décrire. De la sorte, le « tout-monde » est à la fois dedans et dehors, à la fois extériorité problématique dont le penseur tente de rendre compte, et intériorité qui l'absorbe tout entier. D'innombrables formulations répètent, dans le roman *Tout-monde* cet emmêlement du sujet et de l'objet dans le tourbillon, dans le chaos-monde. C'est ce que Longoué nomme le « trou-bouillon », le temps qui « tourne en rond comme citron ». Il interroge Mathieu en ces termes, rappelant que temps et espace sont d'identiques maelströms, des cyclones enroulant leurs spirales :

> « Qu'est-ce qui vous dit que le temps passe ? Et si moi je crie que le temps est trou-bouillon ? Qu'il tourne en rond comme citron ? Et si moi je dis que vous allez passer votre temps à tourner en rond dans le tourbillon du vent sur combien de pays au loin[28] ? »

Mais dès les premiers chapitres du roman, Mathieu avait eu prescience d'une forme de « tout-monde » qu'il ne nommait pas encore :

> « Mathieu commençait à formuler pour lui-même une autre manière de fréquenter ce monde, une activité brûlante de l'imaginaire, une transformation réelle de l'esprit et de la

---

sublimer, en connaissance de soi et du tout, à la fois la souffrance et l'assentiment, le négatif et le positif », « Le chaos-monde : pour une esthétique de la Relation », in *Introduction à une Poétique du Divers*, pp. 88-89.

27. *Cf.* « Créolisations dans la Caraïbe et les Amériques », *ibid.*, p. 17.
28. *Tout-monde*, p. 177.

sensibilité, ce qu'un autre appellerait bientôt une mise en Relation, oui, dont il amassait en lui, par une accumulation imperceptible mais continue, l'enseignement[29] ».

Mathieu, qui est le véritable concepteur du « tout-monde », et l'auteur d'un « traité du "tout-monde" », ne l'envisage pas comme une réalité objective, mais comme un « imaginaire », « une transformation réelle de l'esprit et de la sensibilité ». Il reformule, selon des termes singuliers, la « poétique de la Relation » propre à son auteur. Le déplacement dans l'espace ne suffit pas à manifester cet « imaginaire », et moins encore ce qui serait parcours fluide d'un lieu à l'autre. À l'inverse, Mathieu définit « [u]n voyage sans voyage organisé, une rupture d'horizons », une confrontation chaotique dans laquelle la « cassure » domine, rappelant le langage « bâti à roches » de L'Intention poétique.

On peut d'ailleurs vivre le « tout-monde » sans bouger. Ainsi, Édouard Glissant, évoquait, dans Poétique de la Relation,

> « cet exil intérieur qui frappe des individus, là où des solutions ne sont pas, ou ne sont pas encore, quant au rapport d'une communauté à son entour, globalement consenties par elle. Ces solutions, esquissées en résolutions précaires, restent l'apanage de quelques-uns qui sont par là marginalisés. L'exil intérieur est le voyage hors de cet enfermement. Il introduit de manière immobile et exacerbée à la pensée de l'errance[30] ».

Marie Celat, Dlan, dans les romans antérieurs, ou Colino, dans Tout-monde, manifestent un tel « exil intérieur ». Autour du « point fixe » de leur mal être et de leur « délire », ils sont devenus nomades par l'imagination, de même que Raphaël Targin et Mathieu, puis le scripteur, le sont par le voyage. Exil, errance, dans le monde ou en soi, le « tout-monde », plutôt qu'un parcours, est d'abord un « style ».

---

29.   *Ibid.*, p. 48.
30.   « L'errance, l'exil », in *Poétique de la Relation*, p. 32.

8

Le « tout-monde » comme déparler

Tout-monde, 1993, *Sartorius*, 1999.

Un style

Dans une sorte de prologue au roman *Tout-monde*, le narrateur, commentant le discours d'un certain Panoplie-fou-en-tête, qui « vous brandit que c'est partout déréglé, déboussolé, décati, tout en folie, le sang le vent », conclut :

> « vous appréciez le style courant comme clarinette, ce n'est pas de France, allez plus à fond, c'est le plein style du Tout-monde. Parce que ce qu'il vous parle ainsi, c'est le monde. Parce que ce qu'il vous chante, c'est la lune[1] ».

Tout, dans ce chapitre liminaire du roman, dont l'épigraphe est précisément la question posée par Cyrano de Bergerac : « Y a-t-il une Italie aussi au monde de la lune ? », constitue le « tout-monde » comme « style », dans une mélopée très proche du

---

1.   *Tout-monde*, p. 24.

langage d'un Bozambo ou de Dlan Médellus Silacier. Ce discours, tourbillonnant, carnavalesque, véritable art poétique, introduit au « tout-monde » comme « déparler ». Ainsi, la « Croix-Mission », rétrospectivement, se révèle comme l'un des lieux privilégiés du « tout-monde ». Si elle est le creuset des souffrances, du « délire verbal », de la « crève paisible », c'est également à partir de ce « non-monde », de ce gouffre du délire, que renaît une parole fantastique, inouïe, qu'il faut « écouter ».

Si l'on en croit la répartition proposée par le narrateur, dans les premiers chapitres du roman *Tout-monde*, la « poétique de la Relation » appartient à Édouard Glissant, tandis que le « tout-monde » est le propre de Mathieu Béluse. Cette mystérieuse division n'a sans doute guère de sens, dans la mesure où Mathieu et l'auteur sont inextricablement emmêlés, ainsi que le revendiquait « celui qui commente » dans *Mahagony*. Toutefois, on pourrait suggérer que la « poétique de la relation » privilégie le discours, tandis que le « tout-monde » privilégie le récit.

Le « tout-monde » prend consistance dans le conte, les fictions multipliées, la polyphonie romanesque, tandis que la « poétique de la relation » en fait la théorie. La poétique appartient à un seul, le « tout-monde » appartient à tous. Le « tout-monde » est, dès l'origine, le fait de personnages, de « tout le monde » *(tout-moun)* ; il naît dans une parole de personnages et se réalise dans une accumulation d'anecdotes, de paroles, de conversations, de fictions partagées. La poétique est vision, conception d'un auteur qui en donne des définitions, entre discours et poésie, énonçant parfois ses convictions sous les espèces du « je ». Le « tout-monde » est masse de paroles, textes, récits, discours, qui appartiennent à de nombreux personnages et personnes sociales, dans la plus extrême diversité. Oral et écrit, récit et commentaire s'entremêlent, dans un style singulier[2].

La composition très hybride du « roman », fait ainsi alterner des textes relevant de la parole, du discours d'un personnage, véritable

---

2. On pourrait objecter que dans la théorie même, la polyphonie s'insinue, lorsque Édouard Glissant publie des entretiens tels *Introduction à une Poétique du Divers* ou lorsqu'il laisse entendre sa voix entremêlée à celle de William Faulkner, dans *Faulkner, Mississipi*. L'art du dialogue était déjà au fondement de *L'Intention poétique*.

déclamation, confidence ou conte, selon qu'il s'agit de Colino, Panoplie, Soussoul, Anastasie, ou du narrateur. Ici le texte porte l'empreinte de l'oral, comme on peut le constater dans le prologue où le narrateur évoque Colino qui « dévale », « brode », « vous prend dans un tourbillon ». Le narrateur dévale lui-même, à son tour, prenant le lecteur dans un tourbillon de mots et de phrases immenses relancées par des subordonnées, des coordinations, des « ah ! », des « Et », des « puis[3] ». Sans transition, le texte qui suit adopte le style du récit, dans un écrit beaucoup plus tenu, ménageant descriptions, scènes, dialogues parfaitement ponctués. À quelques métaphores près, Stendhal n'aurait peut-être pas décrit Vernazza autrement que Glissant :

> « Mais derrière la Place de Vernazza il n'y avait qu'une rue droite montant au sentier de montagne et deux ruelles serpentant de travers jusqu'aux hauteurs où la Tour du Commendatore d'un côté, les remparts verdis de l'autre, regardaient sans élan ni désir vers la mer et son assaut de vagues, avec à droite le rêve en palace de Monterosso et à gauche l'invisible attraction princière de Portovenere[4] ».

On pourrait songer à l'alternance du récitatif et de l'aria, dans un opéra, ou à celle de « mélopées » (terme souvent employé par Glissant), suivies de passages non chantés, à la façon du théâtre antique. Le discours de Colino ou à propos de Colino, mais également celui de Panoplie ou de Stepan Stepanovitch constituent de véritables « chants » que le narrateur « récit[e] [...], tâch[ant] de ne rien perdre du rythme ni de la parole précise[5] ».

Ainsi, dans son langage étrange, approximatif, Stepan module ses thèmes :

> « Le soldat rouge sourit, le soldat sourit ! Sourit, jusqu'à Berlin et au-delà ! Il dit : "Espèce de pourri, je vais te vider le ventre !" Stepan comprend langue d'Ukraine ! Stepan dit : "Et moi je te

---

3.   *Tout-monde*, pp. 22-23.
4.   *Ibid.*, p. 31.
5.   *Ibid.*, p. 237.

crève la rate !" Le soldat rouge sourit ! Il ne comprend pas langue de Stepan ! Il fait semblant de rien ! C'est couteau contre baïonnette ! C'est l'éclair contre l'éclair ! Les deux qui frappent en même temps ! La tête de Stepan coupée net ! On dirait, elle a roulé dans la neige[6] ! »

Dans l'écart, ce français dit par un étranger qui, de plus, tient à « cacher la langue », provoque un effet de nouveauté poétique, de musicalité – du fait des répétitions et assonances – et d'étrangeté. À ceux qui n'y entendent que « petit-nègre », Stepan répond, en « rigol[ant] » : « c'est du petit-Stepan[7] ».

« Stepan disait : "La langue la plus accordée est la plus secrète." » Il partage sans doute la conviction du narrateur, et le sentiment de Marie Celat qui, un peu plus loin, déroule sa propre mélopée, dans un fragment de pièce de théâtre :

> « *(Elle tendait les bras sur l'étendue.)*
> "Maintenant, laissez-moi ! Je vais seule. Sans atelier vaillant, et mon coutelas est ébréché. Et nous deux comme des statues ! Et pas un là-bas n'entendra que c'est le cyclone qui vient.
> Alors ils demandent : "La femme !" Ils demandent : "La femme." "Pourquoi ne convient-elle pas, elle aussi, à ce bain de descendance dont les hommes sont si farauds ? Pourquoi s'est-elle déparée d'homme, à ce point de juger ainsi ?" Et veux-tu que je réponde ? – "Que tout finit dans ces branchages de la mer et sur la révulsion de ce goudron ?"[8] »

Tissé de paroles imbriquées, scandé par de nombreuses syncopes, défait plutôt que construit par la juxtaposition de propos qui ne sont pas logiquement liés, ce discours mystérieux frappe par l'écart permanent qu'il entretient avec une syntaxe et un lexique habituels. Les images sont surprenantes et allient des éléments hétérogènes comme les « branchages » et la « mer », le « goudron » et la « révulsion ». Cette parole tragique et hiératique,

6. *Tout-monde*, p. 366.
7. *Ibid.*, p. 355.
8. *Ibid.*, pp. 364-365. Les italiques du texte signalent des didascalies.

qui glisse par de légers déplacements – « déparée » à la place de
« séparée », par exemple – est musicale. Elle ménage rimes et
assonances, reprises lyriques, dans un rythme qui, d'abord sec et
heurté, se libère dans une amplification progressive. Le jeu des
exclamatives et des interrogatives rend plus dramatique et pressant
un ton que la violence des images et des cassures syntaxiques
soutient.

Toutefois, loin de faire alterner simplement des styles différents,
le roman les juxtapose assez brutalement ou les entrelace. Ainsi, le
narrateur-scripteur noue, dans un chapitre intitulé *Stepan
Stepanovitch ou La folie Marie Celat*, deux intrigues, deux univers.
Celui que le narrateur nomme « ce poète », puis le « déparleur »,
raconte comment il a rencontré Stepan et Tonio, dans une maison
de santé. Il déroule assez linéairement l'anecdote, puis évoque des
« points communs » entre les deux personnages, à propos de la
« filiation », du désir de descendance. Ce thème l'amène à Marie
Celat et à Mathieu : « Celui-ci [le déparleur] y associa bientôt ce
qu'il avait pu surprendre de la contestation entre Marie Celat et
Mathieu Béluse »...

À partir des langages différents des uns et des autres, le
narrateur, associant « les hantises de Stepan et les disputes de
Mathieu et Mycéa », cherche à mettre en relation les expériences :

> « Le déparleur rabouta ensemble ce qu'il avait entendu [...]
> l'exclamation véhémente de Stepan Stepanovitch et l'exhortation
> mesurée de Marie Celat. Il lui était nécessaire d'imaginer si le
> malheur est partout le même, sous des espèces différentes. Il bâtit
> son théâtre, y engouffra la parole de Stepan, un monologue lent à
> surprendre, et la dispute de Mycéa et de Mathieu, un duo qui ne
> chantait rien[9] ».

Dans cet *art poétique*, le scripteur dévoile sa stratégie d'écriture
en tant que « déparleur ». Mettre en relation, c'est ainsi chercher
des « lieux-communs » ou des « points communs », c'est
« rabouter » des paroles de style très hétérogènes dans un
« théâtre ». L'esthétique est donc bien ici d'une sorte de tragédie

---

9.   *Ibid.*, pp. 341-342.

où se répondent « monologues » et « duos », « espèces » différentes dont on pourrait apercevoir les constantes. Par conséquent, le chapitre déroule une partie du drame de Marie Celat, auquel il « associe » des « tranches » du discours de Stepan, dans un mélange assez saugrenu. Mais au sein de ce langage baroque et chaotique, une interrogation prévaut. Le « déparleur » se demande :

> « Le monde avait-il une logique souterraine déréglée qui fondait les malheurs ensemble, et qui désordonnait ce qu'on pourrait appeler le Tout-monde ? Quand on avait connu Stepan et qu'on l'avait écouté, en Savoie, dans ce chalet d'étudiants en convalescence, était-on mieux préparé pour comprendre les évasivités caraïbes de Marie Celat ? »

De même que dans le texte plus théorique de *Traité du Tout-monde*, Édouard Glissant, tente de percevoir des « points véliques dans la turbulence, qui [...] permettent de dominer ou d'apprivoiser [le] trouble, [le] vertige » de qui s'abandonne au maelström, de même le « déparleur » de *Tout-monde* tente de découvrir des invariants, des points de rencontre. L'un et l'autre s'interrogent sur les contradictions, la légitimité de l'expérimentation. S'il est inutile de vouloir « régenter » le « Chaos-monde », faut-il pour autant se laisser « emport[er] dru » ? Car « celui qui est au maelström ne voit ni ne pense le maelström[10] ».

Précisément, le texte laisse entrevoir parfois des transitions, des points de passage ou de transversalité – des « points véliques » – qui mériteraient qu'on les analyse avec minutie. Le chapitre intitulé *Atala* fonctionne ainsi autour d'oppositions entre « le parti des fruits et celui de la cochonaille », proposition humoristique qui permettra de relater l'aventure de Roger et du narrateur, voyageant dans la France de l'après-guerre. Bien des anecdotes s'engouffrent, en réalité, dans cette trame, les associations multiples permettant d'intégrer d'autres époques, d'autres personnages. Le « tout-monde » est ainsi constitué par l'assemblage de matériaux divers

---

10.   *Cf.* « Le livre du monde », in *Traité du Tout-monde*, pp. 161-162.

librement associés : « Vous ramassez suffisamment de terres et de roches pour continuer la dérive[11] ».

Certains personnages ou « lieux-communs » sont toutefois plus efficaces que d'autres ; ils constituent de véritables clés du « tout-monde », à l'instar de Raphaël Targin, de Massoul ou de Stepan. Le personnage que le déparleur nomme « le Dieu du commerce », dans *Atala*, a ainsi vocation au « tout-monde », il en est un agent qui rappelle Hermès Trismégiste, messager des dieux et fondateur de la doctrine alchimique. Le rapprochement entre le voyage et l'hermétisme, sous les auspices du dieu du commerce, rend bien compte de la quête entreprise dans le roman. Ne s'agit-il pas, en effet, au détour d'errances désordonnées, de guetter des signes en attente d'une interprétation « relative » ?

Le voyage est un vecteur essentiel du « tout-monde », comme le sont les moyens de « transport », « air-plane » ou « taxi-pays » sur lesquels s'achève l'œuvre. Le roman s'organise ainsi à la manière des *Essais* de Montaigne qui, par associations, allusions, références littéraires, absorbent une multiplicité de récits, d'époques, de personnages et de commentaires.

Le chapitre *Atala* pourrait rivaliser ainsi avec *Des Coches*, tous les deux étant élaborés à partir des voyages et moyens de transport qui deviennent les vecteurs du discours. Si Montaigne, à propos des « coches », évoque les Incas, portés par leurs « hommes et sur leurs espaules », en même temps que la conquête violente du Nouveau Monde, Glissant, passant des trains aux voitures, d'un cheval à un carrosse puis aux avions, « réconfortants lieux-communs », décrit la France de l'après-guerre, l'évolution du monde, la créolisation, les Caraïbes, la Corse, etc.[12] De même, pourrions-nous suggérer que ces « Essais » de Glissant ont été composés autour de la mémoire de Paul Niger, soudain évoqué sans aucune transition, dans le chapitre consacré à Stepan et à Marie Celat : « Chanter. Chanter, soudainement pour Paul Niger ».

Il semble que se révèle brusquement le point nodal du texte, son centre manquant, l'ami cruellement disparu en 1962 dans un accident d'avion. Cette absence, soudain si pathétiquement

---

11.   *Tout-monde*, p. 278.
12.   *Cf.* Montaigne, *Essais*, Livre III, chapitre VI.

évoquée, rappelle celle de La Boétie au cœur des *Essais*. On peut se demander si la poétique de la Relation n'est pas une nécessité pour qui s'est trouvé séparé brutalement d'un être cher dont le deuil demeure impossible[13].

On peut également tenter de suivre certains des détours pratiqués par ces nouveaux « Essais », dans un chapitre comme *Mycéa, c'est moi*[14]. La mémoire et l'oubli y sont vecteurs d'associations, tandis que les lieux sont au principe d'une forte unité.

Anastasie, femme du peuple, fait irruption dans le texte, et dans le bureau du narrateur-scripteur, lui déclarant qu'elle a connu le secret de Marie Celat, parce que, dit-elle, « je suis allée là où elle est allée ». Elle raconte son histoire de femme asservie, séduite par un Monsieur Bérard qui, même après son mariage, a tenu à la garder à sa disposition. Après un temps de transition où le narrateur, demeuré seul, médite sur cette rencontre, la seconde partie du chapitre semble aborder un tout autre thème : une visite

---

13. Paul Niger, de son véritable nom Albert Béville apparaît, parmi les personnages fictifs, dans le rappel des péripéties, en avant-propos de *Tout-monde*, ce qui donne à ce personnage (à cette personne) un statut particulier : « (Il faut mêler à ces faits, en parenthèse béante, la catastrophe aérienne de 1962 en Guadeloupe, où périt, avec tant d'autres, Albert Béville, en littérature Paul Niger) ». On pourrait, en l'occurrence, entendre dans « Béluse », héros-frère du scripteur, un rappel de « Béville », ce qui ne ferait que confirmer la présence en creux (« parenthèse béante »), de cet ami presque frère. Soulignons enfin qu'un autre deuil se révèle dans *Tout-monde*, celui du véritable frère du scripteur, mort à la guerre d'Indochine, et qui porte précisément le prénom de Paul, comme Paul Niger. Le narrateur rapporte comment il a confondu très longtemps les dates de naissance de son frère et la sienne propre, mêlant le 21 septembre 1928 et le 28 septembre 1921. (Cf. *Tout-monde*, p. 313). S'il attribue cette confusion au héros fictif Mathieu Béluse, le masque laisse transparaître aisément la réalité autobiographique puisque Édouard Glissant est effectivement né le 21 septembre 1928. (*Cf.* Daniel Radford, *Édouard Glissant*, collection Poètes d'aujourd'hui, Seghers, 1982). On peut imaginer que Paul Niger/Béville, Paul Godard (puisque celui-ci avait conservé le patronyme maternel à la différence de son frère Édouard) et Mathieu Béluse sont des figures imbriquées du frère, de l'*alter ego* et parfois de l'écrivain lui-même. Certains deuils demeurent impossibles, qu'il s'agisse de l'autre aimé ou d'images de soi.

14. Bien qu'il s'agisse d'une parole proférée par un personnage : Anastasie, il n'est pas interdit d'entendre dans ce « Mycéa c'est moi », l'écho du « Madame Bovary, c'est moi », de Flaubert. Sans doute Mycéa est-elle également un avatar de l'écrivain, de son langage, de sa folie.

dans la mangrove du Lamentin en compagnie d'amis, Apocal et Prisca. Toutefois, au cœur de la mangrove fouillée par des tracteurs, remontent l'eau et le souvenir d'une femme qui s'est noyée là : Anastasie. Par métaphore (l'eau de la mangrove est comme le personnage d'Anastasie) et par métonymie (la mangrove est contiguë aux deux moments), le passage est donc ménagé entre deux temps, deux histoires, deux lieux.

Ce récit est exemplaire du processus d'hybridation du texte et de sa capacité à intégrer à l'infini des éléments divers, à s'étendre, à se « diffracter ». En effet, la parole d'Anastasie adressée au scripteur, intègre des récits, des réflexions, tandis que le commentaire du narrateur-scripteur, à la troisième personne est à la fois récit et discours réinventé de ce qu'a dit Anastasie. D'autres anecdotes suivent, rappelant, à travers l'oubli et le temps, comment « réapparaît » le personnage, « à l'occasion d'une conversation avec un ami, et presque au détour d'un mot[15] ». Une assez faible transition relie la première et la seconde partie du chapitre. Sans doute parce que le narrateur a décidé « d'oublier tout ça », le scripteur passe à tout autre chose, à d'autres personnages : « il décida d'oublier ces ingrates palinodies, de plonger à la mangrove »...

Mais précisément, si la mémoire n'est pas « volontaire », l'oubli ne l'est pas davantage, et tandis qu'il essaie de rompre avec son souvenir, ménageant un blanc et introduisant une rupture nette dans le texte, par l'insertion d'un « II » parfaitement ostentatoire et inutile, Anastasie « réapparaît ». Le narrateur ne nous avait-il pas prévenus : « Mais serait-ce oublier ? Ou plutôt, raviver là quelque désastre ? Les alizés ne tourneraient-ils pas en cyclones[16] ? »

Bien plutôt qu'un vent constant et orienté, rafraîchissant, le souvenir est spiralique, il se déplace en suivant les cercles violents du cyclone. En effet, au cours de cette promenade avec Apocal et Prisca, de façon toute fortuite, Apocal rapporte que :

> « [l]a dernière personne qui a vraiment fréquenté ici [...] c'est une femme prédestinée qui a marché dans la mangle, on n'a jamais

---

15.   *Tout-monde*, p. 214.
16.   *Ibid.*, p. 217.

retrouvé son corps [...]. Tout ce qu'on sait dans le public, c'est son petit nom, Anastasie ».

Ainsi se nouent les deux moments apparemment disjoints du chapitre, comme si le corps enfoui d'Anastasie remontait à la surface de la mangrove. Son histoire racontée puis oubliée dans la première partie est exhumée dans la seconde, comme si la mangle était devenue le lieu symbolique d'un retour du refoulé à propos duquel médite le narrateur :

> « Ils n'iront jamais au fond de cette eau, elle vient de trop loin, elle charroie trop de roches en feu, trop de roches qui ont gardé le feu dans leur secret de roche, elle pousse trop avant dans la Caraïbe, ils n'iront jamais au fond de cette eau, elle remontera, elle remontera... »

Tandis que les tracteurs « fouill[ent] la mangrove pour raffermir l'assise de l'autoroute », le narrateur songe à tout ce qui pourrait remonter :

> « Elle remontera [...]. Tous ces pays au loin, à la même heure, au même moment. Vous ne savez pas qu'ils communiquent, vous ne savez pas que les courants passent par-dessous, vous errez vous divaguez pourtant la trace est tracée là tout en bas ».

Pour les touristes sortis de leur car, les futures installations qui vont achever de coloniser la mangrove, les restes des usines du Lareinty, ou de la rue Cases-nègres, bref les traces de l'histoire ancienne et présente, ne sont qu'anecdote ou puanteur. Pour le narrateur ce sont traces d'une tragédie dont Anastasie fut un témoin :

> « Ne voyez-vous pas que partout au monde les femmes crient dans toutes ces bouches de volcans, que les enfants qui ne sont pas morts en squelettes courent dans des rivières par-dessous, que les hommes, ceux qui ne tombent pas comme un charbon mort sur des

corps paralysés de quatorze ans, dévalent ces courants de lave qui se rencontrent à la ronde[17] ? »

La mangrove suscite par conséquent l'évocation du

« corps meurtri – en bout de tant d'histoires déroulées tout du long – que les tracteurs aveugles, mais qui n'oublient jamais rien, auront distrait de son repos et, tout autant, de sa si longue pérégrination ».

L'histoire d'Anastasie, qui s'est identifiée à Marie Celat, prétendant la connaître mieux que son auteur, parce qu'elle a vécu sans doute une existence de femme bien comparable, a donc fait un long déplacement, une « pérégrination », dont les détours sont narrés en plusieurs moments.

C'est d'abord le temps du récit, lorsque Anastasie fait irruption dans le bureau du narrateur-scripteur pour lui déclarer qu'elle connaît le secret de Marie Celat. Mais dès ce premier stade, le personnage, exemplaire de la « relation », noue deux temps, deux histoires : elle relate et relie. Puis viendront pour le narrateur le temps de la méditation, de l'oubli et du retour, par déplacements littéraux. En effet, c'est en fréquentant la mangrove, comme lieu réel qu'il découvre la mangrove symbolique de la mémoire. Le « tout-monde » est à la fois déplacement littéral et déplacement métaphorique. Anastasie, associant donc son histoire à celle de Marie Celat, raconte sa propre histoire. Entremêlant des fragments de l'histoire de Mycéa et de la sienne propre, elle déclare :

« Ah ! Je vous dis, tous ces pays. Tous ces pays au loin, où tout arrive pareillement, à la même heure au même moment[18] ».

Après avoir décidé qu'elle a « assez servi comme ça », Anastasie tente d'échapper à son destin de servitude. Elle part « sans rien prendre » excepté quelques livres et « écrit au monde entier ». Personnage du « tout-monde », elle a envoyé une lettre

---

17. *Tout-monde*, p. 229.
18. *Ibid.*, p. 205.

« bien bâtie dans [s]a tête » au monde entier, « la tête pleine à feu », à la manière des Pythagore et des déparlants de Croix-Mission, entre folie et déclamation inspirée. Elle est, à l'instar de Mycéa, dans l'errance, l'exil intérieur : « Comme si nous partons dans le monde pour déposer nos commissions, mais nous sommes là immobiles[19] ».

Le passage, par associations d'idées, rapprochements d'une histoire, d'un personnage à l'autre, par réminiscences, juxtaposition, hasard des rencontres, imbrication d'anecdotes, réalise véritablement une poétique de l'entremêlement, de la relation et de la circulation des traces. L'histoire d'Anastasie, symbole d'un destin de femme asservie, porte en elle toute l'histoire, bien au-delà de la Martinique. Elle est associée, pour le narrateur, à l'oubli qui recouvre la trace et suscite une pressante interrogation éthique : « Devons-nous fouiller dans la mangrove pour trouver cela que nous sommes capables d'oublier, comme ceci qui remonte malgré nous à souvenir et qui se plante en nous ? Devons-nous[20] ? »

Toutes les histoires rapportées dans *Tout-monde* ont, de même, vocation à l'exemplarité. Par comparaison, grâce à des rapprochements, parfois incongrus, parfois métaphoriques, elles sont toutes histoires de la relation. Le voyage, voire la guerre, paradoxalement, sont les moyens privilégiés de la mise en relation et des rapprochements par analogie. Tel paysage ressemble à tel autre, Assouan évoque le Venezuela, telle situation crée une similitude entre Villeurbanne et le Lamentin, une caserne en rappelle une autre.

> « *Signaler de tels rapports, qui affinent le souvenir, selon le narrateur, ce n'est pas ramener toutes choses du monde à l'égocentrique uniformité que vous décidez vous-même. C'est enrichir la diversité d'une folle équivalence*, qui permet de mieux estimer[21]. »

---

19. *Tout-monde*, p. 211.
20. *Ibid.*, p. 229.
21. *Ibid.*, p. 446. Les italiques sont dans le texte.

Paradoxalement, par conséquent, si le roman *Tout-monde* présente une immense diversité de thèmes, de lieux, d'anecdotes, à tel point que son champ peut sembler illimité, il ne parle cependant que d'une seule chose, ramenant tous ses thèmes, tous ses personnages à l'expérience de la « relation ». Un tel roman n'a pas de domaine privilégié ; la liberté d'associer, le hasard des rencontres, de la pensée et du souvenir étendent ses ramifications à l'infini. Mais, simultanément, son unité est forte, puisqu'il ne fait que ressasser les divers avatars de la même idée. Dans une immanence temporelle et spatiale, le roman accueille tous les récits possibles, tous les discours.

Un « baroque mondialisé »

Au cœur de cette tapisserie de récits et de discours multiples dont les fils s'entrelacent, nul personnage, nul narrateur n'est transcendant. Tel chapitre est parole du scripteur-narrateur, tel autre est imputable à Massoul qui raconte son expérience des guerres d'Indochine et d'Algérie, son concubinage avec une Laotienne, puis son mariage avec une autre femme, en Martinique. Les deux voix se juxtaposent, le narrateur racontant l'histoire de Mathieu ou la sienne propre, dans des paragraphes qui alternent avec le récit de « Soussoul ».

La composition rhapsodique du roman évoque le tissage très lâche d'une conversation sans transcendance[22]. Non seulement les dialogues se multiplient, substituant leurs' diverses voix à celle du narrateur, mais ces voix ne se hiérarchisent pas, leurs expériences hétéroclites n'appellent pas de jugements de valeur. Les classifications ou les commentaires laissent place à des équivalences, à des anecdotes ambivalentes. Ce qui étonne, en effet, dans un récit comme celui de Massoul, en Indochine ou en Algérie, de sa

---

22. Il faudrait évoquer Dostoïevski, auquel le personnage de Stepan Stepanovitch fait songer, à propos de cet art de la polyphonie analysé par Mikhaïl Bakhtine.

rencontre avec Anne, la Laotienne dont il a une fille, ou de son mariage avec une Martiniquaise, c'est que le narrateur ne prend nullement position. Les deux femmes sont déclarées « personne de grande qualité », tandis que Massoul compare ses deux guerres :

> « J'ai préféré la guerre d'Indochine que la guerre d'Algérie. C'est peut-être une question de pays. La verdure est plus profitable que les sables brûlés[23] ».

Le personnage n'est ni abject, ni lâche, ni héroïque. Il se défend de son propre manque de jugement en déclarant :

> « Que voulez-vous, le monde est à ne rien comprendre. [...] Quant à moi, je n'ai fait de mal à personne, où que je suis allé. Je suis sergent à la retraite[24] ».

La véritable subversion est peut-être désormais de renoncer à « comprendre », de rencontrer l'autre dans sa singularité et son « opacité », sans chercher à en rendre compte, à ordonner, classer, juger. Édouard Glissant déclarait ainsi :

> « Je réclame pour tous le droit à l'opacité. Il ne m'est plus nécessaire de "comprendre l'autre", c'est-à-dire de le réduire au modèle de ma propre transparence, pour vivre avec cet autre ou construire avec lui[25] ».

Le « tout-monde » devient ainsi, progressivement, non seulement le « lieu-commun » de toutes les souffrances, le partage du gouffre et des apocalypses, mais également le creuset d'échanges, par-delà le bien et le mal, susceptibles d'étonner, appelant la méditation ou l'interrogation, rarement le scandale. Une certaine jubilation du « tout-monde » se fait même jour peu à peu, à côté de la déploration. L'humour, le calembour, les rappro-

---

23.   *Tout-monde*, pp. 304 et 326.
24.   *Ibid.*, p. 335.
25.   « Culture et identité », *Introduction à une Poétiqe du Divers*, pp. 71-72, *Cf.* également « Pour l'opacité », in *Poétique de la Relation*, ou encore « Le cri du monde », in *Traité du Tout-monde*.

chements incongrus permettent de parcourir également la diversité du monde. Les aventures du « dieu du commerce », les voyages du narrateur avec Roger, dans le midi de la France, ou plus tard ses carnets remplis sur les bords du Nil, ne sont pas tragiques. La traduction juste ou fantaisiste ménage des échos d'une langue à l'autre, la « guerre du Golfe » et le « golf » se répondent ; le « tilbury du chanoine », qui a versé, devient un thème carnavalesque et réjouissant[26]. Les jeux sur le langage permettent dérision et distance, offrent une liberté de ton et d'invention qui redonne souffle à la quête.

Ainsi, dans le chapitre qui rapporte la traversée de Raphaël Targin à bord du Colombie, en 1945, les jeux de mots réunissent la « cale » qui « décale », la « caye », la « case ». Toute l'histoire du pays et de l'œuvre « s'engouffre dans cette cale », depuis *La Lézarde* jusqu'à *Mahagony*, en passant par *Malemort* et ses trois héros. La cale résume, par un effet de mémoire, mais également de jeu sur les mots, la « caye de mer » où Thaël a affronté Garin et la maison de la source qui contient elle-même, au plus profond, une sorte de « cale ». La cale du Colombie évoque la cale du négrier. La « caye » de la Lézarde, qui désigne un écueil, est homonyme du terme créole qui signifie « chez moi », « à la maison » : « cayemwen » (ou « kaye-mwen[27] »). L'épigraphe revendique, en l'occurrence, cette multiplicité : « La pensée de l'errance débloque l'imaginaire, elle nous projette hors de cette grotte en prison où nous étions enfermés, qui est la cale ou la caye de la soi-disant unicité[28] ».

Le jeu permet, à l'inverse de l'unicité aliénante, de passer d'une cale à l'autre, d'une case à une caye, de la mer à la maison et de la source à la cale du Colombie. Demeurer enfermé dans sa case, fût-elle aussi fascinante que la « maison de la source », c'est, en quelque sorte un écueil, une « caye », voire une « cale » de négrier

26.   *Cf.* l'histoire d'Anestor Klokoto, *Tout-monde*, pp. 391-400.
27.   Ces jeux entre les langues et entre les mots, sur « Kaye », et « caye », circulent d'une œuvre à l'autre : ils réunissent Saint-John Perse, Édouard Glissant et le poète Joël Des Rosiers.
28.   *Tout-monde*, p. 124, citation de *Traité du tout-monde*, attribué à Mathieu Béluse.

dans laquelle perdurent la servitude et la fixité. À l'inverse, l'errance est dérive infinie et ludique à bord du langage.

Ce jeu sur les signifiants associés librement, révèle, sur un mode humoristique, des fragments d'histoire, tout autant que la mangrove fouillée par les tracteurs. Le rhizome peut être arpenté avec une distance ironique, un abandon à l'ambivalence, une confiance dans la diversité des rencontres, en compagnie de personnages réels ou imaginaires extrêmement divers, qui ne sont pas tous pathétiques.

Dans le détour, le détournement et la ruse, les rencontres du « tout-monde » peuvent parfois sauver, tout autant que répandre le massacre, la servitude et l'horreur. Ainsi, l'anecdote du pharmacien antillais sauvé par un général allemand amoureux de la Martinique et féru de créole, illustre un effet inattendu du « tout-monde » : la relation est vertigineuse, elle ressemble parfois à un vaste marronnage dans lequel tel « dieu du commerce » tire son épingle du jeu, à force d'astuce, dans une totale dérision. Le « tout-monde » est alors monde à l'envers, polyphonique et burlesque, image inversée de ce qui partout terrorise : valeurs sacrées, préjugés, jugements sommaires. C'est le « bruissement dévergondé du conte » :

> « Le Tout-monde vous laisse à percevoir que ces pays, que vous avez déchiffrés, continuent loin de vous [...] et ne cessent d'amarrer leur souffrance, de balancer leur bonheur, de courir au-devant de la vitesse irrémédiable et du Chaos qu'on ne peut vraiment pas, celui-là, nommer[29] ».

Le ton n'est plus exclusivement pathétique, l'exploration du « tout-monde » n'est pas uniquement déploration. Le narrateur, humblement, renonce à maîtriser un monde en mouvement qui continue bien au-delà de ce qu'il a pu en « déchiffrer ». Le monde est perçu comme un « Chaos » majuscule dans lequel s'entremêlent « souffrance » et « bonheur », à une vitesse telle que l'on n'a pas le temps de le nommer, peut-être même de le symboliser. C'est pourquoi l'équivalence, l'immanence, l'absence de jugement

---

29.   *Tout-monde*, p. 279.

et de positions prévalent progressivement dans cet univers, même si la trace demeure trace d'une tragédie.

La maison des esclaves

Dans la lignée d'un Massoul, le personnage de Pietro l'Italien, illustre, dans *Sartorius*, cette situation nouvelle de l'homme du « tout-monde ». Confronté à la souffrance, au chaos du monde, aux rencontres incongrues, il réagit avec humour et distance. Parcourant l'Afrique, tel un « Syrien des Antilles qui bat la campagne », il « drive », « stravagante d'Italien qui court partout[30] ». Véritable compère Lapin, il connaît les Batoutos et le narrateur reconnaît en lui une absence totale de préjugés :

> « Il abordait le réel de ces pays avec une conviction gonaleuse qui tenait à l'absence absolue de quelque idée préconçue ou raciste qui fût[31] ».

Non sans humour, Pietro raconte au narrateur comment il a dormi dans la maison des esclaves, à Gorée, sans que ni lui ni le narrateur ne s'adonnent au pathétique, à cette occasion. La tragédie de la Traite peut donc elle-même être abordée avec distance ; on peut dormir dans la maison des esclaves, ce qui est pour le moins déconcertant. L'anecdote est d'autant plus lourde de signification que parmi les « maisons » évoquées dans l'œuvre de Glissant, de la grand case des Békés à la maison des morts, de la case de Longoué à la maison de Mycéa, la « maison des esclaves » n'est guère envisagée que comme limite extrême du discours et de ce qui peut être symbolisé de l'histoire. C'est pourtant avec une sorte d'irrévérence mêlée de respect que Pietro va dormir en ce lieu :

---

30. *Sartorius*, p. 187.
31. *Ibid.*, p. 185.

« Je me retrouve devant ces bâtiments ! C'était bien le seul endroit où je pouvais passer la nuit[32] », rapporte-t-il.

Il ne s'agit ni de « bluff », ni de « prétention »,

> « vous savez, continue Pietro, un lieu aussi important, une légende de souffrance et tout ce qui s'ensuit, non, je veux dormir à l'abri de quelque chose, autant que ce soit à l'abri de l'Histoire que vous avez oubliée ».

Le gardien lui-même ne sait si l'homme plaisante et prend le parti d'en rire. Tout le monde accourt, pour voir cette « folie », « comme si j'allais tomber dans un trou du temps, sans même allez savoir à quel moment j'en sortirais ».

La description de la maison des esclaves et de cette nuit singulière, n'est pas pour autant dérision pure : « Tu entres dans une largeur et une hauteur qui dépassent les murs. Ce que tu ne vois pas est plus grand que toi », estime Pietro, reprenant un proverbe créole que cite ailleurs Papa Longoué. Et le mystère, l'étrangeté de l'expérience vont se manifester dans un rêve que le personnage introduit avec ironie : « Il semble que je rêve un peu, mais rien de tragique ni de bouleversant. Les millions de déportés me laissent tranquilles ».

Pourtant, Pietro devient, dans son rêve, « le président d'une réunion énorme » qui, des victimes des terreurs de la Chine à Haïti, de Tombouctou à Carthage et de l'antiquité à la Révolution française, de l'Amérique raciste à l'Afrique de l'Apartheid, font un immense creuset d'histoires et de souffrances : « Je ne dors plus seulement à Gorée, conclut Pietro, je suis dans le monde entier ».

Ce qui est bouleversant est moins la tragédie unique de Gorée que le « lieu-commun » de toutes les tragédies qui font que « des montagnes de lieux » convergent en une seule chambre. C'est alors que Pietro découvre un signe, le « kwamé d'Oko [...] qu'Odono avait tracé ou gravé partout, Marie Celat nous l'a montré ».

C'est en quelque sorte le symbole du « tout-monde », le signe kabbalistique des Batoutos, dans lequel se déchiffrent toutes les histoires. La scène se termine dans l'allégresse, lorsque Pietro sort

---

32. « Gorée », *Sartorius*, pp. 195-200.

devant un « parterre de comédie » : « Ils sont tous là [...] ils applaudissent en holos hélés, étonnés que j'aie tenu toute cette nuit, le gardien me fait des révérences, les enfants s'accrochent à mes pans »...

La conclusion du récit est en demi-teintes. Entre la reconnaissance d'une horreur et l'ironie, contenues dans l'expression « je n'allais pas prendre pension à l'hôtel des ferrés et des déboussolés », entre le « pardon » demandé pour ce « caprice de riche » à ces foules massacrées, convoquées en rêve, et la désinvolture de son départ, Pietro exprime des sentiments mêlés. Il manifeste un respect profond pour ce lieu, ainsi qu'en attestent certaines timidités ou pudeurs : « je n'avais pas même osé passer par ce trou de lumière, il me semble que ça aurait insulté ces centaines de milliers qui y avaient traîné avant d'être jetés dans ces bateaux ».

Mais il conclut, sans *pathos*, enchaînant sur la suite de ses aventures : « Je déménage jusqu'à Conakry où m'attendent Misra et le camion »... etc.

Inutile d'épiloguer, l'épisode est assez symbolique du « tout-monde » et de ses « lieux-communs », à la fois terrifiants et dérisoires, essentiellement énigmatiques. Ils sont peut-être d'une « inquiétante étrangeté », avant que d'être bouleversants ou d'appeler un jugement. Entre l'insignifiance d'une anecdote un peu incongrue et le signe découvert, le sens demeure en suspens. L'expérience, aux lisières du Réel, mêlant le bouffon et le tragique, le rêve et le réalisme trivial, devient finalement un signifiant bien difficile à interpréter, un « kwamé ». À l'instar d'un acte manqué, ou d'un rêve étrange, l'anecdote du « tout-monde » fait signe, sans que des significations précises, des repères bien nets se dessinent. Le roman, de *Tout-monde* à *Sartorius* rivalise ainsi avec le monde, comme expérience infinie et opaque : « Tu commences, déclare le narrateur du premier roman, de percevoir le Tout-monde et c'est ton tourment, où tu n'as pas de jauge[33] ».

De la sorte, ne demeurent que des signifiants en quête de signification, des signes énigmatiques, un langage à décrypter qui dévoile l'opacité, l'étrange, plus qu'il n'éclaire et explique. Le

---

33.   *Tout-monde*, p. 415.

narrateur ne peut plus être qu'un « déparleur », ainsi qu'il se
désigne lui-même :

> « L'amateur de contes, driveur d'espaces, qui n'estime la
> parole qu'à ce moment où elle chante et poursuit, peut-être se
> devrait-on de lui trouver un autre nom que celui de poète : peut-
> être chercheur, fouailleur, déparleur, tout ce qui ramène au
> bruissement dévergondé du conte. Déparleur, oui, cela convient
> tout à fait[34] ».

Le conteur, auteur, romancier, « déparleur », est devenu le
« pacotilleur de toutes ces histoires réassemblées ». Il emprunte ce
nouveau titre aux marchandes qui « vont d'île en île, comme les
Arawaks ou les Caraïbes du temps longtemps, mais évidemment
elles sont plus bougeantes, charroyant d'énormes monceaux de
marchandises »...

Ces pacotilleuses ne sont plus seulement les annonciatrices de
tragédies, de cataclysmes, du « drame du monde », à l'instar d'un
Raphaël Targin. Elles ont une fonction positive :

> « Elles tissent la Caraïbe les Amériques, elles encombrent les
> avions de cette pagaille de cartons et de paquets [...]. Elles relient
> la vie à la vie, par delà ce que vous voyez, les radios portables de
> Miami et les peintures à la chaîne de Port-au-Prince, les couis
> ornés de San Juan et les colliers rastas de Kingston, elles trans-
> portent l'air et les commérages, le manger comme les préjugés, le
> beau soleil et les cyclones[35] ».

L'énumération permet de mesurer le chemin parcouru depuis la
liste de catastrophes qui résumaient le « tout-monde » comme
« malheurs en chapelet, trop de massacres, trop de misères », dans
Mahagony. Le « tout-monde » des pacotilleuses et du
« déparleur », est devenu bric-à-brac, « pagaille » baroque qui

---

34.   *Tout-monde*, p. 279. C'est sous ce terme en effet, que le scripteur sera
       nommé, dans les chapitres suivants, par exemple, dans « Nous ne mourions
       pas tous ».
35.   *Ibid.*, pp. 461-463.

échappe à toute classification et à tout jugement de valeur. Il rassemble dans l'hétérogénéité assumée le « beau soleil et les cyclones ». C'est pourquoi Mathieu (si ce n'est le narrrateur-auteur) peut s'écrier :

> « Oui le chaos est beau.
> Comme est beau l'enlacement de la végétation qui multiplie sans fin dans les détours de la Trace en Martinique, [...] ou la volée d'écumes qui s'enroule en éventail fou dans ce moment étincelant où deux vagues de mer écrasent leurs crêtes l'une contre l'autre, au large de Gorée, ou comme est belle la voltige du vent dans les sables soudain affolés d'Erfoud, au plus profond du Maroc[36] »...

Il n'importe guère que ce cri de Mathieu nous ramène au début du roman, dont on pourrait aussi bien faire une fin, dans un récit où le développement linéaire a laissé place aux circulations et aux déplacements en tous sens. On trouverait aisément, sans doute, du début à la fin de *Tout-monde*, l'expression de contradictions, entre l'éloge du « tout-monde », dans sa diversité, et le vertige ; entre la hantise d'une mondialisation qui ne fait que généraliser le « non-monde » et l'enthousiasme qui saisit à errer librement dans l'infini des discours et des visions.

Il nous semble toutefois devoir faire une part à l'étrange fin du roman qui, loin de s'achever sur un élan lyrique, à la manière de l'ode aux pacotilleuses, se termine *mezzo voce* sur une zone d'ombre et ouvre sur un nouveau questionnement.

---

36. *Ibid.*, p. 55.

9

La case et le « tout-monde »

Bien que l'organisation du roman paraisse assez arbitraire et que les chapitres nous mènent, sans linéarité, d'aujourd'hui au XIXᵉ siècle, de 1945 à 1990, de la Martinique à l'Italie, de Nîmes à la Roumanie, au Laos ou à l'Afrique, on peut tout de même distinguer une certaine structure, et en particulier un début et une fin[1].

Le premier chapitre est un prologue et un « démarrage », le dernier est un retour. Entre ces deux moments, situés en Martinique, les boucles du récit font des détours. Mais, si l'on part du pays pour y revenir, il faut se demander ce que le détour nous a valu. Comment la spirale a-t-elle progressé, d'un niveau à l'autre ? Sommes-nous montés d'un étage, vers la lune que chante Panoplie-fou-en-tête, à l'incipit, ou descendus dans un gouffre, et tombés dans le maelström ?

---

1. Il faudra peut-être revenir sur cette impression d'arbitraire et de désordre, justifiée par l'idée même de baroque. Une organisation n'est pas impensable, qui régulerait les mouvements de ce chaos. Il serait nécessaire qu'une lecture fine s'attache à observer les passages d'un lieu, d'une anecdote à d'autres, à repérer les allers-retours qui, de l'extérieur ramènent à la Martinique et qui, des autres histoires, retournent toujours à celle de Mathieu.

Des « péninsules démarrées » à la « flache »

À l'ouverture du roman, il apparaît clairement qu'une absence d'histoire, un « corps sans tête », incitent le narrateur à tenter une folle pérégrination. Il en retrace l'élan dans un monologue à la manière de Colino, un discours exemplaire du style du « tout-monde », mêlant écrit et oral, enchaînant les propositions dans un déferlement sans points.

> « D'abord vous dévalez dans des espèces de volcans de temps, de tous les temps que vous avez connus. Vous criez, c'est ce que vous faites de mieux, quand vous tombez ainsi de temps en temps, c'est-à-dire, non pas de moment en moment, mais en folie, et littéralement, de siècle en siècle, si vous pouvez considérer ce que c'est qu'un siècle, *un nègre est un siècle*, dans ce maelström, et vous tombez ainsi dans tous ces ascendants ah ! qui ne pouvaient pas même imaginer ce que serait qu'un descendant, et vous roulez de morne en morne et de man-fouti en man-fouté, de carnaval en carnaval, et à la nuit démâtée vous frottez contre tous les coins de muraille [...] et vous dévisagez mélancolique une canette ou une bouteille de *bière lorraine*, qui est si martiniquaise malgré son nom, [...] ah vous dévalez encore mais c'est dans un temps à venir d'où vous vous regardez mélancolique en train de regarder, ça n'a pas de fin, une vieille bouteille ou une canette de bière en équilibre dans un passé que vous n'arrivez pas, mais pas du tout, à contrôler, qui est pourtant votre temps présent[2]. »

Dans cette immense phrase, de plus de 25 lignes, véritable morceau de déparler, poème ivre, le narrateur, en proie à cette « mélancolie » sur laquelle il revient par deux fois, dérive entre présent, futur et passé mêlés, incontrôlables. C'est dans ce moment d'une ivresse mauvaise où l'amertume le dispute à l'exaltation que le narrateur, comme s'il avait touché le fond, embarque :

---

2.   *Tout-monde*, pp. 18-19. Les italiques sont dans le texte.

« Et que dévisagez-vous dans ce patatras où vous drivez comme un pain perdu ? Vous envisagez le monde alentour, aussi grand ouvert que la gueule de tous ces nègres que nous sommes, quand nous dégustons les discours musiqués par toute une bande de musiqueurs sans droit ni quoi, ni pas un seul qui nous dit que le monde est là ».

Comme nous l'avons déjà indiqué, le « délire verbal » n'est jamais loin du déparler, et la comparaison rappelle la proximité entre le « monde ouvert » et la « gueule ouverte » des « musiqueurs », à savoir, les beaux discoureurs, manieurs de rhétorique, ceux qui se gargarisent de mots et d'universel. Pour échapper à ces « gueules ouvertes », ne pas être englouti par le « délire verbal », pour partir vers le « monde ouvert », plutôt que de s'engouffrer dans ces bouches d'or qui font « toute cette musique de paraboles pour un pouvoir de rien[3] », le discours doit chercher son style ailleurs :

« Alors, quittant cette musique de pleurer-pour-rire, vous n'avez plus qu'à suivre le vent tout au long des glycérias et des filaos [...] et quoi, vous défilez le fil et déroulez l'histoire tout en longueur, et vous alignez ce qui passe à travers le pays, [...] vous tombez dans le virage du monde [...].
Alors vous entendez ces langages du monde qui se rencontrent sur la vague le mont, [...] vous entamez d'avertir ce qu'on appelle un style, plus secret que le changer de peau d'une bête-longue [...] et alors vous tournez la parole non plus comme un fil mais comme un tourbillon [...] et là vraiment vous imaginez le monde alentour ».

Il faut suivre quelques étapes de ce « démarrage » assez rimbaldien qui, dans une envolée de mots et d'images, laisse loin derrière les rhétoriqueurs et le pays sans histoire, pour aborder au monde et à son tourbillon, afin de saisir un peu de ce « style de la

---

3.   *Ibid.*, pp. 21-22.

tempête » que le poète-déparleur revendique[4]. Il draîne dans un rythme endiablé, français et créole, prose et poésie, lyrisme et trivialité. Le roman commence ainsi, après une courte ouverture, par un aria vertigineux du narrateur, entremêlé de citations de Colino et de Panoplie-philosophe, comme des morceaux de bravoure à couper le souffle. Le bateau ivre entre dans le maelström.

Or, si le poème de Rimbaud se termine, assez mélancoliquement sur l'image d'un petit garçon qui lance un frêle esquif sur une flaque, il semble bien que le roman s'achève également dans la déception.

---

4.   Le terme « démarrer » employé par le narrateur à la fin de son prologue, « Et là saisis du conte, vous démarrez de tant de commodités qu'on vous procure, vous quittez pour un moment l'apparence »... n'est pas sans rappeler le début du *Bateau Ivre* :
« Je courus. Et les péninsules démarrées
N'ont pas connu tohu-bohu plus triomphants ».
Le narrateur nous invite à quitter « l'apparence, le bercement », sur une île en partance vers la lune. Le chaos glissantien rejoint ainsi le « tohu-bohu » rimbaldien. Si Édouard Glissant a inscrit dans sa poétique un désir de dépasser les fulgurances rimbaldiennes, il les fréquente toutefois, entre délire et déparler. S'il cherche à leur donner une dimension collective et une durée, il ne semble pas pour autant récuser l'inspiration visionnaire et libératrice des « illuminations ».
Des auteurs divers ont inspiré Édouard Glissant, tels Saint-John Perse ou William Faulkner auxquels il a sans doute rendu hommage plus explicitement, dans les dernières décennies. Pourtant, il nous semble que son œuvre reste très proche de la quête rimbaldienne (alchimie du verbe, dérive, illumination). S'il n'a plus guère exprimé son admiration ou ses réserves à l'égard de Rimbaud, depuis *L'Intention poétique*, son esthétique reste, selon nous, empreinte d'échos rimbaldiens. D'autres aspects de l'œuvre sont davantage à entendre en résonance avec Faulkner (*Mahagony*, avec *Tandis que j'agonise*, *Tout-monde* et *Sartorius* avec l'ensemble de l'œuvre de l'auteur américain dont Glissant analyse la poétique en se dépeignant lui-même dans *Faulkner, Mississippi*). Mais on entendrait également des échos de *La Montagne magique* dans *Tout-monde*, et de bien d'autres romans, sans compter la référence massive à Dostoïevski. Dans le contexte de la littérature française, c'est évidemment à Rimbaud que nous avons songé pour les images de « dérive » et de « noyés », « l'ivresse », les « vertiges », la vision. Il nous semble cependant qu'il faudrait relire également Glissant à la lumière de Flaubert (ou l'inverse), car ce sont deux grands analystes du « délire verbal coutumier ».

> « Mais vrai, j'ai trop pleuré, les aubes sont navrantes
> Toute lune est atroce et tout soleil amer [...] »

déplore le poète, avant de conclure :

> « Si je désire une eau d'Europe c'est la flache
> Noire et froide où vers le crépuscule embaumé
> Un enfant accroupi plein de tristesse lâche
> Un bateau frêle comme un papillon de mai ».

De même, Mathieu, malade, pris de mélancolie, conclura, à l'issue de son odyssée :

> « C'était ça, [...] pas même un petit tourbillon ni le plus petit hac de gens au travers de la campagne, [...] c'était donc ça, le capharnaüm le maelström et tout le dôme, et pas même un petit bonheur de mourir pour votre pays, pas même un voyez je suis le fleuron saccagé de mon peuple, non pas même[5] ! »

Le tourbillon n'était-il qu'illusion, tempête dans une goutte d'eau ? La fin du roman est voilée de tristesse et d'une impression de mort. Le retour au pays et à sa mangrove, au corps d'Anastasie enterré dans la boue, comme l'histoire jamais déterrée du pays, semble accuser la vanité du voyage. Est-ce donc que le détour par le « tout-monde » n'a pas permis de véritablement rappeler le pays à son histoire, ou est-ce que le deuil du passé est impossible à faire ?

Le dernier chapitre du roman est à la fois récapitulation du « tout-monde » et retour à l'origine. Si *Tout-monde* commence dans une « île des revenants » qui est la Martinique, il s'achève en boucle au morne Bezaudin où est né Mathieu Béluse. Une spire se referme, comme un long détour entre le pays dont l'histoire est « un corps sans tête », qu'il reste à « déterrer » ou « élever en nous et parmi nous » et le pays qui comme Artémise « agonis[e], en marge des splendeurs plates et des dérélictions du pays nouveau ».

---

5.   *Tout-monde*, p. 512.

La « mélancolie » du narrateur, devant une « bouteille de *bière lorraine* » a-t-elle laissé place à un sentiment plus joyeux ? Loin s'en faut. Le « corps sans tête » de Joséphine n'est guère remplacé que par le corps d'Anastasie qu'on n'a jamais retrouvé « dans toute cette eau de boue[6] ».

De « Banians » à « Air-plane », éloge du « tout-monde »

Le chapitre *Air-plane*, l'avant-dernier, aurait pu donner au roman un épilogue plus radieux, comme un hymne au « tout-monde », à ses pacotilleuses, à un « Tout-monde », avec majuscule, « rayonnant d'"Ici" qui se relaient ». Il faisait ainsi écho au deuxième chapitre, *Banians*, éloge de l'Italie et d'un art des rencontres. À l'incipit, Mathieu chantait : « la terre est un Chaos, le Chaos n'a ni haut ni bas, et le Chaos est beau », tandis qu'à la fin, le narrateur aurait entonné :

« Nous débondons ces rivières, il est temps de désobstruer, de faire joindre Ici et Là-bas. Ouvre l'imaginaire ».

On aurait pu penser que le pays sans histoire avait trouvé un nouveau souffle dans l'errance, l'ouverture au « tout-monde » :

« où la dérive de l'habitant, ce par quoi il tient à la terre, comme une poussière têtue dans l'air, c'est cet aller tout aussi bien que ce revenir, à tous les vents ».

Ainsi, le « corps sans tête » aurait fini par « tenir à la terre », grâce aux mouvements vivifiants du détour, de la « dérive ». Les « vents » soufflant sur cette errance auraient pris le relais du « vent » qui inspirait autrefois Papa Longoué et ses émules.

De fait, le chapitre *Air-plane* voit triompher la poétique du « tout-monde » sous toutes ses formes, tant dans les thèmes

---

6.   *Tout-monde*, p. 498.

abordés que par les jeux de marelle qui font passer d'une anecdote
à l'autre. Il s'achève sur une rencontre, dans la mangrove, « lieu-
commun » par excellence, avec des personnages clés qui ont
remplacé aujourd'hui Papa Longoué : Rocamarron et des artistes
comme Cárdenas et Segui.

La mangrove est l'enjeu d'une tension dramatique entre
l'ancien pays, décrit dans *La Lézarde*, de la source à l'embouchure
de la rivière, et le pays nouveau, livré à la spéculation d'une
Madame Pérelle et de tous ceux qui ont « colonisé » cette
mangrove, l'asséchant progressivement. Les personnages viennent
y errer, « Artémise Marie-Annie » y tiennent « leurs assises », dans
un « véritable campement à grand jour qui adoptait l'apparence
d'une scène de cérémonie ».

Elles y rencontrent « Roca, le señor Marronn » avec qui elles
échangent des histoires :

> « Chacun supputait qu'ils raboutaient les histoires l'une contre
> l'autre, non, l'une en échange de l'autre, et qu'ils délibéraient si
> ces histoires s'étaient à la fin rencontrées[7] ».

Rocamarron, lointain descendant de La Roche, qui s'est installé
dans une case où il parle, à la manière de Papa Longoué, est l'un
des personnages de la « relation ». Il symbolise la Caraïbe, car si
ses origines lointaines sont martiniquaises, il vient d'un village des
Andes, Malicoula. Il a reçu la lettre qu'Anastasie a envoyée dans le
monde entier et se relie ainsi à l'un des parcours essentiels du
« tout-monde ». Il est également à la croisée des lignées békées, et
mulâtres.

En effet, le personnage descend d'un certain Georges de
Rochebrune, fils illégitime du béké Laroche et d'une femme noire,
dont l'histoire est contée dans l'un des premiers chapitres du
roman, *L'eau du volcan*. Dans ce chapitre, qui renoue avec les
récits du *Quatrième siècle*, les deux personnages de békés, La
Roche et Senglis, s'entretiennent, tout en se baignant dans une
source.

7.   *Ibid.*, p. 496.

La Roche raconte, par bribes, les aventures d'un « jeune homme de couleur libre » venu négocier une jument, un grand voyageur qui, de Paris à l'Amérique du Sud a, semble-t-il, trouvé une position sociale. Celui dont il avouera être le père, symbolise l'homme du « tout-monde », par son histoire, son métissage, ses voyages. Il permet le dépassement, dans l'œuvre, des clivages quelque peu figés qui opposaient les békés aux Noirs et aux mulâtres, ainsi que les Béluse aux Longoué. Le métissage se réalise enfin, comme si l'œuvre, revenant sur ses pas, ajoutait à ses propres archives les traces qui lui manquaient, les personnages ou les rencontres qui aujourd'hui font sens, sont réclamés par une nouvelle « vision prophétique » du passé.

Dans cette nouvelle vision, la mangrove remplace le morne, et Rocamarron prend la suite de Papa Longoué. Les leçons ne procèdent plus d'en haut, elles remontent de la boue et de l'eau, elles ne sont plus seulement portées par un souffle d'Afrique mais par un homme qui vient de l'Amérique du Sud, joignant plusieurs races, plusieurs pays et plusieurs langues de la Caraïbe. Plus que Longoué, l'ancêtre noir, d'ascendance africaine, Rocamarron symbolise l'homme du « tout-monde », et s'il reprend la parole de Papa Longoué, évoquant la « vision », « le Grand Mystère », les « quatre directions » qui ont pris le relais des « quatre siècles », il prophétise surtout le « tout-monde » :

> « Ils parlaient du rond que faisaient ces terres ensemble, depuis le haut de Brésil [...] jusqu'aux bayous de Louisiane [...] et à vrai dire, ils parlaient des terres et des pensées archipélagiques, toutes dans le monde [...]. Ils parlaient de ces continents qui dilatent maintenant et se délitent en archipels de Régions abordables et fréquentables. J'imaginais qu'ils parlaient de la manière dont nous commençons de connaître tout ça et de le tourner dans notre tête et autour de nos corps en un fracas de Tout-monde[8] ».

Par conséquent, « Roca Marronn », « la roche brune ou marronne », réalise le langage du « tout-monde », ce langage de roches que l'auteur bâtit depuis L'Intention poétique, langage

---

8.   Tout-monde, p. 473.

marron qui transgresse, étrange et étranger à la fois, parole métisse et cassée qui se déterritorialise sans cesse, insoucieuse des frontières de langues ou de pays.

Mathieu, Roca et le narrateur, se réunissent ainsi, à la fin du roman, dans « le silence » et « l'ombre d'une case » qui n'est pas sans rappeler la case de Longoué, bavardant de choses graves et énigmatiques, du « rhizome », par exemple, que constitue la circulation des cuisines du monde. L'œuvre aurait donc avancé en « rond » et en « spirale », se retrouvant à son point de départ, la mangrove du Lamentin, la case du vieux sage, tout en progressant, car le paysage a changé, l'ancêtre n'est plus le même, n'incarne plus tout à fait les mêmes valeurs symboliques.

L'enthousiasme du « tout-monde » culmine alors, dans la fréquentation des peintres Cárdenas, Segui, « qui dévalèrent un jour ce rond jusqu'en Martinique ». En compagnie d'un artiste anglophone, Irving Petlin, ils échangent différents langages plastiques et « mélang[ent] à plaisir les langues », dans un véritable salmigondis d'expressions approximatives. Ils réalisent « ces dérivades de langue » qui réjouissent profondément le narrateur : « Tout se renversait dans tout », conclut-il.

Le déparler devient « turbulences de parole », invention de formules qui se juxtaposent, créant un langage étrange et amusant :

> « Il me semble qu'Agustin, qui comme Mathieu Béluse disposait de sa réserve de formules à secrets, "quelle culture, mon vieux, quelle civilisation !" – et je crois qu'il accentuait : "mon vié", ce qui faisait parodie de créole, – psalmodiait à tout bout de jour et de nuit : "lé pioupiou lé mato lé wawa", une paraphrase qui court par toutes les Amériques du Sud »...

La note explicative et les commentaires à propos de la phrase : « le petit chien il l'a tué l'autobus », tend à accorder à celle-ci « une signification plus profonde qu'il n'y paraît en premier lieu[9] ».

En effet, au-delà de l'humour et des significations précises de l'anecdote ou des formules citées, il est bien évident que le « tout-

---

9.   *Ibid.*, pp. 488-489.

monde » a atteint sa dimension ultime dans la rencontre des langues et des langages (plastiques ou linguistiques), des signes et des cultures. Les échanges linguistiques, les jeux sur la traduction ou sur le créole, sont souvent d'une tonalité humoristique, car le jeu des langues est l'une des « directions » essentielles d'une rencontre qui ne serait plus mortifère. En ce sens, les plaisanteries, qui accompagnent l'usage des langues croisées, sont effectivement « profondes ». Presque toujours, dans le roman, la connaissance ou le détour des langues sont jubilation, ils sauvent, déjouent les pièges les plus dangereux, la guerre, l'oppression, l'exil. Alors que partout règne l'uniformisation desséchante et pourrissante, mortifère, le jeu des langues est un éloge d'une diversité cosmique et enfin comique.

On aurait pu en rester là, refermer le livre sur ce bel éloge de l'échange, de la multiplication des « Ici », sans « Là-bas », dans un univers d'immanence où chacun est son propre repère, ne subissant plus le joug d'une écrasante référence à l'Autre, tapi dans son « Là-bas ». C'était peut-être oublier, cependant, que « l'air-plane » à bord duquel on a pris place, en cette fin du roman, est toujours conduit par un béké, selon une plaisanterie amère rapportée par Artémise, dans le chapitre *Bezaudin* et de nouveau citée dans cet avant-dernier chapitre :

> « D'ailleurs les békés et les nègres le savent bien aussi, dans toutes ces îles. [...] (tu entres par l'arrière dans cet avion et tu avances à coups de cent mille francs jusqu'à être commandant, mais tu ne le seras jamais, le béké a mystérieusement disparu juste avant le moment où tu prends les commandes de cet aéroplane)[10] ».

Aussi pourrait-on suggérer que l'on « tombe de cet air-plane », pour atterrir, finalement dans un « taxi-pays » qui ramène lecteur et narrateur aux cahots et au chaos du pays. Par conséquent, les deux chapitres d'éloge du tout-monde, *Banians* et *Air-plane*, se trouvent encadrés par un prologue, sans titre, et un épilogue, *Taxi-pays*, dont la teneur est infiniment plus opaque et la tonalité plus sombre. Si le roman prend son élan à l'incipit, pour un voyage étrange et

---

10.   *Tout-monde*, pp. 466 et 187-188 pour l'anecdote initiale.

enivrant où « vous cherchez aux nuages l'éclat tombant de cette
lune, en injuriant qu'on ait marché dessus », le retour au lieu-
Martinique s'accomplit sous le signe du désenchantement et de
l'ambiguïté, comme retour à une histoire non encore exhumée, à
un pays qui demeure moribond.

Une lente agonie

Le titre même, *Taxi-pays*, fait la synthèse entre le cahotement
des détours et le chaos du pays, dans un rapprochement
symbolique avec l'« air-plane » qui relie tous les pays du monde
et, singulièrement, de la Caraïbe. On passe, toutefois, de l'anglais,
langue des contacts internationaux, choisi symboliquement pour le
titre « air-plane », à l'expression créole « taxi-pays ». Est-ce une
manière de rappeler que le créole est également l'une des créations
significatives du contact entre les peuples, fût-il brutal ? Ou bien
l'interpréterons-nous comme rétrécissement de l'espace, descente
après l'envol ? La nostalgie, quoi qu'il en soit, teinte le chapitre,
dès les premiers paragraphes, puisque, aussi bien, le chauffeur,
Monsieur Amédée a « amorti sa conduite ». Mais c'est surtout à
partir de l'évocation d'Artémise agonisante et de la mort
d'Anastasie, que la tristesse envahit le récit, rappelant que le lieu
vrai, la Martinique, est toujours le pays des « revenants » – non
seulement parce qu'on y revient toujours, mais parce que les
habitants sont des fantômes, des morts-vivants.

En effet, si le narrateur, à l'orée du roman, semble embarquer à
bord d'un bateau ivre, à destination du « tout-monde », Mathieu
revient au pays dans les dernières pages, véritablement dégrisé,
quoique délirant, mais d'un délire bien différent puisqu'il est
blessé. La spirale se referme donc sur la mort et la mélancolie, au
lieu de s'achever sur l'accomplissement du « tout-monde ».

De même que le deuil d'Anastasie demeure impossible, tant
que l'on n'a pas retrouvé son corps, on pourrait imaginer que le
deuil du passé demeure en attente, parce qu'on n'a pas encore

retrouvé le corps du pays. La mort continue son travail, « en dessous », dans l'abjection et l'horreur, sans que l'on puisse véritablement la symboliser.

Les corps de Mani, le marron, et d'Anastasie la driveuse, n'ont pas été identifiés ni retrouvés : « Chaque fois on découvre une putréfaction, quelqu'un dit c'est Mani ».

Ainsi, les corps continuent leur dérive

> « par les profonds de terre et de mer, vers l'écume et le sel d'en bas. [...] Il y a concertation entre eux, Anastasie Mani, pour désapparaître dans l'en dessous et pour raconter cette même histoire avec leurs peaux et leurs os, dans tous les gouffres que vous trouvez ».

Plutôt qu'une véritable disparition, une mort qui fasse césure avec le vivant, entre passé et présent, la « désapparition » n'est que « malemort », « putréfaction » sous la boue. On en revient donc à ce pays qui ne sait pas reconnaître son histoire :

> « pas un alentour ne saisit l'importance.
> – Il faut dire que nous sommes plus dénaturés que des gales desséchées sur la peau du bœuf.
> – Pas un en vérité pour deviner.
> ...
> – Nous avons désappris les trous les gouffres. Nous avons. Par exemple la cale du bateau[11] ».

Par conséquent, le pays n'a toujours pas consenti à retrouver ses corps, à identifier son histoire, à entreprendre l'anamnèse de ses souffrances originelles. C'est pourquoi la « malemort » continue de sévir, et l'agonie de s'éterniser.

Dans la mangrove, « Artémise Marie-Annie flétrissaient jour après jour [...]. On voyait qu'Artémise en vérité tarissait, elle devenait comme jaune, et Marie-Annie s'égarait[12] ».

---

11. *Tout-monde*, pp. 498-499.
12. *Ibid.*, pp. 497-498.

Toutefois, dans son agonie, Artémise est transfigurée, s'épanouissant, « elle avait passé les limites, elle tombait dans les infinis, elle diffusait là ».

On pourrait imaginer que s'organise une splendide célébration, dans « une mangrove [qui] était soudain comme un lit d'apparat ». S'agirait-il de symboliser enfin cette mort, en attente de rituel et de paroles ? Le texte demeure en suspens, à l'instar des protagonistes et des témoins, dans un « comme si » qui s'interprète comme l'attente d'un signe à venir, pressenti, mais encore hypothétique :

> « exactement comme dans la Cathédrale de Port-au-Prince, [...] et comme si des visiteurs se penchaient sur cette agonie, et que la chose importante était qu'ils se rassemblaient d'au-delà de tous les horizons, et que les espaces étaient éclatés, et que l'eau du volcan montait froide et brûlante tour à tour[13] ».

La symbolisation de la mort demeure donc au stade d'un « comme si », dans une vision glorieuse et délirante à la fois qui réaliserait l'unité du monde, par une transgression des frontières et un dépassement des contradictions. Mais nul n'est dupe d'une telle transfiguration ; en fait, l'agonie demeure oppressante et sans transcendance. Bien plus, la mort d'Artémise rejoint l'agonie du pays, inspirant toutes deux à Mathieu Béluse un véritable désir de mort :

> « Cette agonie, répandue dans toutes les directions, toucha Mathieu Béluse de ses souffles démultipliés. [...] Le pays, c'était comme Artémise, agonisait, en marge des splendeurs plates et des déréctions du pays nouveau[14] ».

Tout est gouffre, dans ces dernières pages, où sont énumérés les « gouffres » que sont la « cale », la « Maison de la source », les « grottes », « la barrique de Longoué », « la calloge de ce coq sauvage », « les cavernes qui ouvrent leur gueule dans le Rocher », tout semble aboutir à un immense gouffre, dont la matrice, on s'en

---

13.   *Ibid.*, p. 502.
14.   *Ibid.*, p. 502.

souvient est à l'origine à la fois du « non-monde » et du « tout-monde[15] ».

Comme s'il avait atteint le gouffre ultime, Mathieu qui sait devoir être blessé par « une taillade »,

> « eut soudain la volonté raide d'en finir avec tout ça, de convenir tout de suite à cette taillade promise, de brusquer la fin de tout ça, de courir au plus achevé, en vérité comme un vieux corps qui ne peut plus gravir[16] ».

Le désir d'achever, de « brusquer la fin de tout ça », ne peut guère s'interpréter que comme désenchantement, désir de mort. Mathieu, dans ces derniers moments du roman, partage avec Artémise une expérience ambiguë d'agonie et de transfiguration à la fois :

> « L'ouverture des flancs des mornes faisait qu'on croyait planer là dans une terre infinie, on aurait dit la pensée tragique des hauteurs dans les pays du lointain Pérou et des Andes [...] et un écho élargissait le silence ».

L'apparition toute symbolique d'une silhouette d'homme ou de femme qui travaille la terre, à ce moment d'une pérégrination théâtrale, « tragique », semble faire de la rencontre avec la terre un enjeu essentiel de cet ultime détour ; mais la « terre rouge » qui se présente sous les espèces d'un « mur » ne signifie peut-être encore que l'agonie : c'est un « grouillis couleur de sang » qui figure une limite. L'ambiguïté prévaut donc dans toutes les images et tous les épisodes du dernier chapitre, comme si la dernière étape, la dernière station de Mathieu et du roman, menait aux gouffres – de la mort et de la naissance – « non-mondes » par excellence qui

---

15.   L'énumération résume l'ensemble de l'œuvre et permet une relecture de ses principaux épisodes comme « gouffres », depuis la Maison de la source, au centre de *La Lézarde*, jusqu'à la cage d'un coq apparu dans *Mahagony*, et au rocher du Diamant, plus particulièrement évoqué dans *Tout-monde*, en passant par la barrique du *Quatrième siècle*.

16   « Vieux corps » est la traduction littérale du terme créole *vié kò* qui signifie « vieillard, personne âgée ».

promettent peut-être un « tout-monde », un « inconnu-absolu »
dont on ne sait s'il est dernier ou premier, ainsi qu'à la proue du
vaisseau-négrier :

> « Et cette voile insoupçonnée, qui à la fin se déploie, est
> irriguée du vent blanc du gouffre. Et ainsi l'inconnu-absolu, qui
> était la projection du gouffre, et qui portait en éternité le gouffre-
> matrice et le gouffre en abîme, à la fin est devenu
> connaissance[17] ».

La quête du « tout-monde » nous mène, en effet, *in extremis*, à
la « Maison de la source », non plus celle de *La Lézarde*, mais
celle où est né Mathieu, maison de la naissance qui pourrait être
également maison de la mort, nouveau « gouffre ». Le roman
n'achève pas son orbe, par conséquent, sur la contemplation d'un
horizon infini mais sur un retour à la « case » départ. Quelle signification accorder à ce geste surprenant, si modeste et mélancolique,
par lequel Mathieu, et le narrateur reviennent à l'origine ? Est-ce
renoncer à l'errance prometteuse, dans un moment de désespoir ?
N'est-ce pas plutôt rencontrer, à la limite du non-être, un gouffre
susceptible de porter un nouveau monde ?

Retour à la maison maternelle

Il est profondément déroutant et émouvant qu'aux termes de
son errance dans le « tout-monde », ce que Mathieu vient chercher,
au morne Bezaudin, au moment précis où il semble décidé à en
finir, ne soit autre que la case de sa propre mère, Marie-Euphémie
Godard. N'est-il pas étonnant que ce livre qui nous a emportés
d'Italie en Égypte, de France en Indochine, et presque de la terre à
la lune, se dilatant dans toutes les directions, tant imaginaires que
réelles, voie son champ se resserrer soudain sur la Martinique, le
Lamentin originel, le morne natal, la maison de la mère ? Le geste

---

17. « La barque ouverte », *Poétique de la Relation*, p. 20.

de Mathieu répond ainsi au geste originel de Raphaël Targin qui, dans les premières lignes de *La Lézarde*, quittait sa maison, descendant le morne. Mathieu, à l'inverse, « gravit » le morne pour retrouver la maison de sa mère. Ce n'est plus seulement un roman, mais une œuvre qui se referme.

Le nom fictif de Mathieu Béluse n'est qu'un frêle paravent pour un témoignage autobiographique, car les lecteurs d'Édouard Glissant n'ignorent pas que celui-ci a porté le nom de sa mère, Godard, jusqu'à l'âge de neuf ans, environ, lorsque son père l'a reconnu. Que la mère de Mathieu porte le nom de celle d'Édouard Glissant n'a rien qui nous étonne, les deux personnages étant entremêlés depuis *Mahagony*. Toutefois, l'émotion est sans doute plus grande d'être contenue par cette pudeur. Quant au prénom, il a beaucoup varié, dans l'œuvre, de Marie-Euphémie (Euphémisme de quoi ?) à Marie-Rose ou Rose-Marie.

Il est néanmoins frappant que la mère ait porté dans plusieurs romans, le même prénom que le bateau négrier. Cette coïncidence plus que troublante laisse entendre un rapprochement difficile à admettre entre deux matrices, comme si le bateau négrier pouvait être mère au même titre que la mère, et *vice versa*. Deux gouffres se répondent, aussi inconnaissables, impossibles à symboliser l'un que l'autre. Ce sont deux origines, l'une abjecte, l'autre dont on ne sait rien, souffrances identiques, mystères indépassables, Réel du corps et de la conception ou Réel de la mort et de l'horreur, que l'on ne peut pas symboliser mais que l'on tente d'approcher par des visions, des paroles, des images[18].

L'ambivalence qui caractérise ces deux « inconnus-absolus » est totale, et si l'on en croit le rapprochement, il faut admettre que le bateau-négrier porte la vie, enfante, ce que le narrateur a toujours assumé, le représentant comme un « ventre », tandis que la mère porte *également* l'abjection et la mort. L'inconscient est régi par de telles ambivalences, la métaphore audacieuse et libre y consent pareillement.

La métaphore qui unit les deux gouffres n'est pas tout à fait nouvelle, car dans *La Case du commandeur* déjà, le trou du passé,

---

18.   Nous empruntons à Jacques Lacan le mot « Réel », majuscule, qui désigne ce qu'on ne peut symboliser ou ce que l'on n'a pas encore symbolisé.

le noir profond de la Traite était déjà rapproché du noir qui règne entre les cuisses de la femme[19]. Anatolie renaissait à la fois dans le cachot, trace de la Traite, et dans le giron de Liberté Longoué. Il semblerait qu'on soit donc revenu à ce qu'un Courbet désigna comme « l'origine du monde », mystère obscène et obsédant. Au bout de l'errance, Mathieu gravit le morne pour revenir au lieu de sa naissance, au lieu maternel. Il ne veut pas y voir, cependant « le berceau de [s]a race », à la manière d'un Aimé Césaire revenant, « au bout du petit matin », à la maison familiale. Selon Mathieu, l'origine est

> « le point ténu fixe, dans le tourbillon de bois de feuillages de bris d'eau sur ce cassis à pic, d'où ont débondé dans combien de directions combien de bassins versants à partir de Partages des Eaux[20] ».

De la sorte, l'origine n'est qu'un « point fixe », comme l'œil du cyclone, d'où le tourbillon s'organise, se nourrissant à cette source pour mieux se répandre, se dilater, repartir dans le monde. La maison maternelle est un avatar de ce « point fixe » au même titre que le regard « immobile » de Sulpicio, de Marie Celat, de maints personnages féminins, mais également de la case de Papa Longoué décrite dans les mêmes termes d'immobilité, de « fixité ». Celui qui erre revient régulièrement à ces point nodaux qui font repères, dans le récit et dans l'espace.

Certains personnages ne bougent pas, ils demeurent au lieu originel, à l'instar de Papa Longoué ou de Marie Celat, parfois pris dans l'exil intérieur, cyclones immobiles à l'image de Mycéa, parfois véritablement fixes, repères de vérité tels que Papa Longoué. Mathieu Béluse, Raphaël Targin, le narrateur, ne sont

---

19. « C'est bien Liberté de Melchior qui enfonça ainsi Anatolie dans un état d'enfance qu'il n'avait jamais connu. Le ramena entre les cuisses de la femme pour le laisser là béant d'une innocence écarquillée », *La Case du commandeur*, p. 121.

20. *Tout-monde*, p. 505. Mathieu cite, entre guillemets, un texte dont l'auteur n'est pas désigné. Il s'agit sans doute de Félix-Hubert Fortuné, qui apparaît en épigraphe du chapitre *Air-plane*, à moins qu'il ne faille attribuer ce passage à Alejo Carpentier, auteur du roman *Le Partage des eaux*, et dont il est également question page 460.

pas de ces « points fixes ». La mère de Mathieu l'a porté, nouveau-
né, comme un « fusil », entre le morne Bezaudin et le Lamentin où
il revient à la fin, Raphaël Targin a dû quitter la maison de la
montagne pour commencer « le grand goumin de la terre ». Les
deux personnages ont donc, dès l'origine, été « déportés ». Ils
tournent autour des « points fixes » s'éloignent, reviennent à la
« terre immobile[21] ». Ils établissent la relation. De la sorte, les
errances de l'œuvre peuvent être décrites comme un aller-retour
entre la « case » et le monde – comme exil et comme détour.

Entre la maison de la montagne et la maison de la source, la
« maison des morts » sur laquelle s'ouvre *Malemort* et la « maison
des esclaves » à Gorée où dort Pietro, entre la « maison » de
Mycéa et la « case du commandeur », l'œuvre trace des parcours,
relie des « gouffres ». La maison de la source est une cale et un
gouffre, elle est ultime autant qu'originelle, de même que la
maison des esclaves. Entre les deux, les personnages se déplacent.

Les hommes ont rarement une case, à l'exception des Longoué
dont l'histoire coïncide, pour une part, avec la fondation d'une
case, dans le morne. Cette case du premier Longoué se transmet de
Melchior à ses descendants, mais précisément, la famille Longoué
s'est épuisée, elle n'a plus d'héritier. Les Targin, descendants de
géreur, fondent également leur case, et la perdent, comme si leur
ancrage dans la terre devait trouver une nouvelle légitimité, à
travers la geste de Raphaël. Mathieu Béluse, quant à lui, n'a jamais
eu de maison qui lui soit propre. Il a été accueilli, malade, dans la
maison de Marie Celat, puis il est parti. Par conséquent, à
l'embouchure de ce grand fleuve qu'est l'œuvre, plus aucune case
paternelle n'existe, les personnages masculins sont tous voués à
l'errance. En réalité, les personnages de la dernière génération,
n'accèderont jamais, semble-t-il, à la possession d'une case. Cela
signifierait, en effet, qu'ils ont repris possession de la terre, acte qui
demeure en suspens d'un bout à l'autre de l'œuvre.

Il est, en l'occurrence, très significatif que le « déparleur », dans
Tout-monde, glisse, comme une parole anecdotique :

---

21.   L'expression se trouve dans *Tout-monde*, p. 178.

« je crois que je vais pouvoir acheter un bout de terrain chez moi en Martinique, [...] à la fin des fins j'arrête de courir partout[22] ».

Serait-ce la fin heureuse du voyage ? Le déparleur serait-il le véritable héritier qui, plus que Raphaël et Mathieu, ou parce qu'il est à la fois l'un et l'autre, pourrait reposséder la terre ? Est-ce que le « déparler » et l'errance sont les voies paradoxales d'une réappropriation ? La phrase lâchée par le « déparleur » a de quoi surprendre. On peut se demander si « acheter un bout de terrain » n'est pas, tout compte fait, la manière la plus simple de posséder un peu la terre de son pays. Est-ce renoncement à une possession plus politique, collective et symbolique ? Ou bien faut-il interpréter ces mots du déparleur comme une plaisanterie d'un réalisme trivial : quand on écrit des livres de « déparler », on finit par avoir les moyens d'acheter un bout de terrain en Martinique. Entre ironie et réflexion politique, la plaisanterie du déparleur ouvre un abîme à l'interprète. ｡

Pour l'essentiel, et jusqu'à ce que l'achat projeté se réalise, les femmes, seules, ont des cases, vides de « commandeur », même si des pères fantomatiques les fréquentent parfois, à l'instar de Pythagore, à la fin de *La Case du commandeur*. Mathieu, pour sa part, erre par le monde ou en Martinique, sans titre de propriété.

Il retrouve, à la fin, la case de sa mère qui est davantage encore « la maison » du père de sa mère. En effet : « [elle] n'avait pas été une case, pour cette seule raison que le "père de [sa] mère" avait tellement figuré pour ceux d'alentour une manière de patriarche[23] ».

Cette « maison » a donc une grande valeur symbolique, elle allie le mystère de la femme à la dignité du « patriarche ». Elle ne peut être que fondatrice et fait pendant à la « case ·du commandeur » où Marie Celat avait découvert la « Trace du Temps d'Avant ». On s'attend, par conséquent, à un événement de cette sorte, une révélation, un geste symbolique qui donnerait sens à la fin du roman et aux pérégrinations de Mathieu.

22.　*Tout-monde*, p. 465.
23.　*Ibid.*, p. 506.

Or, Mathieu ne découvre rien dans cette maison, qu'un peu trop de ciment, quelques souvenirs, un goût de poussière, légèrement pourrie », une cousine polie, et finalement bien peu, si ce n'est « les énergies du lieu ». La description s'interrompt pour évoquer de nouveau la mort, l'agonie d'Artémise[24]. Puis, de façon presque concomitante à cette visite, Mathieu est blessé par des « vagabonds ». Ainsi, le roman rencontre à nouveau « la violence sans cause », rappelant la fin de *Malemort*. Il semble bien que le pays n'ait guère avancé quant à la symbolisation de son passé et à l'analyse de ses « pulsions morbides ».

Cependant, la blessure de Mathieu, à ce moment de son parcours, revêt également une signification personnelle et symbolique. On pourrait, en effet, imaginer que, pour être remonté trop loin dans le lieu originel, avoir approché de trop près la « matrice » et le gouffre, Mathieu se voit promis soudain à une mort prochaine. Tel Œdipe, il semble qu'à vouloir trop savoir, il se voie menacé par une vérité insoutenable qui le rendra aveugle. C'est ainsi que prend sens l'épigraphe du chapitre, citée d'après Maurice Roche : « LA SOURCE. – "Au fur que tu perdras la vue, tu perdras le sommeil" ».

Mathieu tombe ainsi dans un nouveau gouffre : « la ville d'inconscient, la matrice de rêve », et son délire est annonce de fin :

> « Il était arrivé au bout du halètement de cette parole sans fin, au bout de ce long souffle monotone qui avait assemblé tant d'histoires [...] il admettait maintenant que cette blessure et cette souffrance étaient là pour conclure le désordre la déambulation[25] ».

De même que les histoires d'Anatolie ne pouvaient finir qu'avec son impuissance biologique, de même la « déambulation », le discours du « tout-monde », ne peut s'arrêter qu'avec la mort. La césure, le point final ne semblent pas pensables dans le rhizome. C'est à la fois rassurant, car les histoires sont innombrables, et angoissant, car s'il faut mourir pour finir, la mort n'en est pas pour

---

24. *Tout-monde*, p. 507.
25. *Ibid.*, p. 508.

autant symbolisée, ni le récit, qui ne s'achève que par nécessité : on peut aller très loin, et Mathieu ne saura pas s'il est allé plus loin que Raphaël, « sans qu'on débrouille ce que *le plus loin* voulait dire ».

Le roman ne s'accomplit donc pas tout à fait, il laisse en suspens les significations, abandonne Mathieu à son coma, Artémise et le pays à leur agonie. On ne sait ce qui l'emporte du « gouffre » ou du « tout-monde », mais c'est sans doute la même chose. Au moment où Mathieu craint de devenir aveugle, tel Œdipe, il s'interroge : « pouvait-on si vite perdre les yeux, se fermer au monde, rentrer en soi, oublier tout, les formes, les chaleurs, les vibrations ? Ce serait pour parcourir un autre monde sans doute[26] ».

On passe ainsi continuellement de « gouffre » en monde, et de « non-monde » en « autre monde » ou en « tout-monde ».

« Enfer ou ciel qu'importe ? Au fond de l'inconnu pour trouver du nouveau », aurait dit un autre poète qui, visionnaire, avait pareillement entrepris un grand « voyage ».

L'anecdote qui constitue l'épilogue du roman n'est pas commentée. Elle ouvre une béance plus qu'elle ne répond aux questions sur le pays et sur Mathieu. La maison est un lieu trop complexe et ambivalent pour être approché et compris, c'est un lieu d'ombre : « on devinait à l'intérieur, comme dans un gouffre, en vérité, le courant d'air tassé de tant de jours et de nuits[27] ».

Elle rappelle ce qui n'a peut-être pas été symbolisé de la séparation avec la mère, mais également la filiation difficile, car elle est « maison du père de la mère » et, si le grand-père maternel faisait figure de « patriarche », l'absence du père est, en revanche, évidente. Confrontation à une histoire où les trous abondent, la maison de la mère, à l'instar de celle de Gorée ne peut être habitée. On y passe, on y dort éventuellement, on y découvre un signe mystérieux, le « kwamé », dont la signification est un nouveau gouffre.

---

26.   *Ibid.*, p. 509.
27.   *Ibid.*, p. 505.

« La vraie réalité » ?

Comme si le roman ne pouvait fixer son épilogue, consentir à une fin et à son sens, l'accident de Mathieu, l'inquiétude de la mort, ne sont pas dernières, les histoires, les rumeurs, nourries de quelques « renseignements », font « démarrer l'imagination ». Le monde et le déparler survivent au héros et au déparleur. La vision de Mathieu, dans le coma, est un peu le rêve de Lomé, comme Marie Celat, dans *Mahagony* avait rêvé le rêve du géreur. Les visions s'imbriquent, formant presque des cycles de réincarnation autonomes, sans que le rêveur en soit responsable. Toutefois, ce n'est pas à la vision de Mathieu qui, entre « théorie » et rêve, continue son déparler et déploie l'imaginaire du « tout-monde », qu'est laissé le dernier mot, mais aux gendarmes, figures dérisoires et familières.

L'« Entité-gendarme » pense d'un seul mouvement, trois en un comme le furent autrefois Dlan Medellus Silacier. Sont-ils les héritiers du « délire-verbal » ou l'avatar d'un « tout-monde » qui contient sa propre dérision ? Ces gendarmes venus d'Angers, de Pézenas, et qui ne craignent que d'être arrachés à « ce lieu de toutes les vertus » qu'est pour eux la Martinique, « à moins bien sûr que ce ne fût pour [...] Nouméa ou Tahiti », concluent sans générosité, à propos de la blessure de Mathieu : « il l'avait bien cherché ».

Cette fin paradoxale, déceptive, laisse le sens en suspens. Une fois de plus, entre « délire verbal » et « déparler » (malparler ?), entre la circulation du discours dans le « tout-monde » et les mutations de gendarmes outre-mer, entre le « lieu-commun » et le préjugé, toutes les ambiguïtés demeurent : nouveau gouffre, nouvelle matrice d'un sens à venir. On peut supputer, toutefois, que les gendarmes de Pézenas sont plutôt l'envers du « tout-monde ».

La fin un peu amère du roman nous rappelle à « la réalité, la vraie » que Mathieu découvre en se réveillant, à savoir le pays dont l'histoire n'a toujours pas été exhumée et dont les habitants ne figureront jamais des héros, pays voué à la « violence sans cause » et aux actes manqués : « pas même un petit bonheur de mourir pour votre pays », pense Mathieu.

C'est pourquoi, *in fine*, la dérision l'emporte sur le tragique. Le « tout-monde » n'est pas une épopée mais une « digenèse », une trame d'histoires « sans commencement ni fin ». Il n'est pas exclu que, dans les derniers paragraphes de son roman, après des épisodes pathétiques, Édouard Glissant se soit plu à rappeler la parole démystificatrice du conteur, l'humour carnavalesque du « déparleur », plutôt que le chant lyrique du poète. L'auteur revient lui aussi à la « réalité, la vraie » : les gendarmes d'Angers et de Pézenas, en poste à la Martinique, sont le lot quotidien de son « pays ». Mais le comble du tragique est peut-être, au cœur même de la dérision, la répétition du « délire verbal » et d'un quotidien banal, dans un pays où les gendarmes français continuent d'assurer « l'ordre », tels trois Parques présidant au destin de la Martinique. Ce retour au lieu-Martinique, dans sa réalité de « colonisation extrême (réussie ?) », rappelle, pour conclure, la formule d'Édouard Glissant :

> « Il y a des résistances concrètes qu'il faut mener.
> Dans le lieu où on est.
> Tout le reste est Relation : ouverture et relativité ».

C'est en ces termes que l'auteur concluait, en effet, l'article intitulé *Le chaos-monde : pour une esthétique de la Relation*[28].

De même pourrait-on suggérer que *Tout-monde*, après un vaste détour, revient au « lieu » :

> « Le lieu est incontournable. On ne vit pas en suspension dans un espace indéfini[29] ».

---

28. *Introduction à une Poétique du Divers*, p. 107.
29. *Tout-monde*, p. 435.

Conclusion

Tandis que le narrateur médite sur le « traité du tout-monde que Mathieu Béluse [le] force à lire », sur la trace, et « toute une théorie », Panoplie Derien s'écrie :

> « Qu'est-ce que c'est, un *Traité* ? [...] Traité de quoi ? Traité du Bas-monde ! Ne récitez plus les Traités ! Qu'est ce que nous sommes ? Des maltraités !... »

Ainsi s'exprime ce déparleur de Croix-Mission et du « Tout-monde ». N'est-ce pas affirmer bien crûment qu'un « traité », dans cette partie du monde, rappelle d'abord la Traite, et que le « déparler » est le langage d'une collectivité qui a pris naissance dans ce « gouffre » ? Les jeux de mots les plus incongrus sont porteurs de vérités, et le déparleur est sans doute celui dont le discours démesuré est d'emblée à la mesure d'une histoire aussi tragique.

Mathieu Béluse, pour sa part, estime que

> « la trace est ce qui est resté dans la tête dans le corps après la Traite sur les Eaux Immenses, que la trace court entre les bois de la mémoire et les boucans du pays nouveau, que la pensée est trace à vif, que la pensée du système au contraire est morte et mortelle, la pensée du système qui nous a tant régis, il faut en finir avec la pensée du système, que la musique est une trace qui se dépasse »...

On reconnaît à ce discours le continuum de théorie et de poésie, de récit et de métaphores si caractéristique du « traité du tout-monde ». Mais c'est peut-être Panoplie qui approche le plus de cette musique des mots par laquelle « la trace se dépasse », lorsqu'il déroule son déparler :

> « Ho ! je vous raconte un vrai Traité, qui a porté une vraie trace. C'est mon voisin Sigisbert, la première fois qu'il a mangé des asperges, en 1948 ; [...] Et on l'a vu sortir en grand éclat, il pissait à la ronde, il arrosait au soleil flambant, il criait : "Sentez ça ! Sentez ça ! Mon pissat est en asperge !" Voilà la trace !... Sigisbert a mangé divers, il pisse créole ! [...] C'est partout pareil dans le monde... Partout tu vagabondes l'asperge dans ton pissat, tes mots dans ceux du voisin, ta trace dans son chemin. Il n'y a pas de quoi chanter. Hein[1] ? »

Un tel discours, entre le conte et la tirade, nous rappelle que ces « maltraités » ne peuvent renaître qu'en un langage neuf, jubilatoire, transgressif, et rabelaisien. Le déparler dépasse la déploration, mêlant la poésie et le vulgaire, les images et les exhortations orales, dans un rythme vif, allègre, où des formules ne manquent pas d'apparaître, bien ciselées, rimées, de sorte que c'est en chantant que Panoplie affirme qu'« il n'y a pas de quoi chanter ».

La « poétique de la trace » peut donc se déparler elle-même, dans un humour ravageur, nous apprenant à guetter le déparler dans ses manifestations les plus irrévérencieuses et non seulement dans les « traités » qui le théorisent. Il ne s'agit pas pour autant de mépriser les détours théoriques et poétiques : le déparler est la multiplication de tous les discours, l'hybridation de tous les langages.

Le discours d'Édouard Glissant, « discours antillais », est donc bien un « déparler » qui, depuis l'origine de l'œuvre tente d'être « une voix qui s'écrit, une langue qui s'efforce, une mesure à approfondir au cœur de la démesure. Un acte, du fond même de l'effacé[2] ».

---

1.   *Tout-monde*, p. 238.
2.   « Au cœur des mots », *Le Discours antillais*, p. 224.

Il est discours qui tente de symboliser une trace, quelque chose qui s'inscrit aux limites de « l'effacé » et de l'innommé. « Déparler » et « tout-monde » ne sont qu'une seule vision, un « imaginaire » par lequel le langage se confronte à un « gouffre ». Ce gouffre, également figuré par le « trou du temps », c'est le réel antillais, c'est-à-dire la totalité innommable, inconnaissable de l'histoire, depuis la conception dans le ventre du bateau-négrier, jusqu'à la mort que tout enfantement porte en soi. Au terme du périple, comme à l'origine, on trouve par conséquent le gouffre, cale, ou case de la mère[3]. Mais ce gouffre est en soi totalement ambivalent ; de même que le « voyage » baudelairien, il ouvre sur le ciel et sur l'enfer, « qu'importe ? » Il ouvre sur quelque chose qu'Édouard Glissant appelle l'« Inconnu-absolu » et que nous nommerions, pour notre part, un inconscient. Il en sort des tragédies, des attentats, la folie, la Traite, l'esclavage et le « délire verbal », mais également la vie, le rire de Panoplie, les « figures du monde », toutes sortes de signifiants étranges à déchiffrer ou à méditer : « Mettez tout ça de tout le monde dans le coui et secouez. Vous ne savez jamais ce qui tombe par le goulot » dit une « parole de Panoplie », citée en épigraphe du chapitre *Les tiques du Sénégal*. Le gouffre est imprévisible, d'autant plus que le mouvement qui va d'un « non-monde » à un « tout-monde » est infini. C'est toujours à partir de la plongée dans le gouffre que l'on connaît quelque chose de l'Autre et des autres. C'est en quoi le « non-monde » est un détour nécessaire.

À partir de la « réalité » desséchée, bloquée de la Martinique, il faut tenter le détour par le Réel, c'est-à-dire plonger au fond du gouffre de l'impensé, de l'innommable, pour approcher ce qui pourrait, malgré tout, en être symbolisé, arraché à l'oubli et au déni, pour redonner vie à la réalité. Il s'agit toujours, en quelque sorte, de chercher à réunir le corps et la tête de ce pays, en refaisant son histoire, non à partir d'archives, mais à partir d'un inconscient, d'un « inconnu » à prophétiser.

---

3. Cette case est peut-être plus « gouffre » encore d'être « sans commandeur ». Car l'absence du régisseur, si elle est libératrice, est également vide angoissant qui rend plus difficile le deuil.

De même que l'analyse freudienne se fait déparler d'une histoire oublieuse et aliénante, déconstruction qui met à jour, entre les bords du dire, une parole nouvelle où souffle l'inconscient, de même le déparler glissantien est déconstruction, bris de mots qui permet enfin d'entendre quelques bribes d'un inconnu à reconnaître.

Pour nous, dans la mise en jeu des passages du texte, analyse minutieuse ou commentaires n'ont été que les moyens d'entendre et de faire entendre cette parole. C'est pourquoi, au fil de la réflexion, nous avons souvent privilégié les citations, n'ayant pas scrupule à les restituer dans leur longueur, voire à les répéter. C'est que, selon nous, la lecture d'Édouard Glissant est écoute d'un langage, d'un déparler. Au fil des dix années qui nous lient maintenant à cette œuvre, l'analyse d'un passage, la découverte d'un « point vélique », a toujours constitué la clé, comme on dit en musique, à partir de quoi entendre *un peu plus* de texte. Revenant sans cesse à une partition aussi diverse qu'énigmatique, nous en avons repéré certaines tonalités, des *forte*, qui, peu à peu faisaient vibrer tout autour de nouvelles harmonies, par contiguïté linéaire ou, plus souvent, par cercles concentriques.

Cette œuvre qui réclame si constamment d'être « entendue », comme une parole, souhaitons l'avoir interprétée avec les instruments qui lui convenaient et au diapason de son « déparler ».

Œuvres d'Édouard Glissant
et références des éditions citées

La Lézarde, Paris, Seuil, 1958 ; livre de poche collection Points, n° 65.
Le Quatrième siècle, L'imaginaire, Gallimard, 1964.
Malemort, Paris, Seuil, 1975.
La Case du commandeur, Paris, Seuil, 1981.
Mahagony, Paris, Seuil, 1987.
Tout-monde, Paris, Gallimard, *NRF*, 1993.
Sartorius, Paris, Gallimard, *NRF*, 1999.

L'Intention Poétique, Paris, Seuil, 1969.
Le Discours antillais, Paris, Seuil, 1981.
Poétique de la Relation, Paris, Gallimard, *NRF*, 1990.
Introduction à une Poétique du Divers, Paris, Gallimard, 1996.
Faulkner, Mississipi, Paris, Stock, 1996.
Traité du tout-monde, Poétique IV, Paris, Gallimard, *NRF*, 1997.

Boises, Le sel noir, Paris, Poésie/Gallimard, 1983.
Poèmes complets, Paris, Gallimard, 1994.

On s'étonnera peut-être du peu de références à la poésie d'Édouard Glissant, dans cet essai. Devons-nous nous en justifier ? La poésie est un « déparler » d'une autre sorte qui obéit à d'autres lois et qui ne nous semble pas entretenir avec la réalité le même jeu que la prose romanesque. À sa façon, le langage romanesque d'Édouard Glissant est poésie. Il frappe en ce qu'il entretient avec la théorie et avec la réalité une relation complexe et transgressive, dans des régions où les discours se mêlent. Dans l'entrelacs de tous les discours et des délires verbaux de toute sorte, il doit chercher sa « loi d'expression », pour devenir « « langage neuf ».

La poésie permet-elle d'explorer ces zones opaques et indécises, entre les frontières ? Tout est permis en poésie. On ne s'étonne pas du « déparler » des poètes, il est de règle. En revanche, au sein des conventions romanesques, le « déparler » détonne, déterritorialise le discours, rapproche la réalité du Réel, c'est-à-dire le connu, déjà socialisé, de « l'inconnu-absolu » en quête de symbolisation. Il nous semble, pourtant, au terme de cette étude, que la poésie d'Édouard Glissant devra être relue afin d'y saisir comment « une loi d'expression » particulière, celle du poème, s'y manifeste, la tenant séparée du « délire verbal », et l'établissant bien au-delà du « flamboiement » d'un langage inspiré. De *La terre inquiète* aux *Grands Chaos*, la même quête est, en effet, entreprise, pour « Épurer le souffle jusqu'au rêche du paysage[1] ».

La mesure du poème est sans doute ce qui confère à la parole une ordonnance qui *contient* la « démesure du monde ». En ce sens, elle exclut totalement le « délire verbal » et son langage, par essence « neuf », est moins ambigu que celui du roman.

Il se peut enfin que nous n'ayons pas eu l'oreille assez fine, pour entendre la poésie d'Édouard Glissant. Il y faudra, sans doute, une nouvelle décennie.

---

1.   « 88. À partir de *Boises* », *Le Discours antillais*, p. 446.

Table des matières

ÉDITIONS KARTHALA

(extrait du catalogue)

Collection *Études littéraires*

Achevé d'imprimer en juillet 2002
sur les presses de la Nouvelle Imprimerie Laballery
58500 Clamecy
Dépôt légal : juillet 2002
Numéro d'impression : 206097

Imprimé en France

Composition, mise en pages :
Écriture Paco Service
27, rue des Estuaires - 35140 Saint-Hilaire-des-Landes